論死亡與臨終

生死學大師的最後一堂人生課

ON DEATH AND DYING

50th 經典紀念版
ANNIVERSARY EDITION

WHAT THE DYING HAVE TO TEACH DOCTORS, NURSES, CLERGY AND THEIR OWN FAMILIES

BY ELISABETH KÜBLER-ROSS, M.D.

伊莉莎白・庫伯勒—羅斯 著
蔡孟璇 譯

紀念

我的父親

與

Seppli Bucher

致謝

有太多人直接或間接協助完成這部作品，實在難以一一表達我的謝意。感謝席尼・瑪格林醫師（Dr. Sydney Margolin）啟發我在學生面前與末期病人進行訪談，使其成為一個有意義的教學相長模型。感謝芝加哥大學比林斯醫院（Billings Hospital）精神科學系提供必要的環境與設施，讓這樣的研討班在技術上成為可行。

感謝駐院牧師賀曼・庫克（Herman Cook）與卡爾・奈斯旺格（Carl Nighswonger）一直以來的幫助，他們鼓勵了共同提問者，更在我遇到極大障礙時，協助我尋找病患。謝謝韋恩・萊德伯格（Wayne Rydberg）與最初的四名學生，由於他們的感興趣與好奇心，才讓我克服了一開始遭遇到的種種困難。芝加哥神學院（Chicago Theological Seminary）的工作人員給予我很大的支持與協助，謝謝他們。蘭佛德・甘恩斯（Renford Gaines）牧師及其夫人哈莉耶特（Harriet）花費許多寶貴的時間審閱手稿，並讓我繼續相信從事這樣的工作有其價值，C・奈特・阿爾德瑞奇醫師（Dr. C. Knight Aldrich）在過去三年來也一直支持著這項工作。

艾德格醫師（Dr. Edgar Draper）與珍・甘迺迪（Jane Kennedy）審閱了部分的手稿，伯尼塔・麥克丹尼爾（Bonita McDaniel）、珍娜・萊希金（Janet Reshkin）與喬伊斯・卡爾森（Joyce Carlson）為書稿打字，十分感謝。要表達我對許多病人及其家屬最誠摯的謝意，最好的方式或許就是出版他們與我們交流的訊息。

有許多作者啟發了這部作品，而最後必須感謝所有曾經關心過末期病患的人。感謝彼得・內佛蒙特（Mr. Peter Nevraumont）建議我撰寫這本書，另外要感謝麥克米倫公司（Macmillan Company）的克萊門・亞歷山卓醫師（Mr. Clement Alexandre）在這本書的準備階段對我付出的耐心與體諒。

最後但同樣重要的是，謝謝外子與我的子女，有他們對我付出的耐心與持續的支持，我才能在為人妻與為人母之外，堅持從事這份全職工作。

50週年紀念版——推薦序

我們都因此而變得更好

在第二次世界大戰後的戰後時代，人們對疾病的態度一如整個美國社會的各個生活面向，充滿了樂觀主義與對抗的氛圍。經歷過經濟大蕭條、兩次世界大戰與韓戰的美國人，已經將無往不利、堅忍不拔的性格融入了積極而自信的美國面貌中。面對逆境時懷抱希望的態度，似乎也成為固有的美德，美式風格的一部分。

我們有絕佳的理由保持樂觀心態。物理、化學、工程等領域取得驚人的突破，以及對多數人來說最重要的，醫藥發展日新月異、突飛猛進。迄今仍致命的疾病，如肺炎、敗血症、腎衰竭與嚴重外傷等得到治癒已經是稀鬆平常的事。於是，疾病逐漸被視為一個必須解決的問題，感覺彷彿醫療科學就快要能阻止老化過程了（至少潛意識這麼覺得），甚至可能戰勝死亡了。

在這樣的文化裡，最優秀的醫生就是那些總是能找到某種治療方式來阻止死亡的醫生。在一九五〇和一九六〇年代，治療無效時，醫生鮮少會對病人承認，更經常在進一步治療其實弊大於利時，刻意不告知病人。醫師文化是「永不言死」這一立場的縮影，但醫生並非唯一一個如此假裝的人：生病的人與他們的家人，也全部不假思索地串通好，避免談及死亡這件事。

在那個時代，令人難過的是，醫師普遍低估了病重病患與疼痛搏鬥到最後的痛苦（經常不必要），因而疏於處理。一部分原因是當時醫生並未接受足夠的疼痛管理與處理其他症狀的訓練，此外也是因為醫生、病人及其家屬彼此心照不宣、一味維持表面陽光的虛偽態度。承認病人的疼痛加劇可能意味著承認他的病情惡化了。

那個時代的醫療文化是高度權威式的，病患的價值觀、偏好與優先考慮的事無足輕重。醫生告知病人他們所做的決定，病人只能被動接受那些決定。除了以對抗死亡的超群實力和聲望來定義最成功的醫生，同儕壓力也助長了普遍忽視病患痛苦的情況。儘管在人生最後的幾個小時裡，多數醫生都會開立足夠的嗎啡，讓病人不至於忍受劇痛而死去，但是由於擔心引起同事的側目與懷疑，他們也不敢給垂死的病人足量的藥物，好讓他們在生前最後幾個月盡可能舒服一點。

伊莉莎白．庫伯勒—羅斯的《論死亡與臨終》一書，對當時的權威式體統與清教徒式極端拘謹的道德觀提出了挑戰。在那個醫護人員只用委婉說辭或拐彎抹角的耳語談論末期疾病的時代，有位醫生橫空出世，不但實際與病人討論他們的病情，更激進的是，還仔細傾聽他們的心聲。

庫伯勒—羅斯醫師與這部著作引起舉國關注，在醫療界與一般文化界引起了廣大的迴響。單是藉由傾聽這個行為，便將生病與臨終這件事從疾病領域與醫師的管制區解放，一路直達生命經驗領域與個人的私密領地。我在大學時代，準備攻讀醫學專業的時候初次讀到《論死亡與臨終》

這本書，當時，書中的訪談紀錄強烈震撼了我，這些內容清楚顯示出庫伯勒—羅斯醫師的善於傾聽，以及對病人毫無矯飾的友善態度。

《論死亡與臨終》一書促使人們改變其普遍的假設與期待，進而在短短幾年之內翻轉了臨床診療方式。庫伯勒—羅斯醫師的著作重新主張個人對生病與臨終擁有主權，重建了病人與其醫師或其他臨床工作人員的關係。突然之間，人們如何死去變得很重要。臨終病人不再被放逐到醫院走廊盡頭的邊疆病房了。《論死亡與臨終》實至名歸地成為安寧療護運動（hospice movement）的濫觴，並衍生出安寧緩和醫療這一新興專業，而它所颳起的一陣巨大改變風潮，幾乎蔓延了醫療與護理實務的每一個專業領域。舉例而言，到了一九九〇年代晚期，病人的疼痛強度已經成為除了體溫、脈搏、血壓與呼吸之外，每次都必須加以評估的「第五生命徵象」。

《論死亡與臨終》一書亦對人類研究有著深遠的影響。「臨終之人」的經驗不再被「客觀化」，臨終的相關研究也無法再被貶低為屬於顯微解剖學、生物化學、生理學或精神病理學的一部分。伊莉莎白・庫伯勒—羅斯醫師的這部開創性作品，反而為重病者的照護與其主觀經驗的探索，開拓出一個嶄新的領域。而這導致的結果是，人們對臨終與生命終期照護相關的量化研究[1]與質性研究[2]產生興趣，研究的有效性獲得提升，從而加速了心理學、精神醫學、老年醫學、緩和醫療（palliative medicine）、臨床醫療倫理與人類學等各領域的進步。

伊莉莎白・庫伯勒—羅斯儘管精通當時的精神病理學理論，亦以此為榮，但她在理解病人經驗時，不會讓自己被佛洛伊德或榮格的概念所束縛。她所做的反而是讓受訪者的心聲與觀點來主導。她在訪談中讓受訪者以他們自己的話語解釋自己如何掙扎地活著，以及如何理解這場無可救藥的疾病。最讓庫伯勒—羅斯感興趣的心理動力學，是那些絕症患者與健康在世者之間的互動。

在《論死亡與臨終》一書中，庫伯勒—羅斯勾勒出她知名的「五個階段」，包括否認與孤立、憤怒、討價還價、沮喪（或憂鬱）與接受，詳細描述了病重者一般會經歷的情緒狀態，以及他們用來理解這場不治之症並與之共存的調適機制。

庫伯勒—羅斯的理論普及化後成為所謂的「臨終階段」，但被批評是為臨終過程的階段套上一個公式化進程。任何讀過此書的人都能分辨，這樣的評論不但過度簡化了作者書中所述，也是不正確的解讀。在《論死亡與臨終》一書中，庫伯勒—羅斯清楚指出，這些情緒狀態與調適機制會以各式各樣的形態出現。她提到的訪談與故事裡，有人自然而然地經歷了最初的否認與孤立，然後憤怒，討價還價，沮喪，到最終接受自身處境或至少默認的這段過程，即使過程並不輕鬆。她也提到其他一些病人，從一個階段轉移到另一個階段時，在否認或憤怒階段停滯不前。我們在《論死亡與臨終》一書中遇見的人物與故事，在在說明了病重者與疾病帶來的不適、失能、疲憊、身體依賴，以及死亡逼近的衝擊持續搏鬥的現象不僅很普遍，而且很「正常」。我們也認識

---

1 譯註：quantitative research，又稱定量研究。

2 譯註：qualitative research，又稱質化研究、定性研究。

到，有些人雖然度過了否認或憤怒階段，但之後隨著病情加重，這些情緒狀態又再度出現。一個人的情感與情緒樣貌是複雜多變的，《論死亡與臨終》裡的訪談揭露出一些有時看似無法相容的狀態，例如否認與接受竟然可以共存。

《論死亡與臨終》一書對醫療保健及其相關研究產生了重大的影響，在文化上的影響力更是無遠弗屆，根本上改變了美國人民對生病與臨終的理解。

值得注意的是，庫伯勒—羅斯在《論死亡與臨終》一書中發表她的研究發現。雖然這些研究資料必能引起醫療專業讀者群的關注，她卻選擇為一般大眾而寫。或許她對「媒介即訊息」這樣的說法了然於心，這句話是另一位高瞻遠矚之士馬歇爾・麥克魯漢（Marshall McLuhan）在其一九六四年的著作《認識媒體：人的延伸》（*Understanding Media: The Extensions of Man*）一書中所主張的觀點[3]。

我不知道當初庫伯勒—羅斯撰寫《論死亡與臨終》這本書的時候，有多麼強烈的意圖要激起一場文化運動、改善臨終關懷照護，讓疾病與臨終回歸到個人生活之適當領域，但這些就是這本書實際做到的事。誠然，當時的《生活》雜誌將這本書稱為「給在世者的深刻教訓」。一點也沒錯。

人類生病經驗裡獨一無二的永恆主題，亦即知道生命終有一天會結束，讓《論死亡與臨終》這部作品與現今的讀者息息相關。作為一名醫師，我對於我們一路走了這麼遠的路感到驚訝不已，然而我們依然有很長一段路要走，才能做到真正以人為本的醫療照護。這本書提醒我要傾聽，並以共同參與的夥伴身分與服務精神與那些重病患者接觸，因為他們正在經歷的這趟旅途，是沒有人會主動選擇，但所有人卻終將必須踏上的一趟旅途。

我以專業人員的身分重新閱讀《論死亡與臨終》時，身為兒子、兄弟、丈夫、父親與祖父的我，不禁再度感受到它在我個人層面上造成的巨大衝擊。

我們從《論死亡與臨終》一書中認識的那些人，提醒著我們自己的生命終將一死，但他們也告訴我們，如何死去並非已經注定的，透過他們的選擇與他們所接受的照護品質，都可以讓它變得更好或更糟。我們看見人們以各式各樣的方式接受照護與死去，而有些方式確實對那些深愛他們的人產生了很大的影響。經過了這些年，《論死亡與臨終》依然在呼籲我們採取行動，傾聽那些需要我們幫助的人，並且發揮我們所有的知識與技能來回應——而且永遠要記得帶著一顆謙卑的心，與病人保持夥伴關係並懷抱慈悲心。

在這社會動盪不安的二十世紀中期，一位身形瘦小的瑞士裔美國精神科醫師大膽地為面臨生命終點的人們發聲。伊莉莎白・庫伯勒—羅斯為美國人豎起一面鏡子，讓它反映出他們對末期病人的態度、假設與行為，而人們並不喜歡鏡中的所見。伊莉莎白・庫伯勒—羅斯以《論死亡與臨終》這本書作為媒介，將我們如何面對死亡這件事，加入了發生在環境、社會權益與醫療保健領

3 譯註：意思是人們理解一個訊息時，會受到其傳播方式的影響。

域的文化革命議程裡。
情況從此改變了。
我們都因此而變得更好。

艾拉・碧阿克醫師（Ira Byock, M.D.）
醫學教授
達特茅斯大學蓋塞爾醫學院
（Geisel School of Medicine at Dartmouth）

前言——

一場互惠的體驗，能對人類心智運作更深入認識

有人問我是否願意撰寫一部討論死亡與臨終的書時，我滿腔熱血地接受了這個挑戰。不過當我真的坐定，開始懷疑自己到底陷入了什麼樣的麻煩時，又是另一回事了。該從何說起？要包括哪些資料？我對即將閱讀這本書的陌生人能道出多少事？能分享多少自己與臨終病人相處的經驗？有多少事又是在無言中交流，必須用心去感受與體會，根本難以言喻的？

過去兩年半來，我一直與臨終病人共事，這本書將會描述這份經驗最初如何開始，後來如何變成所有參與者心中一個富有意義且帶來啟發的經驗。本書的目的不在於成為一本探討如何管理臨終病患的教科書，更非企圖成為探討臨終心理學的完整研究。本書單純地描述了一個充滿挑戰性的全新機會，讓我們能藉此機會將焦點重新放回病人身上，將他們真正當個人看，將他們納入對話裡，從他們身上學習醫院對病人管理的強項與缺失。我們請求他們當我們的老師，讓我們能更深入認識生命最終階段的種種焦慮、恐懼與希望。我只是單純地分享我的病人對我們傾訴的故事，他們的痛苦、他們的期盼與他們的挫折。盼望這本書能鼓勵人們不要刻意迴避那些已經「無

藥可救」的重病者，而是能親近他們，因為他們能在其生命的最後時刻為你帶來莫大幫助。少數能做到這件事的人將會發現，這是一場互惠的體驗，他們會對人類心智的運作有更深的認識，那是我們人類存在一個獨一無二的面向。這個經驗將豐富他們的人生，或許也能減輕他們對一己生命終點的焦慮感。

CHAPTER

CHAPTER

01

論對死亡的恐懼

我不祈求在遭遇危險時獲得庇護，
但求面對危險能無所畏懼。
我不祈求痛苦止息，
但求讓我擁有一顆征服痛苦的心。
我不尋求生命戰場裡的盟友，
但求自身擁有力量。
我不焦急害怕地渴望得救，
而是盼望耐心能為我贏得自由。
請應允我，不要讓我變成一個懦夫，
只在成功時沉浸於你的仁慈
而是讓我在失敗時找到你緊握住我的手。

—— 泰戈爾《採果集》（*Fruit-Gathering*）

在過去幾個世代裡，傳染病造成了人命的重大損失。嬰兒時期與童年的早夭現象很常見，每個家庭裡或多或少都有早夭的成員。醫藥在過去數十年來歷經了巨大的變化，疫苗接種的普及實際上根絕了許多疾病，至少在西歐和美國的情況是如此。化療，特別是抗生素的使用，讓感染性疾病的致死率不斷下降。更完善的兒童照護與教育也發揮效果，使兒童發病率和死亡率大幅下降。過去在年輕人與中年人族群間造成高死亡率的疾病，也已經能夠克服。老年人口不斷增加，從而產生了罹患高齡相關之惡性腫瘤與慢性疾病的龐大族群。

兒科醫師要處理的威脅生命的急性狀況減少了，但是身心失調和有行為問題的患者卻越來越多。內科醫師的候診室裡，有情緒問題的患者比以往都要來得多，但他們的年長患者也越來越多，他們不但努力拖著體力衰退的身體與年齡帶來的各種限制努力活下去，也必須面對寂寞和孤立帶來的痛苦折磨。這其中有多數人都是精神科醫師看不見的。他們的需求必須透過其他專業人員的誘導才能獲得滿足，例如牧師與社工等。正是為了這些人，我試圖勾勒出過去數十年來所發生的變化，這些變化最終導致人們心中日益懼怕死亡，情緒問題越來越多，更迫切需要理解並處理死亡與臨終的問題。

若回顧歷史並研究古老的文化與民族，我們會很驚訝地發現，死亡對人類來說向來都是一件令人厭惡的事，或許將來也永遠會如此。從精神科醫師的觀點來看，這十分容易理解，而且我們的一個基本認識或許能充分解釋這件事，那就是在我們的潛意識裡，死亡對我們而言永遠不可能發生。我們的潛意識根本無法想像自己在地球上的生命真的會有結束的一天，而如果我們的生命必須結束，這個結束總是被歸咎於外在他人的惡意介入。簡而言之，在我們的潛意識頭腦裡，我們只可能被殺死，自然死亡（壽終正寢）或因年邁而死亡是難以想像的。因此，死亡本身就容易使人聯想到惡意行為、可怕事件、某種本質上會招來報應與懲罰的事。

記住這些根本的事實是個聰明的做法，因為這在了解我們病患一些最重要卻難以理解的溝通問題上，是不可或缺的。

我們必須理解的第二個事實是，在我們的潛意識頭腦裡，我們無法分辨一個願望和一個行為之間有何不同。我們都能察覺到，在我們最不合邏輯的夢境中，兩個完全相反的論述能並行不悖——這在我們夢裡是完全可以接受的，但是在我們的清醒狀態下，卻難以理解且不合邏輯。如同我們的無意識頭腦無法分辨憤怒地想要殺死一個人的願望和實際去殺人的行為有何不同，年幼的孩童也無法分辨這兩者之間的不同。因為媽媽沒有滿足他的需求而憤怒地希望媽媽去死的孩子，在媽媽真正死去的時候會受到極大的創傷——即使這件事與他那個毀滅性願望在時間上並無密切關聯，但他永遠都會認為，他必須為失去母親負起部分或完全的責任。他永遠都會對自己說（但鮮少對別人說）——「是我幹的，我必須負責，我很壞，所以媽咪才會離開我。」要記得，孩子如果是因為父母的離婚、分居或遺棄而失去其中一位父母，他也會做出同樣的反應。死亡通常被孩子視為一件暫時的、非永久性的事，也因此和離婚並沒有太大的差別，而在離婚狀況下，他可能會有機會再見到其中一位父母。

許多父母都記得孩子曾說過類似這樣的話：「我會把狗狗埋起來，明年春天花開的時候，牠就會醒過來。」或許也就是這同樣的動機，驅使著古埃及人供應亡者食物與物品，也讓古老的美國原住民將他們的親人和其所有物埋葬在一起。

隨著我們年紀漸長，開始明白我們的全能之神並非真的那麼全能，而且我們最強烈的願望還不足以強大到讓不可能的事變成可能之後，害怕自己間接導致親人死亡的恐懼與罪疚感也會隨之減輕。然而，恐懼只有在尚未遭受強力挑戰之前才暫時得以減輕。它所殘留的痕跡依然可以每天在醫院走廊上見到，在喪親者周遭的人身上見到。

一對夫妻很可能長年爭吵不休，但是當另一半過世時，倖存的另一半會抓著他的頭髮，大聲哀號，捶胸頓足，充滿悔恨，恐懼又痛苦，因而比以往更害怕自己的死亡，而且依然相信「以牙還牙，以眼還眼」的報復法則——「我對他的死有責任，所以我也會遭到報應，痛苦地死去。」

或許這樣的認識有助於讓我們了解許多施行數百年之久、目的是讓眾神息怒，或在有些例子裡是讓一些人息怒的古老習俗與儀式，它們想藉此減輕預期的懲罰。我想到了古代儀式中的骨灰、破爛的喪服、面紗，以及哭喪女[4]——這些都是為了要讓你同情身為哀悼者的他們，這樣的表達方式呈現出的是悲痛、哀傷與羞恥。如果有人哀痛不已，捶胸頓足、拉扯自己的頭髮、拒絕進食，這是企圖自我懲罰，以躲過或減輕自己間接導致親人死亡而預期會遭受的懲罰。

這份哀傷、羞恥與罪疚感與狂暴的憤怒情緒其實相距不遠。哀傷的過程總是包含了一些憤怒的成分。由於沒有人想要承認自己對亡者感到憤怒，因此這些情緒經常遭到偽裝或壓抑，拖長了哀悼期，或是以其他方式表現出來。必須記得的是，我們不應對這樣的感受妄加評斷，認為那是不好的或可恥的，而是要去了解它們真正的意義與來源，視其為人性的一部分。為了說明這一點，我會再次使用小孩子作為例子，包括我們內在的小孩。一個剛剛失去母親的五歲孩子會為母親的消失責怪自己，還會因為母親遺棄他而且不再能滿足他的需求而對她生氣。於是，亡者既讓孩子深愛又渴望，同時也因這份嚴重的剝奪感，而讓他懷著同樣強度的恨意。

古希伯來人將亡者的遺體視為不潔的，不能觸碰。早期的美洲原住民也談到了惡靈，他們會往空中射箭以驅趕惡靈。許多其他文化也有處理「壞」亡者的儀式，這些都源自這種存在於我們每個人心中的憤怒感，只是我們不喜歡承認這一點罷了。墓碑的傳統可能源自這種想要將惡靈鎮壓在地下的意圖，哀悼者放在墳墓上的小石子，也是同樣想法所遺留的象徵。雖然我們會將軍葬禮中的鳴槍禮視為對亡者最後的致敬，但這和美洲原住民所使用的、將矛與箭射向空中的儀式具有同樣的象徵意義。

我提出這些例子是為了強調人類基本上並沒有改變。死亡依然是一個令人懼怕的恐怖事件，即使我們自認為已經在許多層面上掌握了這件事，對死亡的恐懼仍是一種普世的恐懼。有所改變的，是我們應對並處理死亡、臨終過程以及臨終病人的方式。

4 譯註：類似臺灣俗稱的孝女白琴。

我在一個科學不怎麼發達的歐洲國家長大，在那裡，現代科技才剛開始運用在醫學上，人們的生活方式幾乎和半世紀前沒什麼兩樣，我也因此有機會在短時間內研究人類進化的一部分過程。

我記得自己小時候曾經歷過一場農夫的死亡。農人從樹上摔下來，預計活不久了。他只是簡單地要求在自家辭世，而這個願望毫無疑問獲得了應允。他將每個女兒都叫進臥室，一一和她們講了幾分鐘的話，然後忍著劇痛，靜靜地處理自己的後事，分配自己擁有的財物和土地，但全部都要等到他妻子追隨他與世長辭之後才能分家。他要求孩子們分擔他在意外發生前所從事的一些工作、責任與差事，還邀請朋友前來探望他，親自向他們道別。雖然我還是家中的小孩，但他並沒有將我和我的其他姐妹排除在外，我們都能參與家族的整個準備過程，我們也都可以一同哀悼，直到他過世。他與世長辭之後，留在了自己深愛的、一手打造的家，那個自己生前生活並熱愛的住所，身旁環繞著鮮花，親朋好友和鄰居都來為他送上最後一程。現今，在那個國家，依然沒有設置虛幻的靈堂，沒有採用任何遺體保存技術，也沒有假裝亡者只是在安眠的虛偽化妝術，只有疾病造成的嚴重容貌毀損，才會用繃帶遮掩，也只有因傳染病過世的案例，才不會於下葬前將遺體放在家中。

我為何要描述這些「老派」的習俗呢？我想它們顯示了我們對死亡結局的接受，既幫助了臨終病患，也幫助了他的家人接受失去摯愛的事實。如果病人被允許在他心愛的熟悉環境中結束生命，他要做的調適會比較少。他的家人已經十分了解他，可以用一杯他最喜愛的紅酒取代鎮定劑，或為他遞上一碗家常味的熱湯，幫他開開胃，讓他能啜飲幾湯匙的分量，我想這一定都比輸入液體更愉悅吧。我不否認鎮定劑與輸液的重要性，也因自己身為鄉村醫師的經驗而完全理解它們有時是救命工具，時常難以避免，但我也知道，耐心、熟悉的人與食物這三者，能取代許多瓶的靜脈輸液，原因很簡單，這麼做能在節省人力與個別護理的情況下，滿足病患的生理需求。

孩子獲准於死亡發生期間待在家裡，參與對話與討論，甚至一同經歷恐懼，能讓他們覺得自己並非孤伶伶地體驗哀傷，也讓他們藉由分擔責任與哀悼過程而獲得安慰。這個過程能讓他們逐步做好心理準備，幫助他們將死亡視為生命的一部分，視為有助於他們成長、成熟的經驗。

這和視死亡為禁忌的社會形成極大的反差，在那樣的社會，人們認為討論死亡是件病態的事，孩童也會被排除在外，因為大人們擅自假定這對他們「太沉重」，以此作為藉口。於是他們便被送去親戚家住，而且人們常會對他們說「媽媽去了一個很遠的地方旅行」這樣沒說服力的謊言，或編造出其他荒謬的故事。孩子會察覺到不對勁，如果其他親戚又對這類故事添油加醋一番，而且迴避他的問題和懷疑，拿一大堆禮物充當廉價的替代品，試圖彌補他不被允許處理的喪親之痛，那麼他對大人的不信任感將會日益加深。遲早，孩子會察覺到家庭狀況已經發生變化，而依照他們年紀與個性的不同產生程度不等的問題，包括內心難解的哀傷，並認為此一事件恐怖又神祕，甚至產生嚴重的創傷經驗，認為大人不值得信任，而他完全無法應付這樣的事。

另一個同樣不明智的行為，是告訴剛失去兄弟的小女孩，說神非常喜愛小男孩，所以才把小強尼帶走。當這名小女孩長大成為女人，她對神將永遠憤恨難消，而當她在三十年後失去自己的小兒子時，可能會罹患「精神病性憂鬱症」（psychotic depression）。

我們以為，人類的偉大解放，我們在科學與人類方面所獲得的知識，已經能夠讓我們自己與家人擁有更好的方法與工具來為這場無可避免的事件做好充分的準備。然而，容許一個人平靜安詳、保有尊嚴地在自家過世的時代已經過去了。

科學越進步，我們似乎就越是害怕並否認死亡這個現實。事情怎可能如此？

我們會使用委婉說辭，讓亡者看起來像是睡著了，我們將孩子送走，以保護他們不遭受家裡的焦慮與混亂所侵擾（如果患者有幸在家中離世的話），我們也不讓孩子前往醫院探視臨終的父母，而對於是否該告知病人真相，長久以來一直是個爭議不休的議題——如果臨終者是由家庭醫師照料，由於他很熟悉病人從出生到死亡的情況，也清楚每個家庭成員的弱點與長處，那麼根本不會有這樣的問題。

我想，讓我們不再冷靜面對死亡的原因有好幾個。最重要的一個因素就是在當今的社會，臨終在許多方面都顯得更陰森可怕，換句話說，就是更孤單、更機械化、更沒人性，而且有時候，甚至也難以在技術上決定死亡時刻何時發生。

臨終過程之所以變得孤單、失去人性，是因為病人經常被帶離他熟悉的環境，匆匆忙忙被送進急診室。那些曾病重而需要休息與舒適環境的人，應該對自己被抬上擔架、忍受救護車鳴笛聲的噪音，倉促被送往醫院等待醫院大門開啟的經驗特別難以忘懷。只有親身經歷過的人才能體會這種運送過程的不適與冷酷的必要，而這只是漫長折磨的開端——各種噪音、強光、注射幫浦與聲音加在一起，著實是有口難言的煎熬，即使是身體健康時都難以忍受。我們可能必須多加考慮到床單與毯子底下的病人，或許該停止這種立意良好卻只顧及效率與速度的方式，才能好好握住病人的手，對他微笑或是傾聽他的問題。我將送醫的這趟路程納入臨終的第一章，對許多人而言確實如此。我刻意以較誇大的方式讓它與在家辭世的病人形成強烈的對比——意思並非說即使住院能救他們的命，他們也不應獲救，我只是想要將焦點放在病人的體驗，以及他的需求和反應上。

當病人病入膏肓，他通常會像個無權表達任何意見的人一樣被對待，通常是另一個人在決定他是否住院、何時入院、該住哪間醫院。只要稍微多用點心就能記得，病人也是個有感覺、有願望、有想法的人——最重要的是，他也有被聽見的權利。

嗯，假設我們的病人現在已被送到急診室，身邊圍繞著忙碌的護理師、病房雜役、實習生、住院醫師等，或許還有實驗室技術人員來抽個血，心電圖技術人員來測量心電圖。他可能會被送去照X光，從旁聽到自己的病情，聽見家人在討論他的病情並提出問題。慢慢地，也是必然地，他會被當成一個物體來對待，他已經不再是個人了。做決定的時候，通常沒有他的分。如果他試圖反抗，就會被施以鎮靜劑，然後醫護人員會等個數小時，看看他是否還有力氣反抗，接著就會用輪椅將他推進手術室或加護病房，成為一個獲得大量關注、需投注大量財力的物體。

他可能會懇求獲得休息、平靜與尊嚴，但他只會被輸液、輸血、裝上人工心肺機，必要的話還會被施以氣管切開術（氣切）。他可能只想要有一個人停下來一分鐘就好，好讓他可以問個問題——但只有一群人全天候圍繞著他，所有人全忙著留意他的心跳、脈搏、心電圖或肺功能、他的分泌或排泄，卻沒有注意到他是一個有血有淚的人。他可能想要反抗，但由於這一切都是為了搶救他的性命，所以反抗無用，一切都要等他們把他這條命救起來，才能去理會他這個人。那些真的把他當「人」看的人，可能是在浪費拯救他性命的寶貴時間啊！至少這似乎合情合理，這一切的背後都有個正當理由，但真的是如此嗎？我們因為這個理由而採用大量機器、非人道的醫療方式，是否只是我們的一種自我防衛？病重或生命垂危的患者在我們內心引發的焦慮，難道我們要用這種方式對付它、壓抑它？我們將注意力集中在各種設備與病人的血壓上，是否是因為我們急於否認那逼近的死亡，因為它讓我們心生恐懼、覺得不舒服，所以我們寧願將所有知識轉移到機器上，起碼機器對我們而言比較疏離，不像病人痛苦的臉龐，會一再提醒我們並非全能、我們仍有局限、仍會失敗，以及最終同樣重要的，我們自己也終將一死？

或許我們該提出一個問題：我們到底是變得越來越有人性，還是越來越沒人性？雖然本書無意做出評斷，但無論答案是什麼，顯然病人受到越來越多的折磨——或許並非身體上的，而是心理與情感上的。病人的需求數百年來未曾改變，改變的是我們滿足病人需求的能力。

CHAPTER

02

面對死亡與臨終的態度

群眾是殘忍的，但人是善良的。

—— 泰戈爾《漂鳥集》（*Stray Birds*）第 219 首

防衛心態的社會因素

目前為止，我們已經檢視了個人對死亡與臨終的反應。現在，如果看看我們的社會，我們可能會想問自己，在一個執意無視或逃避死亡的社會裡，人會變成什麼樣子？是否有什麼因素，導致人們對死亡益發感到焦慮？我們的醫療發生了什麼樣的變化，讓我們必須問自己，醫療是否依舊是人性化的、受到尊重的專業，抑或是一門已經去個性化（depersonalized）的新科學，目的只是幫助人們延長壽命，而非減輕人類的痛苦？醫學院的學生是否有五花八門的RNA與DNA課程可供選擇，卻在最單純的醫病關係上缺乏經驗？而那樣的關係過去曾是每個成功的家庭醫師最重要的基石。一個社會若只強調IQ智商與就讀哪個年級，而忽略處理病人痛苦所需的簡單能力，例如簡單的處世技巧、敏感度、理解力與良好的判斷力，社會會變成什麼樣子？若是在專業領域裡，一個年輕的醫學院學生在醫學院一年級時就因其研究與實驗工作而受到仰慕與讚美，卻在病人問他一個簡單問題時張口結舌，這個領域又會變成何種模樣？如果我們能在進行創新科學與技術成就的教學時，同等強調人際間的關係，我們便是真的有所進步，而如果將新知識傳授給學生時必須以減少人際間的接觸為代價，那就不是真正的進步。一個只強調數目與群體，而不注重個體的社會會變成什麼樣子？在那樣的社會裡，醫學院希望課程越多越好，師生的接觸與互動減少變成一種趨勢，全部被閉路電視教學、錄影和影片所取代，因為這些能以更去個性化的方式，為數量更龐大的學生進行教學，不是嗎？

這種從個人到群體的焦點轉移，在其他領域的人類互動中曾出現過更戲劇性的轉變。如果我們回顧過去數十年來的變化，便處處都能見到這類變化。過往，一個人可以和敵人四目相望，與一個處於明處的敵人面對面，而在一場戰鬥擁有公平的機會。現在，無論是軍人或老百姓，都必須擔心沒人有機會躲過，甚至禍到臨頭都無法覺察的大規模毀滅性武器。毀滅性災難可能無預警地來襲，瞬間讓數萬人灰飛煙滅，就像投下廣島的那顆原子彈，它可能以氣體或其他化學武器的形式來臨——無聲無息，非死即傷。沒有為自身權利、為信念、安全或家族榮譽而戰的個人，只有將老弱婦孺都捲入戰爭的國家，這些平民百姓全都直接或間接受到影響，沒有倖存的機會。如此這般，科學與科技助長了人們對毀滅，以至於對死亡的恐懼。

那麼，人們的防衛心變得越來越強，有什麼好奇怪的呢？如果他防衛自己身體的能力越來越弱，他的心理防衛就必須在各方面大幅度增長，他無法永遠否認下去，他無法持續成功地假裝自己很安全。如果我們無法否認死亡，可能會試圖掌握它。我們可能會在高速公路上飆車競速，雖然會在看到假日的全國死亡人數報導時感到不寒而慄，但也深感慶幸並暗自竊喜——「還好是其他人，不是我。我成功躲過了。」

小至街頭幫派，大至國家，許多族群可能會利用他們的族群認同，藉由攻擊、毀滅他人的方式來表達他們對於被毀滅的恐懼。戰爭，或許完全只是一種面對死亡、征服死亡、掌握死亡並死裡逃生的需要——一種否認自身必死命運的怪異形式？我們有位因白血病而垂死的病人曾以不可置信的口吻說：「我不可能現在就死啊，這絕對不是神的旨意，我在二次世界大戰的時候，被幾英尺外飛來的子彈打到都沒死了。」

另一名女子有次也表達了她的震驚與難以置信。她提到一個從越南休假回來的年輕人因一場車禍喪生，她形容這是「不公平的死亡」，彷彿他在戰爭中倖存就應該保證他回家後能對死亡免疫。

倘若能研究國家領導人對死亡的態度，可能會讓我們獲得實現和平的機會，因為他們是為國與國之間的戰爭與和平做出最後決定的人。如果我們所有人都能盡一切努力去深思自己的死亡，坦然面對圍繞著死亡概念產生的焦慮，並幫助他人認識這些想法，或許我們身邊的破壞事件就會減少許多。

新聞通訊社也可以發揮它的力量，幫助人們面對死亡這一現實，例如避免使用「猶太問題的解決方案」這種去個性化的詞彙來描述這一起牽涉數百萬男女老少的大屠殺，或以最近的事件為例，殲滅一座機關槍軍火庫並殲滅大批越共、收復一座越南山頭，能改為適用於雙方的人類悲劇和人命損失的觀點來描述。各種報紙和新聞媒體上都可看到許多類似的例子，我在此就毋須贅言了。

總而言之，我想，藉由科技的快速發展與日新月異的科學成就，人類不但發展出新的技能，也發展出具有大規模破壞力的武器，而這滋長了人們對暴力、對災難性死亡的恐懼。人們必須在心理各方面防衛自己，才能抵抗對死亡與日俱增的恐懼，才能抵抗自己在預見死亡與自衛方面漸趨無能為力的事實。心理上，人確實可以暫時否認自己的死亡。由於我們在潛意識裡無法想像自己的死亡，也不相信自己終將一死，卻能想像鄰居的死亡，因此新聞播報裡死於戰爭及高速公路車禍的那些人，反而強化了我們潛意識裡相信自己是不死之身的信念，並讓我們的潛意識在私底下暗自慶祝，慶幸死的「是下一個人，不是我」。

如果否認不再可能，我們便會試圖挑戰死亡，以求掌握它。如果我們能在高速公路上疾速奔馳，如果我們能從越戰裡全身而退，一定會覺得自己對死亡免疫了。和我方的損失比起來，我方殲滅的敵人數量是十倍之多——我們幾乎每天都聽到新聞報導這麼說。這難道不是我們的痴心妄想，我們對全能與不朽這一幼稚願望的投射？如果整個國家、整個社會都因懼怕並否認死亡而受苦，那麼它就必須採取防衛的手段，而這些手段只會帶來破壞。戰爭、暴動，越來越多的謀殺案與其他犯罪行為可能只是一種跡象，指出我們越來越沒有能力面對死亡並帶著尊嚴接受它。或許我們必須回歸到獨立個體，從頭開始，嘗試想像自己的死亡，學習如何用較理性和無懼的態度面對這個無可避免的悲劇。

在這些不斷變化的時代，宗教扮演著什麼樣的角色？過去，似乎有較多人願意堅定不移地相信神，他們相信有死後的世界，那會讓他們從磨難與痛苦中解脫。人們會在天堂獲得報償，如果我們在人世間承受較多苦難，死後就會依據自己承受重擔的勇氣與恩典、耐心與尊嚴而獲得大小不等的報償。苦難是較為普遍的現象，如同孩子誕生是件較為自然、漫長與痛苦的事——但是孩子出生時，母親是清醒的。苦難自有其目的，並隱含著未來的報償。而現在，我們為母親施打鎮定劑，試圖免於疼痛與煎熬，我們甚至會用人工引產的方式，讓嬰兒的出生時間剛好落在某個親人的生日，或避免干擾到某個重要活動。許多母親都在嬰兒出生數小時後才清醒，因為用藥而導致昏昏沉沉，以致無法享受嬰兒誕生那一刻的喜悅。苦難沒有太大意義了，因此無論是疼痛、瘙癢或其他不適，都可以用藥物解決。人間的受苦能在天堂換來報償的信念早已死去。受苦已經失去了意義。

然而，隨著這個變化來臨的是，也越來越少人真的相信死後的生命，而這或許是對我們必死命運的否認。好吧，如果我們不期待死後生命，那麼就必須考慮死亡這件事。如果我們不再因為受苦而在天堂獲得報償，那麼受苦本身也變得毫無意義。如果我們參與教會活動只是為了社交目的或參加舞會，那麼我們便無從體會教會的最重要目的，也就是給予希望、為人世間的悲劇賦予意義，並試圖了解生命中那些令人難以接受的磨難。

聽起來很矛盾的是，雖然社會助長了我們對死亡的否認，但宗教失去其相信死後生命或永生概念的信徒，因而就這方面而言減少了對死亡的否認。從病人的觀點來看，這是個十分糟糕的交換。宗教面的否認，亦即相信人間受苦的意義與死後上天堂獲得報償的信念，能帶給人們希望與意義；而社會面的否認既沒有帶給人們希望，也沒有帶來意義，平白加劇了我們的焦慮，還助長了我們的破壞性與侵略性——人們為了逃避現實、避免面對自己的死亡而殺戮。

翹首未來，我們會看見一個有越來越多人能靠維生醫療「活著」的社會，因為重要器官可以用機器取代，還有電腦能隨時檢查是否有其他生理功能需要電子設備來取代。有種機構可能會大量崛起，那裡可以彙整各種技術資訊，病人一斷氣，燈就會亮起，設備隨即自動停止運作。

另一種機構可能也會越來越受歡迎，在那裡，亡者會立即超低溫冷凍，放置在一棟特殊的低溫建築物內，等待科學技術進步到能將他們解凍，讓他們復活並回歸社會的那一天。而彼時，或許會有人口爆炸的問題，所以需要一個委員會來決定多少人可以被解凍，就像現在有一些委員會在決定誰是下一個器官受贈者、誰又該死去。

這聽起來可能令人不寒而慄，匪夷所思，然而可悲的真相是，這一切已經是現在進行式。這個國家沒有任何法律條文能阻止滿腦子生意經的人利用民眾對死亡的恐懼來牟利，對於投機分子以高價行銷並販售一個冷凍多年後重生的可能性，也無從否決他們做出此一承諾的權利。這些機構目前已經存在，有些人可能會詢問冷凍者的遺孀或配偶是否有權接受社會安全保障的福利或再婚，讓我們覺得好笑，但這些問題其實十分嚴肅，不容忽視。它們實際上顯示了有些人為了逃避死亡的現實，否認的程度有多麼不可思議。看來時候到了，在我們的社會因恐懼過度而必須自我毀滅之前，各行各業、各種宗教背景的人該集思廣益，一起想想辦法了。

既然我們已經見識過以往人們平靜面對死亡的能力，也一窺了令人膽戰心驚的未來，讓我們回到現在吧，嚴肅地問問自己，如何以個人的身分盡一點綿薄之力。顯然我們已經無法避免人數日趨龐大的趨勢，現今我們活在一個注重群體而非個人的社會。醫學院的課堂人數會越來越多，無論我們喜歡與否都無所謂。高速公路上的車輛數目也會越來越多。如果我們只考慮心臟病學與心臟手術的進步成就，會發現靠維生醫療活著的人口數也會越來越多。

此外，我們無法回到過去，我們無法讓每個孩子都在農場親近大自然、過著單純的生活而獲得學習體驗，或是讓孩子體驗周遭自然環境中的生死更迭。甚至教會人員也無法成功讓許多人重拾相信死後生命的信仰，而讓臨終過程獲得報償，儘管就某種程度而言，這也是否認人終將死亡的一種形式。

我們無法否認，造成大規模毀滅的武器確實存在，也無法以任何方式、在任何意義上回到過去。科技能讓我們替換重要器官，而關於生與死、捐贈者與受贈者所牽涉的責任歸屬問題也將與日俱增。當前與未來的世代將必須處理決定生死問題的法律、道德、倫理與心理各方面的爭議，他們也必須為這些與日俱增的生死問題做決定，而最終或許必須交由電腦來做決定。

不過，每個人都會設法拖延這樣的問題與爭議，直到自己被迫面對為止，而唯有當一個人開始思考自己的死亡，他才能改變這些事。這件事無法在群體層次上解決，也無法交由電腦來解決，而是必須由每一個個人獨自解決。每一個人都想逃避這個問題，然而每個人遲早必須面對它。如果所有人都開始思考一己死亡的可能性，那麼便可能影響許多事，其中最重要的是我們的病人與家人的福祉，最終甚至是我們國家的福祉。

如果我們能在傳授科技價值的同時，也傳授學生關於人際關係、人類與全方位病患照護的藝術與科學，那麼這才算真正的進步。如果科學與科技不被濫用來增強破壞力、延長生命，而是讓它更有人性；如果科學與科技能手牽手，創造更多個體之間互相交流的時間，而非讓這樣的時間變得越來越少，那麼我們才真的談得上是個了不起的社會。

最終，我們或許能藉由面對並接受一己死亡的現實而獲得和平，包括我們內在的和平與國與國之間的和平。

以下P先生的案例，便是一個成功結合醫療、科學成就與人性的例子：

P先生是一名五十一歲的病人，罹患迅速惡化、伴隨延髓病症的「肌萎縮側索硬化症」[5]而住院。他必須藉由呼吸器來呼吸，也無法自行咳痰，因此併發肺炎與氣切術傷口感染。由於氣切，他無法說話，只能躺在床上聽著呼吸器的可怕聲音，完全無法向任何人表達他的需求、想法與感受。若不是有一位鼓起勇氣的醫生為自己求助，我們可能永遠不會造訪這位病人。一個週五傍晚，他來尋求我們的支援，但主要不是針對病人，而是為他自己。我們坐下傾聽他述說，聽到了一個鮮少被討論、關於感受的故事。這位醫生在該病人入院時被分派照料他，顯然被他的痛苦深深觸動。該病人相對年輕，患有神經失調症，需要龐大的醫療與護理照護，才能讓他的壽命獲

5 譯註：amyotrophic lateral sclerosis，俗稱漸凍人。

得短暫延長。病人的妻子患有多發性硬化症，過去三年來一直處於四肢癱瘓狀態。病人希望這次住院能死在醫院，因為他無法想像家裡有兩個癱瘓的病人，卻只能眼睜睜地看著對方，無能照顧彼此。

這樣的雙重悲劇讓醫師十分焦慮不安，因為他一直努力不懈地拯救此人性命，「無論他變成什麼樣子」。他十分清楚，這有違病人的意願。即使救治過程中曾遭遇過一次讓病情變得更複雜的冠狀動脈阻塞問題，他的努力仍持續獲得成功。他曾經戰勝過肺炎與感染，這次他也成功戰勝了這個問題。當病人開始從所有的併發症康復，一個問題來了——「現在怎麼辦？」他只能戴著呼吸器活下去，需要二十四小時全天候的看護，無法說話，連一根手指頭都動不了，他的理智頭腦還活著並充分意識到自己的困境，卻無法運作。醫師因多次努力搶救此人而遭到含蓄的批評，也導致病人對他心生怨恨，滿懷挫折。他該怎麼辦呢？而且，現在無論想改變什麼都為時已晚了。身為醫師，他希望能盡一切努力延長病人的生命，他也成功辦到了，但是除了批評（無論是否是真的）與病人的憤怒，他又換來了什麼？

我們決定與病人當面解決這個衝突，因為他是其中重要的一環。我們向病人告知來意後，他看起來很感興趣，顯然很滿意我們讓他參與，即使他沒辦法溝通，還是將他當個人看待。解釋問題時，如果他不想討論此事，我會要求他點點頭或給我們打個信號。他的眼神彷彿訴說著千言萬語，顯然心中掙扎著想要多說一點，我們也努力尋求一些方法來讓他參與討論。醫生在宣洩了自己承受的壓力後如釋重負，變得創意十足，還一度抽出呼吸器管子的空氣，讓病人在呼氣的時候能說上隻字片語。面談過程中，雙方都盡情傾吐了各自的感受。病人強調，他不害怕死去，但是害怕活著。他也能體會醫師的心情，但是要求他說：「既然你已經費了那麼大的勁把我從鬼門關拉回來，就幫助我活下去吧。」病人說完淺淺一笑，醫生也報以微笑。

兩個人敞開心胸把事情講開後，現場原本緊張的氣氛頓時輕鬆了許多。我換個方式重述了醫師內心的衝突，病人也能以同理心看待。我問他現在需要我們做什麼，對他最有幫助，他描述自己無法藉由說話、寫字或其他方式溝通時，心中的恐慌感就會不斷升高，他很感謝能獲得這幾分鐘大家協力溝通的時間，這能大大減輕接下來幾個星期的痛苦。在後來的一次會面裡，我欣然發現這位病人甚至在考慮辦理出院，說「如果我在那裡能使用呼吸器和護理服務的話」，他計劃轉到西岸。

這個例子或許能充分說明許多年輕醫師陷入的窘境。他們學會了如何延長生命，卻不曾有過關於「生命」定義的訓練或探討。這位病人認為自己「頭部以下全死了」，這個悲劇的重點在於，他在理智上能完全清楚意識到自己的處境，卻連一根手指頭都動不了。當插管施壓弄痛他時，他也無法告訴護理師，護理師雖然二十四小時都在他附近，卻無法學習與他溝通。我們經常理所當然地認為「已經沒有什麼可做的了」，然後便將注意力全部集中在機器設備上，而非病人的表情，但是比起高效率的機器，病人的表情能告訴我們更為重要的訊息。病人若哪裡癢，他既不能動又不能抓，也不能吹一吹，只能對自己的無能為力懊惱不已，更會引發一場幾乎將自己「逼瘋」的恐慌。固定多加了這五分鐘的交流時段後，病人冷靜下來了，對「不適」的忍受度也提高了。

這麼做也解決了醫師內心的衝突，確保他擁有一個更好的醫病關係，不再有罪疚感或遺憾。一旦他親眼見證了這種直言不諱的公開對話能讓彼此更為輕鬆與坦然，他自己會繼續這麼做，我們的存在只是讓溝通能持續進行的催化劑罷了。

我強烈覺得事情就該是這個樣子。如果每一次病人與醫師的關係出現危機，或醫師無法或不願與病人討論重要議題時，就要找精神科醫師，那並不是件有益的事。我認為這位年輕醫師勇氣可嘉，而且展現出成熟的態度，因為他願意承認自己的局限與衝突，進而尋求幫助，不會逃避問題與病人。我們的目標不該是為臨終病人找來各種專家，而是訓練醫院的工作人員如何坦然面對這類難題，尋求解決辦法。我有信心，這位年輕醫師下次碰到這類悲劇時，內心的騷動與衝突會大為減少。他會盡醫師的本分，延長病人生命，但也會顧慮到病人的需求並坦白與他們溝通。至於這位病人，他仍是個活生生的人，他只是受不了以這種方式活下去，因為他根本無法好好使用剩下的身體機能。透過我們共同的努力，他還是可以好好發揮這些身體機能中的許多部分，但前提是我們看到眼前這個如此無助痛苦的人時，不能被這景象嚇跑。或許我想說的是，若想幫助他們好好面對死亡，我們就必須幫助他們好好活著，而非以不人道的醫療方式讓他們活得像個植物人。

探討死亡與臨終的跨領域研討班成立過程

一九六五年的秋季，芝加哥神學院（Chicago Theological Seminary）的四名學生來找我，請我協助他們進行一項他們自主選擇的研究計畫。他們班上要交一篇關於「人類生命危機」的報告，而這四名學生認為死亡是人類必須面對的最大危機。那麼，一個問題自然跟著來了：臨終研究的數據和資料幾乎不可能取得，你無法證實這些資料，也無法設計實驗，那麼要怎麼進行研究？我們見面談了一會兒，決定最好的方式就是詢問末期疾病患者，讓他們當我們的老師。我們可以觀察末期病人，研究他們的反應與需求，評估他們周遭的人如何反應，在他們允許的範圍內，盡可能近距離接觸這些臨終病人。

我們決定在下週便訪問一位臨終病人。我們決定好時間、地點，整個計畫似乎相當簡單，並不複雜。由於學生們沒有臨床經驗，也從未在醫院接觸過罹患末期疾病的病人，我們預期他們會出現一些情緒激動的反應。訪談由我進行，他們站在床邊觀摩，之後我們回到我的辦公室，討論自己的反應與病人的回答。我們相信，多做幾次類似的訪談之後，就能對末期病人及其需求獲得初步的了解，或許還能反過來滿足他們的需求。

當時我們沒有其他先入為主的想法，事先也沒有讀過任何與此一主題相關的報告或著作，所以我們可能心態較為開放，僅僅將我們在自己和病人身上觀察、注意到的事情記錄下來。我們刻意不去研究病人的病歷資料，因為那可能會削弱或影響到我們的觀察結果。我們對病患可能會有的反應，不想有任何先入為主的概念。不過，我們將自己的觀察記錄下來之後，也做了充分的準備工作，研讀所有可用的資料。我們認為，這麼做可以讓自己更敏銳地覺察到病重患者的需求，增進自己的洞察力，也希望學生在與各種背景與年齡層的末期病人接觸的次數越來越多之後，惶恐不安的心情能逐漸恢復平靜。

當時我們對自己的計畫覺得很滿意，不過幾天之後，難題來了。

我著手詢問一些不同專科和病房的醫師，請求他們允許我訪問他們的一位末期病人。他們給出各種不同的回應，有的露出不可置信的震驚表情，有的突兀地轉移話題，結果，我沒有獲得任何一個接近這類病人的機會。有些醫師很「保護」他們的病人，說他們病得太重、太疲倦或太虛弱，或不是健談型的，有的醫師則是直截了當地拒絕參與這樣的研究計畫。其實我必須要為這些醫師說幾句話，他們的反應就某種程度而言甚為合理，因為我才剛進這間醫院任職不久，還沒有人有機會認識我，也不了解我的行事風格和工作性質。除了我個人給予的保證，他們無從確定病人不會因此心理受創，也不確定我們是否會對那些不知道自己病情嚴重性的病人洩漏口風。此外，這些醫師也並沒有意識到我過去在其他醫院與臨終病人接觸的經驗。

我之所以額外做此說明，是為了盡可能用公平客觀的角度呈現他們的反應。這些醫師除了防衛心很重以外，在談到死亡與臨終的話題時也對病人採取十分保護的態度，極力避免他們因為一個剛加入他們行列、對他們來說仍很陌生的同僚而遭受心理創傷。這偌大的醫院裡，彷彿突然間沒半個臨終病患了。無論我打了多少電話，私下拜訪多少病房，都無功而返。有些醫師態度客氣地說他會想一想，有些則說他們不想讓病人面對這樣的質問，怕病人累壞。一位護理師怒氣沖沖、一臉不敢相信的表情質問我是否很享受告訴一個二十歲的年輕人他只剩幾個禮拜可活！我都還沒來得及對她仔細說明這個研究計畫的內容，她掉頭就走了。

最後，我們終於找到一位病人，他張開雙臂歡迎我，還邀請我坐下來，顯然迫不及待想開口說話。我告訴他，在現在這個時間點，我並沒有打算聽他述說，明天會帶學生一起回來找他。當時我實在欠缺敏感度，不懂得珍惜他願意溝通的心意。要得到一位病人是多麼不容易啊，但我只想到必須和學生分享。當時我完全沒有體悟到，當這樣的病人說出「**現在**就請坐吧」的時候，明天或許已經太遲了。我們隔天再度拜訪他時，他倚著枕頭躺著，虛弱得說不出話來。他費勁地想抬起手臂，喃喃說著「謝謝你的幫忙」——不到一個小時後，他便與世長辭了，也將他想與我們分享、我們也多麼渴望知道的體會永遠帶走了。這是我們最初也是最痛苦的教訓，但是也為一堂實驗性質的研討班揭開了序幕，後來，這個研討課成為許多人的寶貴經驗。

這次事件之後，學生們到我的辦公室與我會合，我們覺得必須談談自己的經驗，也想分享彼此的反應，了解這些反應的緣由。這個程序直到現在仍持續進行。技術上而言，這方面的改變不大，我們依然每個禮拜都會和一位末期病人見面。我們會詢問他是否准許我們將對話錄音，至於他想要講多久，完全由他來決定。我們將場地從病房移到一間小訪談室，病人在那裡可以看見我們，也可以聽見我們說話，但我們看不見他。這個班級最初只有來自神學院的四人小組，後來擴大成多達五十名學生，因此不得不移師到另一個設有單面鏡的場地。

一聽見有病人可能可以來參加研討班，我們會先單獨拜訪他，或夥同一名學生加上一位推介醫師或一位駐院牧師，或兩位一起陪同前往。簡單自我介紹後，我們會用相當明確而具體的方式說明訪問目的和時間流程。我會告訴每位病人，我們有一群包括醫院人員的跨領域小組，非常渴望能從病人身上學習。我們強調，我們需要對病重、臨終的病人有更深的認識。接著我們會暫停一會兒，等待病人做出口語或非口語反應。只有在病人邀請我們談話之後，我們才會這麼做。一個典型的對話如下：

醫師：X先生，您好。我是R博士，這位是N牧師。您想要和我們聊一會兒嗎？

病人：當然好，請坐。

醫師：我們這次來訪有個不情之請。N牧師與我和一組醫院人員合作，他們想要對病重與臨終病患的情況有更多的認識與了解。不知道您是否願意回答我們一些問題呢？

病人：你們不妨提出問題，我看看能不能回答。

醫師：您病得多重？

病人：我的癌細胞已經擴散全身……

（另一位病人可能會說：「你真的想跟一個快死掉的老女人說話嗎？你年輕又健康啊！」）

其他病人一開始的接受度並沒有那麼高，他們開始抱怨自己的痛楚、不適與憤怒，然後發洩、傾吐自己承受的磨難。接著我們會提醒他們，這正是我們想要其他人聽見的，他們是否願意稍後再重述一遍。

如果病人同意，醫師也准許，一切都安排妥當之後，我們隨即親自將病人帶到訪談室。他們當中還能走路的人很少，多半必須坐輪椅，少數幾位必須以擔架運送。如果他們需要打點滴輸液或輸血，也會一起帶過來。訪談時病人的親屬不會參與，不過我們與病人的對話結束之後，他們偶爾也會接受訪問。

我們在訪談時會記住一件事，就是沒有一位出席者看過病人的背景資料。前往訪談室的路上，我們通常將訪談目的換個方式重申一遍，同時強調病人有權隨時喊停，或出於任何私人理由喊停。接著我們會再次說明牆上那面單向鏡的作用，這種鏡子可以讓對方單方面看見並聽見我們說話，讓病人在與我們相處時保有片刻的隱私，減輕他們最後一刻的擔憂與恐懼。

進入訪談室之後，對話過程會加快，變得流暢許多，一開始是談談基本資訊，再來便進入病人關切的私人問題，就像實際的訪談錄音所呈現的，有些錄音將會在本書公開。

每次訪談結束後，病人會先被帶回他的病房，我們再接著進行研討班課程，不會將病人留在走廊上枯等。提問者回到教室後，他便和大家一起討論這次訪談內容。我們會坦率表達出自己最自然的反應，無論那些反應是否恰當，或是否理性，然後討論各自在情感和理智上有何不同的反應。我們會討論病人對不同提問者、不同問題和提問方式所做出的回答，最終試圖從心理動力學（psychodynamic）的角度理解他的溝通內容。我們會研究病人的強項與弱點，以及我們處理過程的優劣，最後在總結時提出一些特定方案，藉此讓病人在最後幾天或幾個星期的時光裡過得更舒服。

沒有一位病人在訪談期間過世，倖存者的餘命從十二小時到幾個月不等。我們最近的許多病人都依然活著，也有許多原本奄奄一息的病人病況緩解，可以再度回家休養。有些人病情不再復發，狀況還不錯。我之所以強調這些，是因為我們談的雖然是臨終，但這些病人並非真的符合傳統定義上的「臨終」狀況。我們之所以和他們討論臨終這件事，是因為多數人因罹患不治之症而必須面對這個議題——我們可能會在病人確診到死亡之前的任何時間點介入。

我們從經驗中得知，這樣的討論有許多作用。最有助益的是讓學生意識到自己必須將死亡視為確實可能發生之事，不光是會發生在別人身上，也會發生在自己身上。事實也證明了，這是一種讓自己對死亡「去敏感化」的有效方式，儘管過程有些緩慢而痛苦。許多第一次來上課的學生，訪談尚未結束就離開了。有些好不容易堅持到課程結束，卻無法在討論過程中自在表達他們的意見。有些學生會將自己的憤怒發洩在其他學員或提問者身上，偶爾甚至有遷怒於病人的狀況。在最後這種狀況裡，病人面對死亡時顯得心平氣和，泰然處之，但學生卻對這樣的態度感到心煩、生氣。我們討論之後發現，這名學生認為該病人無法面對現實，甚至是在假裝，因為他無法想像有人能以這種有尊嚴的方式面對這個人生危機。

有些學員開始對病人產生認同感，特別是當他們年齡相仿，學員又必須在討論過程中或多年以後處理這些內在衝突時。小組成員們彼此逐漸熟稔，且明白這裡沒有禁忌之後，這樣的討論逐漸發展成一種團體治療，過程中有許多直言不諱的爭論，有對彼此的支持，有時也會激盪出令人心痛的新發現與洞見。病人們不知道的是，他們所貢獻的交流為多少各式各樣的學生造成了多麼強烈的衝擊與深遠的影響。

研討班成立兩年後，成為醫學院和神學院的正規課程，參加者也包括了訪問醫師、護理師、護理師助理、醫院雜役、社工人員、神職人員與拉比，以及呼吸治療師與職能治療師等，然而我們自己醫院的醫療工作人員卻鮮少出席。將這門課當成正式學分課程的醫學院和神學院學生，也參加了另一堂理論課，探討理論、哲學、倫理、道德與宗教方面的問題，由本書作者與駐院牧師輪流主持。

所有的訪談都會錄音存檔，供學生和老師使用。學期結束時，每個學生必須交一篇自選主題的報告，這些報告將來會公開出版。報告的主題範圍甚廣，從努力釐清觀念並走過死亡恐懼的私人歷程，到高度著重於哲學、宗教與社會學的報告都有。

為了慎重保密，我們有一份出席者名單，錄音謄本中的姓名與身分資料都經過變更。

從最初只有四名蒐集資料的學生開始，短短兩年之內，研討班已經成長為包括最多五十人參與的課程，學生們來自各種助人的專業。剛開始的時候，我們大約一週平均要花費十個小時才能從一位醫師那裡獲得許可，讓我們詢問病人是否願意接受採訪，而現在我們幾乎不需要那麼辛苦地尋找病人了，我們會從醫師、護理師、社會工作者那裡得到引薦，最令人振奮的或許是從曾經參加過研討班的病人那裡獲得引介，他們和其他末期病人分享切身經驗，對方因而要求參加，有時他們是想幫我們一個忙，有時他們是想要說出自己的心聲。

以臨終者為師

說還是不說，這是問題所在。

和醫師、駐院牧師、護理人員談話的時候，他們經常擔心病人對「真相」的容忍度有多大，這件事讓我們印象深刻。而我們通常會問：「什麼真相？」惡性腫瘤診斷確立後，如何面對病人一直是個艱難的問題。有些醫師比較傾向於先告訴病人的家屬，而不對病人吐露實情，以避免他情緒崩潰。有些醫師則對病人的需求較為敏感，既能讓病人確實意識到疾病的嚴重性，同時也能讓他保有一些希望。

我個人覺得，這個問題根本不該引發如此的矛盾。問題不該是「我們該說嗎？」而是「我該如何和病人分享這個訊息？」我會試著在接下來的章節裡對這樣的態度提出解釋。因此，我必須將病人驚覺自己生命已接近尾聲的經驗粗略分為幾大類。如同我們之前大致說明過的，人並不是十分願意正視自己在這世間的生命終點，只會偶爾地、心不在焉地瞥一眼自己死亡的可能性，而其中一個這樣的時刻顯然是驚覺自己罹患危及生命的疾病時。單單是病人被告知罹患癌症這一事實，已能讓他清楚意識到死亡的可能性。

據說，人們經常將惡性腫瘤與末期疾病畫上等號，將兩者視為同義詞。這基本上沒錯，而且可以是祝福，也可以是詛咒，端看病人及其家人如何處理這決定性的一刻。儘管癌症的治療方法已經日新月異，病情緩解的現象也不少，但對多數人而言，癌症依然是個末期疾病。我相信，我們應該養成習慣，偶爾思考死亡與臨終這件事，而且最好是在我們人生真正面臨到這件事之前就開始行動。如果我們還未能做到，那麼家人之中若有人罹癌，便會殘忍地提醒我們自己的生命終點。因此，無論病人是否必須面對死亡，或生命是否能夠延長，若能利用病人生病期間好好為自己思考死亡與臨終這件事，都是一種福分。

如果醫師能對病人直言不諱，告知罹患惡性腫瘤的診斷結果，而避免總是將這個結果與死亡逼近畫上等號，那麼他便是幫了病人一個大忙。與此同時，他應該讓希望之門保持敞開，亦即告知病人帶來生存機會的新藥物、治療方法、新科技與新的研究發現等等。最重要的是，他應向病人傳達病情仍有希望，他並未因為這樣的診斷就對病人放棄治療，這一場仗，他們必須一起奮鬥——無論結果如何，病人、家人與醫師都必須齊心協力。這樣的病人不會害怕被孤立、害怕遭受欺騙或拒絕，而會持續抱持信心，因為他相信醫師是有話直說的，也知道如果有什麼能做的，他們一定會一起去做。

如果有病人發現胸部有腫塊而前來求醫，體貼的醫師會告訴她罹患惡性腫瘤的可能性，必須做例如切片檢查[6]才能確定腫瘤的性質。他也會事先告訴她，如果發現惡性腫瘤就需要動更大的手術。如此病人才能有充分的時間，為罹癌的可能做好心理準備，有必要的話，也會對進一步的手術有所準備。病人手術後醒來時，醫師可能說：「抱歉，我們必須動更大的手術。」如果病人反而說：「謝天謝地，是良性的。」他可以簡單地回答：「希望如此。」然後靜靜地和她一起坐一會兒，不要馬上離開。這種病人可能會在接下來的好幾天都會假裝不知情。如果醫師強迫她接受事實，便過於殘忍了，因為她顯然傳達出自己還沒準備好要聽實話的訊息。醫師曾經告訴過她一次這個事實，其實已經足以讓她對醫師保持信心。這樣的病人在日後心理夠強大時，會主動去找醫師，面對自己病情可能帶來的致命結果。

另一種病人的反應可能是：「啊，醫生啊，好可怕，我還能活多久？」醫師可以告訴她，近幾年來，醫學對延長這類病人的壽命方面，已經有長足的進步，以及額外手術其實預後良好的可能性。他可以誠實告訴她，沒有人知道她可以活多久。我認為，無論病人多麼堅強，告訴他一個還可以活幾年、幾個月的具體數字是最糟糕的病人管理方式。由於那樣的訊息無論如何都是錯的，實際上更長或更短的例外通常一定會發生，所以我看不出有任何理由需要認真看待這類訊息。在一些較罕見的例子裡，可能會需要這麼做，例如必須事先安排、處理眾多事務的一家之主，可能有必要知道他的預期壽命所剩無多。我想即使是這類情況，一個善解人意、睿智的醫師也可以告訴病人，最好趁自己還有空閒、有體力的時候盡快將事情安排妥當，不要拖太久。這樣的病人可能就會了解醫師的言外之意，同時還能保有希望，而那樣的希望是每一位病人都要擁有的，包括那些宣稱已經準備好離世的病人。我們的訪談顯示，所有的病人都對繼續存在的可能性保留了一道希望之門，沒有一個病人時時刻刻都堅持自己不想活下去。

我們問病人如何被告知自己病情時發現，無論他們是否被明確告知自己處於末期疾病階段，其實所有的病人都知道，只是醫師傳達這個消息的方式是否能令人接受，這方面出現很大的差異。

那麼，什麼是令人可以接受的方式呢？醫師如何知道哪個病人想要簡短的答案，哪個病人想要有科學基礎的長篇解說，哪個病人又想要逃避所有的一切？在必須做決定之前，若對病人沒有充分的了解，缺乏這項優勢，又怎能知道他們可以接受哪種方式呢？

＊＊＊

答案取決於兩件事。最重要的一件事是我們自己的態度，以及面對末期疾病與死亡的能力。如果這在我們自己的生命中是個大問題，那麼死亡就會被視為一個駭人、恐怖、禁忌的話題，我們和病人在一起的時候，也就永遠無法以冷靜和有益的方式面對它。我是刻意說出「死亡」這個

6 譯註：較完整的名稱為活體組織切片檢查。

字眼的，即使我們需要回答病人的只是確認是惡性腫瘤，或不是惡性腫瘤。前者總是令人聯想到即將來臨的死亡，一種破壞性質的死亡，它會挑起人們的各種情緒。如果我們自己都無法平靜地面對死亡，又如何能協助病患面對這件事？我們只會希望病人不要問我們這個可怕的問題，我們會顧左右而言他，談一些無關痛癢的瑣碎小事，或說外面天氣不錯之類的話，而敏感的病人也會和你一起玩這個遊戲，談著明年春天的事，即便他很清楚地意識到，自己等不到明年春天了。我們針對此事詢問醫生時，醫生會告訴我們，病人不想知道真相，他們從未提出這樣的要求，他們相信一切安好。事實上，病人沒有當面問到這件事，讓這些醫生大大鬆了一口氣，而他們經常沒有察覺到，是自己在誘導病人做出這樣的反應。

對這類討論依然感到不自在，但防衛心沒那麼重的醫生，可能會致電駐院牧師或神職人員，請他去告訴病人。將這個艱難的責任交給別人來做，讓他們感到比較安心，總比完全避而不談好。但是相反地，他們也可能會對此事感到非常焦慮，因而嚴令工作人員和牧師不要告訴病人。而這種明確的命令，透露出醫師的焦慮感比他們願意承認的還要嚴重。

有些醫師在處理這個議題方面比較沒遇到那麼多困難，只碰到少數不願意談論病情嚴重性的病人。根據我和許多病人談論這個議題的經驗來看，那些自己需要否認的醫師，會在自己病人身上找到它，而那些能夠對末期疾病侃侃而談的醫師，也將發現他們的病人比較能夠面對病情並承認真相。病人對否認的需要，和醫師對否認的需要直接呈正比，不過那只點出了一半的問題。

我們發現，不同病人面對這個消息的反應，依照病人個性，以及他們過去生活中的行事風格與態度而大相逕庭。利用否認作為主要防衛手段的人，也會比其他人更廣泛地採取否認的手段，而習慣以開放而直接的心態面對壓力的人，也會對當前處境採取類似做法。因此，熟悉並了解新病人十分有幫助，如此才能清楚看出他們的力量和弱點所在。以下是一個例子：

A太太是位三十歲的白人女性，她請我們在她住院期間前往探視。她自我介紹時說自己是個身材矮短、過度肥胖、強顏歡笑的人，並笑著告訴我們，她已經因為「良性淋巴瘤」而接受過各種不同的治療方法，包括使用鈷與氮芥（nitrogen mustard）療法，醫院裡大部分的人都知道，這是用來對付惡性腫瘤的療法。她對自己的病情十分清楚，也樂於承認自己已經讀過很多相關文獻。但說到一半時，她突然變得淚眼汪汪，開始述說一個悲傷的故事，她說家庭醫師在為她做過切片檢查後，告訴她檢查結果是「良性淋巴瘤」。「良性淋巴瘤？」我用懷疑的口吻重複了一次她說的話，然後坐在那裡靜靜等著她回答我。「醫生，請告訴我到底是惡性還是良性？」她問我，但還沒有等我回答，她又開始說起自己如何屢次嘗試懷孕都沒有成功的故事。過去九年來，她一直希望能有個寶寶，也做遍各種檢查，依舊徒勞無功，最後希望能透過收養機構收養一名孩子。基於許多原因，她被拒絕了，首先是她才剛結婚兩年半，後來可能又出現情緒不穩定的情況。她實在無法接受自己連收養孩子都辦不到。現在她住院了，被迫簽一份進行放射治療的文件，內容清楚說明這可能造成不孕，導致她最終無法懷孕生子，而且是不可逆的後果。她雖然簽了這份文件，也做了放射治療前的初步程序，但還是無法接受這件事。她的腹部已經畫上標記，而且隔天早上就要進行第一次治療了。

這次的交流告訴我，她其實仍無法接受事實。她問了檢查結果是否為惡性腫瘤的問題，卻沒有等我回答她。她還告訴我，雖然她已經接受自己必須做放射治療，但還是無法接受自己沒有子嗣。接著她滔滔不絕地說著自己未竟之事的瑣碎細節，不斷看著我，眼神裡充滿問號。我對她說，她所談的可能是自己無法面對疾病，而不是無法面對不孕的問題。我告訴她，我了解她的心情。我還說，兩種情況都很艱難，但並非毫無希望，最後，我承諾隔天治療完畢之後再回來找她。

就在前往放射治療的途中，她第一次承認知道自己罹患惡性腫瘤，但她希望這個治療能治好它。在接下來的幾次非正式、近乎社交性質的拜訪裡，她仍是在談論寶寶和惡性腫瘤這兩件事情上擺盪，情緒隨之起伏不定。說著說著，她眼裡噙滿淚水，而且這幾次的談話都卸下了強顏歡笑的偽裝。她問我是否有一種「神奇按鈕」，一按下去就能讓她擺脫所有的恐懼，讓她擺脫壓在她胸口的重擔。她非常擔心自己的新室友會是什麼樣的人，她稱自己簡直「擔心得要死」，怕來了一位罹患末期疾病的女子。她病房的護理人員非常貼心，我們向他們轉達她的恐懼，他們便安排一位性格開朗的年輕女子與她同病房，這才讓她鬆了一口氣。護理人員鼓勵她，想哭的時候就哭，不會期待她一直保持微笑，病人對此表示感謝。她有充分的能力來決定自己想和誰談論惡性腫瘤的事，並選擇那些較沒意願聽的人聊關於寶寶的事。工作人員聽說她以更符合現實的方式討論自己的未來時，都對她的覺察力與能力感到驚訝。

經過幾次收穫滿滿的探視之後，病人突然問我是否有孩子，我給予肯定的答覆，之後她便要求結束探訪，因為她覺得累了。接下來的一次探訪，她對著護理人員、精神科醫師與其他工作人員發脾氣並謾罵，後來她終於承認自己對年輕健康的人感到嫉妒無比，尤其是對我，因為我似乎擁有一切。當她了解到自己並未因為偶爾會變成非常難搞的病人而被眾人拒絕時，她也漸漸覺察到自己憤怒的來源，並坦率表達出她是對神感到憤怒，不滿神讓她在這麼年輕、還有那麼多未竟之事的時候死去。幸好，駐院牧師不是個苛刻的人，而是相當善解人意，用和我類似的方法針對她的怒氣和她聊了一會兒，直到她的憤怒消退，轉而進入沮喪階段，我們也希望她最終能接受自己的命運。

直到今天，這位病人在面對她的主要問題時依然保持這種二分的分裂狀態。對某一群人而言，她只是個因為沒有孩子而內心糾結的女人，但是面對牧師和我，她會談論自己短暫生命的意義，以及自己仍（合情合理地）懷抱著延長生命的希望。在我寫作的此時，她最大的恐懼就是怕他丈夫和另一個可能會生小孩的女人結婚，但她接著又笑著承認：「他又不是波斯沙王，不過也是個很棒的人就是了。」她依然無法好好處理自己嫉妒健在者的問題，不過，由於她不需要堅持否認或將它轉移到另一件悲慘但更容易接受的問題上，讓她能更順利地面對自己的病情。

另一個「說或不說」的問題，是關於D先生的例子。沒有人能確定他是否知道自己的病情，工作人員相信他還不知道自己病情的嚴重性，因為他一向不准任何人和他太親近。他也從未對這件事提出過任何問題，似乎對工作人員感到滿害怕的。護理師們已經在打賭，說他永遠不會接受邀請，和我討論這件事。我已經做好了遇到困難的心理準備，躊躇著問了他一個簡單的問題：「你病得有多重？」他的回答是：「我全身都是癌細胞……」他面臨的問題是，從來沒有人問他一個直截了當的簡單問題。他們將他冷酷的外表誤判為一道關上的門，但事實上，卻是他們自己的焦慮阻礙了他們去發現他迫切想和他人傾訴的心情。

如果我們在描述惡性腫瘤時，讓它聽起來像是一種不治之症，令人產生「有什麼用呢？我們已經無計可施」這種想法，那麼這對病人及其身邊的人而言，會成為一段艱難過程的開端。病人會感到越來越孤立無援，對醫師這方面的作為逐漸失去興趣，只剩孤立隔絕與日益加深的絕望感。他的病情可能會迅速惡化，或陷入深度憂鬱，除非有人能給予他希望，否則恐怕很難脫離這個泥沼。

這類病人的家屬可能會透露出無能為力、悲傷、無可救藥的絕望情緒，但是這對病人的幸福一點幫助也沒有。他們可能會在這段所剩不多的時間裡陷入病態的憂鬱，但倘若醫師能以前面章節所描述的方式來回應，他們通常能擁有一些讓人生更豐富的體悟。

我必須強調的是，病人的反應也並非單單取決於醫生告訴他的話，不過壞消息傳達的方式確實是經常被低估的重要因素，我們在為醫學院學生上課與督導年輕醫師的時候，應給予更多重視。

總而言之，我相信，「我是否要告訴病人實情？」這樣的問題不該問，而應將措辭改為「我該如何對病人傳達這個訊息？」醫師應該先檢視他自己對惡性腫瘤與死亡的態度，才能以不過度焦慮的方式談論如此嚴肅的事。他應意會到病人話裡透露出來的線索，得知病人面對現實的意願有多高。病人周遭環境裡知道惡性腫瘤診斷結果的人越多，病人自己就會越快覺察到事實真相，因為總是沒有那麼多人會演戲，能長時間戴著面具，維持著讓人信服的快活模樣。無論如何，大多數病人終會知道真相的。他們會察覺到人們的關注焦點變了，還用了一種新的、迥然不同的態度對待他們。他們會察覺到人們壓低聲音，醫護人員避免巡房，或親人臉上掛著淚痕，或無法再隱藏真實情感的家族成員帶著似有惡兆的微笑。如果醫師或家人都無法談論病人真正的病情，他們就會假裝不知道，但是若有人願意和他們談談這件事，並允許他們在需要的時候保留適當的防衛態度，他們也會很歡迎這樣的人。

無論病人是否被明白清楚地告知，他都會覺察到真相，並對那些對他說謊，或沒有在仍有時間將事務安排妥當時協助他面對病重事實的醫師失去信心。

如何向病人告知這個令人痛苦的消息是一門藝術。過程越簡單越好，因為如果病人在當下無法「聽進去」，他事後通常會更容易回想起來。我們的病人會在私密的小房間裡被告知，而非在走廊或擁擠的診間裡，對此他們覺得十分感謝。

我們對所有病人都會強調同理心，這比不幸消息帶來的悲傷事件更為重要，因為那能向病人保證，一切可能做的事我們都會盡力去做，他們不會被「拋棄」，治療方法是存在的，永遠都能看見希望——即使病情已經發展到末期也不例外。如果這個不幸的消息能用這樣的方法傳達給病人，他們將繼續對醫生保持信心，也會有充裕的時間好好消化各種反應，如此才有能力應付這個全新的人生處境與沉重壓力。

在接下來的章節裡，我會試圖概述我們從臨終病人身上學到的、關於面對末期疾病時的應對機制。

CHAPTER

03

第一階段
否認與孤立

人為自己設下障礙。

—— 泰戈爾《漂鳥集》第 79 首

在我們曾訪談過的兩百多名臨終病患裡，多數人在首度察覺到自己身患末期疾病時的第一句話是：「不會吧，不會是我，這不可能是真的。」無論病人是罹病之初就被告知，或是病人一開始未被明白告知病情，後來自己得出這個結論，他們一開始都是抱持這種否認態度。我們的一位病人曾談到一種她所謂「又長又貴」的儀式來支持她的否認。她相信，是X光片「搞混了」。她要求一個令她放心的答案，認為自己的病理報告不可能那麼快送回來，一定是她的名字被誤寫在另一個病人的報告上。這些事沒有一樣能夠確認，所以她隨即要求離開醫院，懷著一絲希望去找另一位醫師，希望能「為自己遇到的麻煩尋求更好的解釋。」這位病人不斷「貨比三家」，尋訪了多位醫師，有些給了令她放心的答案，有些則證實了之前的懷疑。無論證實與否，她都抱持一樣的態度。她一再要求重新檢查，心中雖然隱約知道最初的診斷是正確的，但又一直想做進一步的評估，期待之前的結論出錯了，同時，她也一直和醫師保持聯絡，以她的話來說，就是希望能「隨時」獲得幫助。

這種在醫師出示診斷後出現的焦慮與否認態度，在病人有以下幾種情況時較為常見：病人被過早告知病情，或病人被一個他不熟悉的人突然告知病情，或是在沒有考慮病人是否準備好的情況下，以「趕快把事情做完」的態度匆促告知病人病情。否認，至少部分否認，是幾乎每個病人都會出現的反應，不僅是在生病的第一階段或接下來的面對過程裡出現，也偶爾會在後期的階段出現。不知誰曾說過「我們無法一直直視太陽，也無法一直面對死亡」這句話？這些病人可以思考自己死亡的可能性一陣子，但是接著便必須拋開這樣的念頭，才能夠追求生命。

我十分強調這一點，因為我認為這是一種健康的處理方式，讓病人得以面對不適且痛苦的處境，有些病人甚至必須活在這樣的處境裡很久。否認能發揮緩衝作用，在聽到令人意外與震驚的消息後，讓病人鎮定心神，才有時間去動員其他較不那麼極端的防衛心理。然而，這不代表日後若有機會，這位病人會不願意坐下來和某人談論他即將面臨的死亡，甚或會對此不高興，或這麼做無法減輕他的重擔。這樣的對話將會，也必須在病人覺得合適的時候，當他自己（而非聽者！）準備好面對的時候發生。假如病人無法再面對真相，又故態復萌加以否認，對話也必須中止。對話何時進行都沒有關係，經常有人指控我們在醫生（有非常充分的理由）覺得病人並非處於臨終階段時，和重症病人談論死亡。如果病人主動提出自己想要談談，我會比較喜歡在病人離死亡還久的時候和他們談論死亡與臨終之事。一個較健康、較堅強的人，面對即將來臨的死亡時能將它處理得更好，也比較不會感到害怕，因為它還在「千里之外」，而不是已經「來到門前」——恰如我們一位病人的貼切形容。對病人家屬而言，要討論這類事情，在病人相對健康安好的時候是比較容易的，也比較能為孩子和其他人做好安全的財務規劃，因為這時候一家之主還能正常運作。推遲這樣的談話，對病人通常沒有助益，只會助長我們自己的防衛心。

否認通常是一種暫時性的防衛，很快會被部分接受所取代。但是如果否認心態一直持續到最後，病人的苦惱不一定會加劇，我認為這是較罕見的狀況。在我們的兩百名末期病人當中，我只碰到過三名病人試圖否認到最後一刻。這三位女性裡的其中兩位只簡短地談論過死亡，僅僅稱它為「一件免不了的麻煩事，希望能在睡夢中來臨，」而且說：「希望它來臨時沒有痛苦。」說完這些話之後，她們又恢復之前否認自己病重的模樣。

第三位病人也是一名中年未婚女子，顯然人生中大半的時光都採取否認態度。她的胸部長了一個肉眼可見的巨大潰瘍性腫瘤，但是直到過世前不久，她都還一直拒絕治療。她是基督教科學派（Christian Science）的忠實信徒，直到生命的最後一天都還堅守信仰。儘管她一直否認，但其實內心有一部分肯定已經面對了自己病重的現實，因為她最後終於接受自己必須住院的事實，也至少接受了一些醫師建議的治療。我在預定手術前拜訪她時，她稱開刀是為了「切掉傷口的一部分，讓它更快痊癒。」她也明確指出，她只想知道關於住院的一些細節，因為「那和我的傷口無關」。多次探訪後，我清楚知道，她害怕工作人員和她進行任何形式的溝通，因為他們可能會打破她的否認態度——談論她的晚期癌症。她的身體日漸虛弱之後，臉上化的妝也日趨怪異。原本只是保守地使用紅色口紅和胭脂，後來她的妝容顏色越來越鮮豔、越來越紅，把自己弄得像個小丑似的。隨著生命的終點逐漸接近，她的服裝顏色也同時變得越來越豔麗、花俏。在她生命的最後幾天，她完全避免照鏡子，但卻繼續濃妝豔抹，試圖掩蓋她日趨抑鬱並迅速憔悴的面容。我們問她有什麼能幫得上忙的，她說：「明天過來吧。」她並沒有說：「讓我一個人靜一靜，」或「別打擾我。」而是保留一個開放的可能性，因為明天或許就是她能夠卸下心防、不再否認的日子，因此必須尋求幫助。

大多數的病人都不會採取如此全盤否認的態度。他們可能會短暫談論自身處境的現實面，然後突然就說自己再也無法用這麼現實的眼光看待一切了。那麼，我們怎麼知道病人從何時開始，再也不想面對現實了呢？他可能會談論關於自己人生的話題，分享自己對於死亡或死後生命（本身就是種否認）的想像，但是幾分鐘之後又改變話題，而且幾乎和他前面說過的話互相矛盾。這時，聽他講話會覺得他彷彿只是生了一場小病，沒有什麼威脅生命安全的嚴重病情。此時我們藉由察言觀色和各種線索，便能覺察到病人這時寧願去看更光明、更愉快的事物。於是我們可以讓病人繼續做著一些愉快事物的白日夢，無論這些事發生的可能性有多麼微乎其微都無所謂。（我們有幾位病人便曾做過一些看似不可能發生的白日夢，卻出乎我們意料地美夢成真。）我想強調的是，否認的需要有時會出現在每個病人身上，比起生命晚期，在重病初期更是如此。之後，這樣的需要會來來去去，敏感度與洞察力較高的傾聽者會覺察到這一點，他們在容許病人繼續採取這種防衛機制的同時，又不會讓他察覺到自己的衝突。通常，病人會在更晚期的時候，才會更頻繁地用孤立心態來取代否認心態。這時他會談論自己的生病與健康，以及自己的死亡與不死，彷彿它們是獲准共存的孿生兄弟，因此能在面對死亡時依然懷抱希望。

簡言之，病人的第一個反應可能只是受到驚嚇的暫時狀態，之後便會漸漸從中恢復。當他最初那種麻木感開始消失，他又恢復鎮定之後，人通常會出現這種反應：「不，不可能是我。」由於在我們的潛意識裡，我們全是不死之身，因此要承認自己必須面對死亡，簡直難以想像。病人何時會逐漸放下否認心態，採取較不激進的防衛機制，取決於他被告知這件事的方式、他需要多少時間才能逐漸承認這個無可避免的事實，以及他平日是否有充分的準備來處理造成巨大壓力的處境。

我們也發現，有些醫院工作人員基於各自的原因而必須以否認的方式來面對病人，而許多病人在面對他們時也會採取否認態度。這樣的病人會精心挑選不同親人或醫護人員來和他們討論自己的病情或迫近的死亡，但是對那些無法容忍他們終將離去的人，會假裝自己正在康復。可能就是因為如此，對於病人是否需要知道自己罹患不治之症這件事，才會出現意見分歧。

以下這個關於K太太的簡短例子，描述的是一個長時間大量採取否認機制的病人，以及從她入院到幾個月後過世的這段時間裡，我們對她的管理方式。

K太太二十八歲，是位信奉天主教的白人女性，育有兩名學齡前孩子，因末期肝病而入院。為了維持生命，她每天必須實施嚴格的飲食控制，進行各種化驗檢查。

我們是在她入院前兩天得知消息的，她曾前往醫療院所求診，被告知痊癒無望。根據她家人的說法，她「崩潰了」，後來有位鄰居安慰她，向她保證一定還有希望，並鼓勵她參加一個宣稱有許多人得到治癒的禮拜儀式。於是這位病人詢問她的神父，希望獲得他的支持，神父卻勸她不要去找那種信仰治療師。

一個週六，亦即病人前往診所後的隔天，她還是去拜訪這位信仰治療師，而且「立刻覺得棒極了。」一週日的時候，她的婆婆發現她進入恍惚狀態，這時她先生出去工作不在家，只剩兩個小孩子在家，沒有吃飯，也沒有人照顧。後來她先生和婆婆將她送進醫院，但是醫師都還沒和他們說上話，他們就離開了。

病人要求見駐院牧師，說「要告訴他一個好消息」。牧師進入病房時，她興高采烈地歡迎他：「喔牧師啊，太美妙了。我已經痊癒了。我要告訴醫生，神治好了我的病，我現在很健康了。」接著她難過地表示「連我自己的教會都不了解上帝的作工」，意有所指地說著她的神父建議她不要去參加禮拜儀式的事。

這位病人對醫師來說是個頭痛人物，因為她幾乎徹底否認自己的病情，而且在進食方面變得非常不穩定。偶爾，她會把自己的肚子塞滿，直到陷入昏睡狀態為止，但有時又會乖乖遵守規定。基於這個原因，醫師要求她與精神科醫師進行諮商。

我們見到這位病人時，她看起來歡欣鼓舞，不是放聲大笑就是不停咯咯笑著，顯得十分不合時宜，而且一再向我們保證她已經完全康復。她在病房四處走動，和病人、工作人員搭訕，試圖為一個她極為信任的醫師籌錢買禮物，而這樣的舉動似乎也顯示她對自己當下的狀況其實有些起碼的覺察。她讓管理人員很頭痛，因為她在進食和服藥方面相當不配合，而且「行為不像個病人」。她對自己已經痊癒的信念堅定不移，堅決地想聽他人證實此事。

我們和她先生討論過後，發現她先生是一個相當單純、感情淡漠的人，他強烈相信自己的太太最好和孩子在家度過最後的短暫時光，而不是住在醫院拖延她受折磨的時間，還得承擔無止境的醫療開銷，長期忍受時好時壞的病情。他對她沒有半點同理心，也能有效地將自己的情緒與想法分開。他就事論事、不帶感情地指出自己家裡不可能有穩定的環境，因為他週間的日子要上夜班，孩子沒有和他住在一起。聽完他說的話，並試著站在他的立場思考之後，我們也能夠體諒並感謝他，因為唯有用這種情感抽離的方式，他才有辦法處理當前的人生處境。我們原本希望能讓他理解妻子的一些需求，希望他的同理心能多少消除她的否認態度，讓她更願意接受有效的治療，但是訪談結束時，他就像完成了一件被強迫履行的義務，顯然沒有改變他的態度。

我們定期拜訪K太太，她很感謝我們陪她聊天，聊一些日常發生的事並詢問她的需要。她的身體越來越虛弱了，有幾個禮拜的時間，她就只是昏昏沉沉的，握著我們的手，不太說話。後來，她頭腦越來越不清楚，迷迷糊糊的，還出現錯覺，以為自己置身在一個漂亮房間，房裡花香四溢，到處都是她先生送她的鮮花。她神智較為清醒的時候，我們試著協助她做一些藝術品或手工藝品來打發時間，讓時間過得快一點。過去幾個禮拜，她都是獨自一人在病房裡度過的，病房的雙層門都緊緊閉著，幾乎沒有醫護人員會去探視她，因為他們覺得自己已經無法再做些什麼了。醫護人員用以下這樣的說辭來合理化自己的逃避態度：「她神智不清了，什麼都不知道，」以及「我不知道要和她說什麼，她的想法太瘋狂了。」

由於她感到越來越孤立、越來越孤單落寞，我們發現她經常拿起電話聽筒，「只是想聽到一些聲音」。

她必須採用無蛋白質飲食時，變得非常容易飢餓，體重掉了許多。她會坐在床上，手裡拿著一小袋糖，手指捏著糖說：「這個糖最後會殺了我。」我和她坐在一起，她握著我的手說：

「你的手好溫暖。我希望我變得越來越冷的時候，你可以和我在一起。」她心照不宣地微微一笑。她知道，我也知道，此時此刻她已經放下了否認的態度。她已經能夠思考並談論自己的死亡了，她只是要求能有人陪伴，為她帶來安慰，並在生命的最後階段不再飢腸轆轆。除了以上提到的這些話，我們並沒有再多說什麼，只是靜靜地一起坐了一會兒。我要離開的時候，她請我一定要再回來，並順便帶上那位很棒的職能治療師（OT），那位女孩曾幫她做了一些皮件作品給家人，「讓他們留作紀念，睹物思人。」

醫院的工作人員，包括醫師、護理師、社會工作者或牧師等，不知道自己迴避這樣的病人時錯過些什麼。如果有人有興趣研究人類行為，以及人類為了應付巨大壓力必須採取何種調適與防衛的做法，這裡就是最好的學習場所。如果他們能坐下來傾聽，即使病人在最初一、兩次見面時不想說話，也能夠堅持繼續探視他們，病人會很快建立起信心，知道這裡有一個人在關心他、一直在他身邊，不會離開。

他們準備好跟你聊聊的時候，會敞開心胸說出心中的孤寂，有時是直接說出口，有時則是透過一些小動作或無言的交流來表達。在K太太的例子裡，我們從不曾試圖戳破她的否認態度，當她信誓旦旦地對我們說她已經痊癒時，我們也從不曾反駁她。我們只是一再強調，如果她想回家和孩子們在一起，就必須按時服藥、控制飲食。有時候，她會把肚子塞滿一堆她被禁止的食物，但隔天就嘗到了雙倍的苦頭。這是無法容忍的事，我們這麼告訴她，這是我們無法向她否認的一部分現實。因此，我們仍以某種方式，含蓄地告訴她她病得很重。但是表面上，我們並沒有直截了當地點破這件事，因為很顯然，她在疾病的這個階段是無法忍受真相的。直到很後來，在她經歷過輕度昏迷，極度退縮，以及神智不清、出現丈夫送來滿室鮮花表達愛意與溫情的幻覺等階段之後，她才培養出正視現實與自身處境的勇氣，能夠要求一些更美味的食物與最終的陪伴，因為她已經察覺到家人不會給她這些了。

回顧這段漫長而意義非凡的關係，我很確信，這段關係之所以能維持下去，就是因為她意識到我們尊重她希望否認自己病情的意願，而且越久越好。無論她製造出多少管理上的難題，我們也從不妄加評斷。（不過，我們比較容易做到這點是因為我們的身分只是類似訪問的工作人員，不用負責為她調整飲食，也毋須整天陪在她身旁，處理一連串令人氣餒的事。）即使在她完全失去理智、不認得我們的臉，也不知道我們的專業角色是什麼的那段時間，我們依然繼續探望她。長遠來看，正是已充分處理一己死亡情結的治療師，堅持不懈地擔負起支持、照料的角色，才能幫助病人克服死亡迫近的焦慮和恐懼。K太太在醫院的最後那幾天，要求兩個人陪伴她：一位是她的治療師，她已經不太能用言語和他交流了，只是偶爾握著對方的手，而且對食物、疼痛與不適的抱怨越來越少；另一位則是職能治療師，協助她暫時忘卻現實，讓她當一個有創造力和生產力的女人，製作一些物品留給家人作紀念——當成是她不死的象徵吧。

我援用此例是為了說明我們不一定要明確說出病人其實已經處於疾病末期，我們會先嘗試引導病人透露自己的需求，察覺他們的力量與軟弱之處，尋求公開或私下的交流，以決定病人在特定時刻想要面對現實的意願有多高。而這位病人在許多方面都是個特例，她從一開始便清楚表示，自己若想保持神智正常，否認是必要的。雖然有許多醫護人員認為她明顯有精神疾病，測驗卻顯示她的現實感完好無損，只是她的外在表現正好相反。我們從中得知，她只是無法接受自己家人其實需要她「越早死去越好」，她無法接受自己才剛開始享受養兒育女的快樂，生命就要結束了，於是，她絕望地抓住了保證讓她恢復健康的信仰治療師所給予的援助。

然而，她心中有一部分其實已充分意識到自己的病情。她並未吵著要離開醫院，事實上，她在醫院住得滿舒服自在的，甚至在身邊放了許多她熟悉的小玩意兒，彷彿要長久住下來似的（她沒有再離開醫院）。她也接受我們所定的規矩，遵守院方的飲食規定，只曾在極少的情況下表現失控。後來她承認自己實在沒辦法在那麼多嚴格的限制下生存，這比死亡還痛苦。有人確實將大量吃進醫師禁止的食物這種行為視為一種企圖自殺的做法，如果沒有工作人員大力制止，這麼做可能可以讓他們快速死去。

那麼在某種程度上，這位病人所表現的是在幾近全盤否認病情與試圖導致死亡之間來回擺盪的心理。由於被家人拒絕，更經常被醫院的工作人員無視或忽略，她遂成了一個可憐人，一個看起來衣冠不整、披頭散髮，絕望又孤單地坐在床沿，重複拿起聽筒又掛上只為了聽到一點聲音的年輕女子。她在自己那布滿鮮花、洋溢著愛意和關懷的美麗幻想裡暫時找到了一處避風港，那是她在真實生活裡無法獲得的。她沒有一個健全的宗教背景來幫助她度過這個危機，因此需要好幾個禮拜、甚至好幾個月的時間，在經常只是有人默默陪伴的情況下，才終於接受了自己的死亡，沒有自殺，也沒有罹患精神病。

我們對這位年輕女子的反應是五味雜陳的。起初是完全不相信：她在飲食如此受限的情況下，怎麼還能假裝自己完全健康？如果她真的相信自己已經痊癒，怎麼還能待在醫院裡，接受各式各樣的檢查？我們很快了解到，她無法聽見這樣的問題，我們只好和她聊一些較不會讓她覺得那麼痛苦的事，希望能更了解她。儘管她長時間處於否認狀態，但是她年輕開朗，家裡仍有年幼的孩子，家人也不支持她，這也是我們想更盡力幫助她的重要原因。我們容許她為了生存的需要而採取否認態度，並在她住院期間全程與她保持聯繫，讓她隨時找得到我們。

當醫護人員造成她被隔離孤立，我們往往會對他們感到生氣，要求固定讓房門保持開著，只是經常在下次拜訪時又發現門是緊閉的。隨著我們越來越能摸清楚她的古怪脾氣，她的一些怪癖便顯得比較沒那麼奇怪，也比較可以理解了，而這也讓我們更難理解護理師為何要迴避她。到最後，這已經變成一件私事了，感覺像是和一個無法與他人溝通的人用外語說話。

毫無疑問的是，我們與這位病人相交頗深，超乎一般醫護人員對病人的投入程度。在試圖了解這份交情的緣由時，我們也必須補充一點，有一部分的交情是我們心中挫折感的表達，因為我們無法讓她家人為這位可憐的病人扮演一個對她更有幫助的角色。或許是憤怒，逼得我們自然承擔起安慰她的探訪者這樣的角色，而我們原本期待她先生能扮演這個角色的。誰知道呢？或許我們之所以在這樣的情況下擴大我們的影響力，是因為我們潛意識裡也希望自己將來遭遇類似的命運時，不會被拒絕。畢竟，她只是個育有兩名幼子的年輕女子——現在想起來，我開始懷疑自己是不是太快便支持她的否認態度了。

這指出了我們在與病人相處時，必須更仔細檢視自己的反應，因為那一定會反映在病人的行為上，也對他是否有幸福感或是否受到傷害造成很大的影響。如果我們願意誠實看看自己，對我們心智的成長與成熟將大有裨益。若想要有此收穫，沒有什麼比學習如何面對病重、年邁或臨終的病人更合適了。

CHAPTER

04

第二階段

憤怒

我們誤解了世界，卻說它欺騙我們。

—— 泰戈爾《漂鳥集》第 75 首

如果我們聽見不幸消息的第一個反應是：「不會吧，這不是真的，不可能，不可能和我有關。」一旦噩耗最終真的降臨在我們身上，取而代之的反應就會是：「是的，真的是我，沒有搞錯。」只有極少數的病人能夠直到死去，都還活在自己健康無恙的虛幻世界裡，是幸也是不幸吧。

當第一階段的否認無法再繼續維持，它會被氣憤、狂怒、嫉妒和怨恨所取代。而邏輯上，下一個問題會是：「為什麼是我？」如同我們的一位病人G醫師所說：「我想每個在我這個身分地位的人，都會看著別人說『嗯，為什麼不是他？』這個念頭在我腦海裡出現過好幾次……街上有個我從小就認識的老人走過來。他已經八十二歲，就我們凡人的眼光來看，他在這世界上已經沒有用處。他有風濕病，還是個瘸子，全身髒兮兮，你絕對不會想要變成那樣的人。我心中生起一個強烈的念頭：為什麼就不是那個老喬治，而是我？（摘錄自G醫師的訪談）。

從家人和醫護人員的角度來看，這個憤怒階段非常難應付，與否認階段相反。原因是這份怒氣會到處轉移，而且有時會不按牌理出牌，任意投射到環境中。醫生不好，他們不知道該檢查什麼、該開出什麼飲食處方；他們把病人留置在醫院太久了，或者在給予特權方面，不尊重他們的心願；病人付了那麼多錢只為享有隱私並獲得充分休息，他們卻讓一個奄奄一息的室友進來同住等等。護理師更是經常成為病人宣洩怒氣的箭靶。無論他們做什麼都不對，他們一離開病房，呼叫鈴就響了。他們一開始和下一批輪班的護理師做交接報告，指示燈就亮了。當他們為病人抖一抖枕頭、將床單拉平，病人就會責怪他們老是讓自己不得安寧，而當他們真的要讓病人靜一靜的時候，指示燈又亮了，病人反而要求要把床鋪整理得舒適一點。前來探視的家人也難得見到病人的好臉色，似乎也不被期待，這讓會面過程變得很難受。於是，家人要不就是傷心流淚、心生內疚感或羞恥感，要不就是以後避免再來，而這徒然又加重了病人的不適感與憤怒。

問題在於，鮮少有人能設身處地站在病人的立場，想想憤怒到底從何而來。或許，如果我們生命中的一切活動早早就被中斷，我們也會怒不可遏。如果由我們開始建構的大樓無法完工，而必須由他人來完成；如果我們撥出一筆辛苦賺來的錢，只為了享享幾年的清福、到處旅行、發展嗜好，卻必須面對「沒有我的分」這樣的殘酷事實。心中的這股怨憤，我們除了發洩在最可能享受這一切事物的人身上，還能拿它怎麼辦呢？周遭忙進忙出的人，在在提醒著我們，我們甚至再也無法用自己的雙腳站起來。那些下令做討厭的檢查、延長住院時間，列出種種限制、禁止事項和花費的人，一天結束後就可以下班回家，享受生活。那些人老是叫我們躺著不要動，點滴輸液和輸血才不用從頭開始，而當下我們恨不得能鑽出這身皮囊，去做一些證明自己在某種程度上還有健全功能的事！

在這個時候，病人無論看見什麼，總能引發滿腹牢騷。他可能一打開電視就看見一群年輕活潑的人在跳著現代舞，這刺激了他，讓他大為不悅，因為每個動作對他來說都是讓他痛苦不堪、超出他的極限的。他可能在看西部片時看見有人被冷血槍殺，而周遭袖手旁觀的人卻繼續喝著他們的啤酒，他很自然地會拿他們和自己的家人或醫護人員相比。他可能聽見新聞報導充斥著破壞、戰爭、火災或悲劇——這些都離他非常遙遠，對一個很快就要被遺忘的人來說，他一點也不關心那些戰爭或亂象。因此，這位病人要確保他不會被遺忘，他會拉高嗓門、不斷抱怨、要求各種關注，或許這是他最後一次的大聲疾呼：「我還活著，別忘了這一點！你還可以聽見我在說話，我還沒死呢！」

病人若能得到尊重與理解，獲得一些關注與時間，很快就會將嗓音降下來，減少怒氣沖沖的行為舉止。他會知道自己仍是個有價值的、活生生的人，受到妥善照顧、也能盡一己之力去做自己還能做的事。他不需要大發脾氣就會有人聆聽他說話，不需要一天到晚按鈴就會有人來探視，因為前來探訪他並非不得已的義務，而是件愉快的事。

可悲的是，我們或許不會去思考病人為何如此憤怒，反而將它視為針對自己的行為，其實它原本就和成為憤怒箭靶的人沒有太大關係，或根本毫無關係。當醫護人員或家人將病人的憤怒視為針對自己，他們會報以更憤怒的回應，而這形同火上加油，讓病人充滿敵意的行為變本加厲。他們可能會因此採取迴避策略，或縮短巡房時間，或為了捍衛自己的立場而引發不必要的爭執，殊不知爭執的問題根本不是重點。

以下X先生的例子說明了病人如何被護理師的反應激怒，而這樣的憤怒是可以理解的。X先生已經臥床好幾個月，才剛被允許在白天拿下呼吸器幾個小時。他過去生活相當活躍，因此現在極度受限的日子對他來說是極難熬的。他清楚意識到自己所剩的日子已經不多，而他最大的願望就是讓身體變換不同的姿勢躺著（他頸部以下全部癱瘓）。他懇求護理師不要把病床側邊的護欄豎起來，因為這會讓他聯想到自己被放在棺木裡。而對這位病人敵意頗深的護理師，也同意無論何時都會將護欄放下來。這名私人的值班護理師只要自己看書時被打擾，就會非常生氣，而她知道，自己只要滿足病人的願望，他就會安靜。

在我最後一次探訪X先生時，我看見這位一向態度莊重的病人正在大發雷霆，他不斷重複對護理師說：「你欺騙我。」一臉不敢置信的表情對她怒目相向。我問他如此暴怒是何緣故，他告訴我，他要求護理師幫他換個姿勢，讓身體坐起來，讓自己「再一次」把腿伸到床外面，伸展一下，但是護理師馬上就把護欄豎起來。這個溝通過程有好幾次都被護理師打斷，因為護理師也一樣生氣，維護自己的立場，她認為自己必須先將護欄豎起來，才能去找人幫忙，滿足他的要求。於是兩人都拉高嗓門爭辯不休，過程中，護理師說過的一句話或許能貼切地表達出她的憤怒：「如果我把護欄放下來，你可能已經滾下床，腦袋開花了。」如果我們用試圖理解兩人反應的角度來看待這件事，不加入評斷，我們就必須了解，這名護理師也是藉著坐在角落看書的行為，採取了迴避的態度，並且「不計一切代價」試圖讓病人保持安靜。它對照顧末期病人感到十分不自在，從來不會主動去面對他，或試著和他對話。她只是和他坐在同一個房間，履行她的「職務」而已，但是在情感上，她則是盡可能與他保持疏離。這是讓這名女子能夠擔任這份工作的唯一方式。她希望他死去（「腦袋開花」），而且清楚要求他要安靜地平躺不動（彷彿他已經被放進棺材）。病人要求移動身體時，她會發脾氣，這對病人而言是代表他還活著的一種象徵，護理師卻加以否定。顯然，她已經被迫近的死亡嚇壞了，因此必須透過迴避與孤立策略來防衛自己。她希望病人安靜、不要動的念頭，加深了病人對癱瘓和死亡的恐懼。他的溝通權利被剝奪了，孤獨地被隔絕、孤立起來，因此越想越氣，在悲憤填膺之下感到徹底無助。當他上一次的要求換來的是比最初更嚴格的限制時（用豎起的護欄象徵囚禁他），他之前壓抑的怒氣便一下子大爆發，造成這次不幸的衝突事件。如果護理師沒有對自己那負面的願望感到如此內疚，或許她的防衛心就不會那麼重，也不會那麼好辯，一開始就能避免這種事發生，也能讓病人盡情表達自己的感受，在幾個小時離世時能更舒適一些。

我舉這些例子是為了強調包容病人發怒的重要性，無論是理性或非理性的憤怒。不用說，我們唯有在自己不害怕，從而不採取防衛態度的情況下才能做到這點。我們必須學習傾聽病人的心聲，有時甚至要接受一些無理的憤怒，心中要明白，病人是藉由表達憤怒來釋放壓力，這有助於讓他們在人生的最後時刻接受現實。我們唯有先面對自己對死亡的恐懼、自己的負面願望，並覺察到自己心中可能會妨礙自己照顧病人的防衛態度，才能辦到這一點。

另一種問題病人是一輩子都掌控全局的人，當他被迫放棄這些控制權時便會容易暴怒發飆。我想起了因何杰金氏症[7]而住院的O先生，他宣稱自己會得病是因為不良的飲食習慣。他是個事業有成的富有商人，在飲食方面從未有過什麼問題，也從來不需要為了減重而採用特殊飲食。他的說法完全與事實不符，然而他仍堅持是他自己，唯有他自己，導致了這個「弱點」。即使他已經做了放射治療，他自己也是個高級知識分子，一個聰明睿智的人，他依然堅持這種否認心態。他宣稱，當他下定決心要多吃一點的那一刻，他就可以起來走路，然後出院，一切完全取決於他自己。

有一天，他的妻子來辦公室找我，眼裡噙著淚水。她說自己真的再也受不了了，她先生一向是個獨裁者，嚴格掌控著自己的事業和家庭生活。現在他雖然住院，但還是拒絕讓任何人知道他事業上的業務該如何處理。每當她去探視他，他便對她發脾氣，問他問題或試圖給他一些建議時，他也會反應過度。O太太請求我們協助她應付一個難以取悅、盛氣凌人、控制欲極強的男人，他無法接受自己的能力受到限制，也不願意就一些必須分享出來的實際事務進行溝通。

藉由他為自己的「弱點」自責的例子，我們告訴她，他必須掌控所有的情況，不知道她能否在他有時對環境失去大部分控制權時，讓他擁有多一點掌控全局的感覺？於是，她依然每天來探望他，但是會先打電話，問問他什麼時間最方便，以及能停留多久。只要由他來決定探視的時間與長短，探視過程就變成一個短暫而愉快的經驗了。此外，她也不再針對該吃什麼、多久起來一次等提供他意見了，而是改為重述這類的話：「我打賭你可以決定何時開始吃這個或那個。」於是他又能夠正常進食了，不過這是在所有醫護人員和親友不再告訴他該做什麼之後發生的事。

護理人員也採取同樣的做法，讓他控制特定的時間，例如何時輸液、何時更換床單等，而或

7 譯註：Hodgkins disease，一種淋巴癌。

許不令人意外的是，他選擇進行這些程序的時間，大致上都和以前一樣，但是卻不再惱怒，不再亂發脾氣了。他太太和女兒每次來探視都更能享受這段相處時光，也較不會因為自己對病重丈夫與父親做出情緒化反應而對自己感到生氣和內疚了——他原本健健康康的時候就是個很難相處的人，現在失去了對環境的掌控權，更變本加厲，幾乎讓人無法忍受。

對諮商師、精神科醫師、駐院牧師或其他工作人員來說，這樣的病人特別難應付，因為工作人員時間有限，工作又繁重。當我們終於有時間前往探視O先生這樣的病人時，病人反而說：「不要現在來，晚點再來。」很容易便會將這樣的病人遺忘，將他置之不理，畢竟這是他們自己要求的，他們曾有過機會，而我們的時間有限。然而，正是像O先生這樣的病人，才是最孤單的，不單是因為他難伺候，也因為他會先拒絕，而且要按照他的意思行事他才願意接受。就這方面而言，這位富裕、事業有成、控制欲強的VIP在這樣的環境裡或許才是最可憐的，因為他失去了讓他感到生活舒適的東西。最終，我們每個人並無太大差別，只是O先生不肯承認這一點罷了。他們會戰鬥到最後一刻，經常錯過謙卑地接受死亡作為最後歸宿的機會。他們激起他人的抗拒與憤怒，自己卻是所有人當中最絕望無助的。

以下的訪談紀錄是描述臨終病人憤怒過程的案例。I是一位年輕修女，也是因為何杰金氏症而再度入院。這段紀錄是錄音的文字謄本，是駐院牧師、病人和我在她第十一度入院時所討論的內容。

由於I修女是位經常生氣、要求頗多的病人，醫院裡裡外外的人員都對她的行為感到憎惡。她的能力喪失越多，就讓管理人員越頭痛，特別是護理人員。她在住院時養成一個習慣，會跑到每一間病房探視病得特別重的病人，引導他們提出自己的需求，然後她會站在護理師的桌子前，要求他們對這些病人多加關注。護理人員都非常厭惡這種擅自干涉的不恰當行為，但由於她自己也病得很重，所有他們並沒有因為這些不當行為與她發生正面衝突，只是到她病房探視的時間變得越來越短，會盡量迴避與她接觸，或縮短見面時間，藉此表達他們的憎惡。情況似乎越來越糟，所以我們介入時，每個人看起來都鬆了一大口氣，因為終於有別人願意照顧I修女了。我們問修女，是否願意前來我們的研討班，分享一些個人的想法與感受。她顯得躍躍欲試，表示樂意前來。以下的對話發生在她過世前的幾個月。

牧師：好，關於這個會議的主旨，我們早上聊了一會兒。你知道醫生和護理師都很關心我們如何對重症病人做出更有效率的回應。我不會說你已經變成這裡固定的常客了，但真的很多人認識你。我們經過走廊時，我想都走不到八十英尺吧，已經有四個不同的工作人員停下來和我們打招呼。

病人：在你來之前，有位清潔人員正在幫地板打蠟，她打開門跟我說了聲：「嗨。」我之前沒見過她。非常奇怪，她說：「我只是想看看你是什麼樣子（笑），因為我不知道——」

醫師：不知道修女進醫院是什麼樣子？

病人：也許沒見過修女躺在病床上的樣子，也許她聽說過我，或在走廊看見過我，原本想要聊一下，但又覺得自己不該浪費時間。我不知道，只是這麼覺得。她說：「我只是想打個招呼而已。」

醫師：你住院多久了？請給我們大概說明一下事情的經過。

病人：這次的話，差不多十一天了。

醫師：何時入院的？

病人：禮拜一晚上，兩個禮拜前。

醫師：但你之前入院過。

病人：這是我第十一次住院。

醫師：第十一次住院！從什麼時候開始的？

病人：一九六二年。

醫師：從一九六二年開始，你已經入院過十一次。

病人：是的。

醫師：這次還是因為同樣的病嗎？

病人：不是。我最早是在一九五三年診斷出問題。

醫師：嗯。當時診斷的結果是什麼？

病人：何杰金氏症。

醫師：何杰金氏症。

病人：但是這間醫院有較先進的放射治療設備，我們醫院沒有。不過，我入院的時候，一直懷疑過去幾年他們的診斷是否正確。我來找這裡的醫生，不到五分鐘他便證實我確實——我得了剛剛說的那個病。

醫師：就是何杰金氏症嗎？

病人：是的。但是其他醫師看過片子，說我沒得這個病。上次我入院的時候全身起疹子。不是疹子，其實是瘡，因為一癢我就抓。我應該說我全身沒有一個地方沒有瘡。我覺得自己好像麻瘋病人，他們覺得我有精神問題。我告訴他們我有何杰金氏症，但他們認為那是因為我精神上出問題，才會堅持自己有那個病。當時他們已經找不到任何結節了，過去在我身上發現過，但現在已經被放療控制住。他們說我這次沒有了。我說我這次還是有，因為我的感覺和以前有的時候一樣。然後他說：「你有什麼想法？」我說：「我認為一切都是何杰金氏症引起的。」他說：「你完全正確。」那個當下，他又幫我找回了我的自尊。我知道自己已經在這裡遇到一個願意和我一起對抗這個病的人，而不是強迫我覺得自己沒病的人。

醫師：在這個意義上……？（錄音帶沒有聲音）那麼，這是心身症[8]。

病人：是的，嗯，把它歸咎於我的問題是個聰明的做法，就是我認為我有何杰金氏症。就因

8 譯註：psychosomatic，由心理焦慮引起的病。

為他們在我腹部找不到任何結節，但一做靜脈造影，它們就立刻顯現出來了，憑普通檢測或心悸徵兆是看不出來的。很不幸，但我注定得經歷這些，只能這麼說了。

牧師：但是你覺得鬆了一口氣。

病人：喔，我的意思是，我當然感覺鬆了一口氣，因為既然我是情緒病，那就沒什麼問題可解決了，除非我能證明自己是身體生病。我已經沒辦法再和任何人討論這件事，也無法放鬆，因為我覺得他們根本不相信我生病了。你懂我的意思嗎？我甚至要把身上的瘡遮蓋起來，還得自己清洗沾滿血跡的衣服，就是盡量這麼做。我覺得自己不被接受。他們肯定正等著我自己解決問題，你知道的。

醫師：你是專業護理師？

病人：沒錯，我是。

醫師：你在哪裡工作？

病人：在S. T.醫院。這一切開始發生時，我才剛被調離護理部主任的職位。我當時已經讀了六個月的碩士班，他們決定讓我回學校教解剖學和生理學，但我告訴他們我沒辦法，因為他們將化學和物理合併到課程裡，我上一次上化學課已經是十年前的事了，現在的化學知識已經完全不一樣了。因此他們那年夏天又送我去上有機化學課，但是我被當掉了。那是我這輩子第一次被當。那一年，我父親過世了，他的事業搖搖欲墜，我們家三個男孩子對於誰該接管父親事業的問題起了衝突，我從來沒想過，一個家竟會鬧出這樣的恩怨是非。後來他們要求我出售自己的股份。之前我一直認為，能繼承一小部分家業已經讓我很興奮了，結果我好像不管在哪裡都算不上重要，我的工作可以被取代，我還必須要接受一個我覺得自己還沒準備好的教職。我可以看見自己有很多心理問題，整個夏天，這樣的情況一直持續。到了十二月，我發高燒又不停打寒顫，當時我正要開始教書，但力不從心，整個人病懨懨的，不得不要求他們讓我去看醫生。但那次以後，我再也沒有回去找那個醫生了。我一直在盡最大努力確認我的症狀絕對客觀，在溫度計上的溫度要夠高，這樣我就不用去說服任何人，你知道的，要等到這樣他們才願意照顧我。

醫師：這和我們一般聽見的狀況截然不同。通常病人會否認他的病情，但你卻必須證明自己真的是身體生病了。

病人：因為目前我無法以其他方式獲得照料，當我覺得自己很沒用的時候，就會很渴望能任意躺下來，假裝一下，爭取一下——

醫師：你遇到情緒問題的時候，沒辦法得到任何幫助嗎？專業上的幫助？還是你不應該出現任何情緒問題？

病人：我想他們也試圖治療我的症狀，他們並沒有阻止我服用阿斯匹靈，但我覺得除非我追根究柢找出原因，否則我永遠無法知道真相[9]，我確實去見了精神科醫師。他告訴我，我因為身

9 原註：病人被指責裝病，但她自己確信是身體上的疾病導致她出現各種症狀。為了證明自己是對的，她去找了精神科醫師，醫師確認了她的想法。

體生病太久，導致情緒問題，於是他針對我的身體問題治療我。他堅持他們應該讓我暫停工作，一天至少休息十小時，然後給我服用大量維生素。那位全科醫師只想為我做心理治療，而這位精神科醫師幫我做了藥物治療。

醫師：真是個混亂的世界啊，不是嗎？

病人：是啊。見精神科醫師是我最害怕的事，我以為他又會幫我製造出一個新的問題，但他沒有。他阻止他們煩我，他們一把我送到他那裡，就好像心滿意足了似的，你知道的。這真是場鬧劇，因為他竟然就對症下藥，給我需要的治療了。

牧師：就像全科醫師所做的。

病人：同時，我也接受放射治療，他開給我一些藥，但他們認為我有結腸炎，所以要我停藥。放射治療師認為我腹部的疼痛是結腸炎引起的，所以不讓我服藥了。他們確實做了很多對我有好處的事，但是沒能讓我的症狀緩解下來，要是我就會這麼做。但他們就是看不見，你知道，他們感覺不到那些結節，所以只能從我痛的地方下手。

醫師：讓我總結一下，釐清這整件事，你要說的其實是，你被診斷罹患何杰金氏症時，剛好周遭有很多問題發生。你的父親大約就在同一時間過世，你家裡的事業正面臨分崩離析的命運，他們要求你放棄你的股份。你工作的地方又指派你做一份你不喜歡的工作。

病人：是的。

醫師：你還發癢，那是何杰金氏症一個有名的典型症狀，但甚至這個症狀也不被認為是這個疾病的一部分，反而被當作是你的情緒問題。全科醫師以精神科醫師的方式對待你，而精神科醫師反而以全科醫師的方式對待你。

病人：是的，而且他們把我丟下不管了，他們不再盡心照顧我。

醫師：為什麼？

病人：因為我拒絕接受他們的診斷結果，他們在等我恢復理智。

醫師：了解。你怎麼看待自己罹患何杰金氏症的診斷呢？這對你來說意味著什麼？

病人：嗯，我最初——你知道的，我自己感覺到它的時候便做了這個診斷，所以我去查閱了資料，然後告訴醫生，他說你不用一開始就設想最糟糕的情況。然而，當他手術回來告訴我這個結果時，我覺得自己應該活不過一年。雖然我當時真的感覺不太舒服，但沒放在心上，心想：好吧，我盡量活久一點就是了，你知道的。但是在一九六〇年之後，各種問題開始一一浮現後，我就一直覺得不舒服。我一天裡會有好幾個小時病懨懨的。但現在大家都接受了這個情況，對於我的病，他們也沒顯示出懷疑的跡象。家裡的人也沒說什麼。我又回去找那位停掉我的放射等各種治療的醫師，他什麼都沒說，除了那次我又發現有結節的時候，當時他剛好在度假，他回來的時候我告訴他的。我認為他是個滿誠懇的人。其他一些人用諷刺的語氣說我根本沒得過何杰金氏症，我身上出現的結節可能是發炎現象。這太諷刺了吧，意思是我們比你懂，決定權在我們身上。他至少還算誠懇，起碼他這段時間一直在等一份客觀的資料。這裡的醫生告訴我，要我記住這個人一輩子可能只處理過五個類似案例，每個案例都大同小異。這種事對我來說實在很難理解。所以，這個人常常打電話來，我問醫生關於藥物劑量和一些其他問題，我很怕他負責治療我太久，因為我覺得他不適任。我的意思是，如果我沒有持續來這裡，應該沒辦法活到今天。因為設備不一樣，而且他對這些藥物沒有很了解。他拿每個病人當實驗品，而在這裡，他們在我身上實驗之前，就已經先在五十個病人身上實驗過了。

醫師：那麼，你這麼年輕就得了不治之症，或許很快就會過世，你對這件事有什麼看法？

病人：我不年輕了，我四十三歲了。希望你覺得這算年輕。

醫師：我希望「你」覺得這算年輕。（笑聲）

牧師：是為你著想還是為我們著想？

醫師：為我著想吧。

病人：就算我想過這個問題，我現在也不去想它了，因為我看見——好比去年夏天，我整個夏天都待在這裡，我看見一個十四歲的男孩死於白血病。我還看見一個五歲的孩子死去。我整個夏天都和一個十九歲的女孩相處，她受盡折磨，感到心灰意冷。她不能和朋友一起去海灘玩。我已經活得比他們都還要久了。我的意思不是我很有成就感，我並不想死，我熱愛生命。有時我也不是故意的，有幾次我覺得身邊一個人都沒有，或完全沒人會來幫我，我就會覺得驚慌失措。我的意思是，有時我在劇痛或這類情況下就會這樣。我不是拿一些我自己就可以做的事在煩護理師，我常常覺得他們並沒有覺察到我真正的感受，因為他們不會主動進來詢問。我的意思是，我原本可以要求搓搓背，真的，但是你知道的，他們沒有定期進來照顧我，像對待其他他們覺得生病的病人那樣。我自己沒辦法搓背啊，我只能把毯子掀開，把床搖低一點，我只能自己打理所有的事，即使行動遲緩，有時還是得忍痛去做。我想這對我來說都是好事。但是就因為這樣，他們不幫我，我認為他們真的不會——我一直不停這樣想，我覺得有一天就算我開始流血或陷入昏迷，發現我的會是清潔婦，而不是醫護人員。因為他們只是進來拿顆藥丸給你，我一次拿到一顆藥，一天兩次，除非我另外要求止痛藥⋯⋯

醫師：這種種情況讓你做何感想？

病人：什麼？

醫師：你有什麼感想？

病人：喔，其實沒關係啦，只有在我有時痛到受不了，或自己沒辦法起身，卻沒有人主動來照顧我的時候，會覺得需要幫忙。我也可以主動要求，但我覺得應該沒必要。我覺得他們應該要意識到自己病人的狀況。我沒有試圖掩飾什麼，但是你若努力嘗試，盡量什麼都自己來的時候，就會付出代價。你看，有好幾次我病得很重，當我——就是使用氮芥這類療法的時候——我會嚴重腹瀉，但卻從來沒有人來檢查我的糞便，或問我為何起來十次，我必須自己告訴護理師我有什麼問題。我的意思是，我已經排泄了十次呢！昨天晚上我就知道，早上拍的X光片不足以說明問題，因為他們讓我去做的時候給我服用太多鋇劑了。今天要照X光的時候，我還必須提醒他們，我需要六顆的劑量。我自己會留意這些事，但我經常都是自己在護理自己。至少在家鄉的醫務所時，他們會進來詢問，他們真的相信我是個病人。在這裡，我不知道這是不是自己造成的，我是說，我不會對自己做過的事感到羞恥，反而很高興我能盡量親力親為，但是有好幾次，我真的必須強忍著劇烈疼痛，按了燈又沒人回應。還有，如果真的發生什麼事，我也不覺得他們能及時趕到。我覺得如果他們這樣對我，也會這樣對其他人。過去幾年我經常在各個病房間巡視、穿梭，就是想看看他們病得多重，然後我會跑到櫃檯前，說誰誰需要止痛，然後等上半個小時……

醫師：護理師們對你的行為有何反應？

病人：嗯，每個人不一樣。唯一一個我覺得非常討厭我的護理師是值夜班那位。你知道，前天晚上有個病人跑來我房間，爬上了我的床，我剛好知道這人的狀況，我是個護理師，所以我不害怕。我按了指示燈，然後靜靜等候。其實呢，那天晚上這位女士自己起床，從側邊的護欄翻過去了。她原本應該要被用皮帶綁起來的。我沒有對任何人提起這件事。我呼叫護理師，然後兩人一起帶她回到她自己床上。那晚，這位女士摔下床的時候，我在她隔壁病房，所以我是最先趕到的。你看，我比護理師還要早趕到。然後，還有另一個女孩，大概二十歲左右，她快要死了，不斷大聲呻吟，所以，反正在那些夜晚我也不用睡了。這個醫院的政策是三點鐘以後就不會給你安眠藥。我也不知道為什麼，反正規定就是這樣。如果你覺得——如果我服用少量的水合氯醛（Chloral Hydrate），隔天並不至於昏昏沉沉，那對現在的我來說只有好處而已。但對他們來說，遵守政策比讓你多睡一、兩小時重要得多。這裡就是這麼規定的。你知道嗎？對一些不會上癮的藥物，他們也比照辦理。你拿不到的——如果醫師指示你每四個小時吃半顆可待因（codeine），你就得等五個小時才能再服用另一顆。我的意思是，整個概念就是**無論發生什麼事**，你在四個小時內就是不能重複服藥！無論這種藥是否會造成上癮都一樣。我們的觀念一直沒有改。病人會痛，他痛的時候就是需要止痛藥，不一定非得四個小時才能吃一次，尤其是非成癮性藥物。

醫師：你是不是很不滿他們對個人的關注度不夠呢？還有針對個人的護理方面？那是你出現這些憤恨情緒的原因嗎？

病人：其實重點也不是對待個人的問題，他們根本不了解疼痛是什麼，如果他們從來沒有過……

醫師：你最在意的是疼痛問題嗎？

病人：就我接觸的癌症病人來說，這是我最在意的，你知道嗎？我最討厭的就是，他們努力避免讓這些人變成癮君子，但是他們根本活不到那個時候好嗎？在那邊那棟樓有個護理師，甚至把皮下注射器藏在背後，努力勸阻病人用藥。你知道嗎，甚至到最後一刻了他們都還堅持這樣。她擔心自己會讓病人變成癮君子。這個病人不會活那麼久的，他們真的應該有權用藥的，否則既沒辦法吃，也沒辦法睡，在劇痛的摧殘下，他們只是一個空殼子般的存在。至少注射止痛劑後，你可以放鬆、可以真的活著，可以享受一些事物，還可以說說話，你是個活生生的人。否則你就只能望穿秋水，眼巴巴地等著誰來可憐你，讓你解脫。

牧師：你來到這裡之後，就一直在經歷這樣的事情嗎？

病人：是的，沒錯，就是這樣。我的意思是我注意到這種現象。我以為那是某些樓層特有的現象，因為都是同一組護理師在值班。其實我們都抱持這種態度，我們似乎已經不再尊重疼痛了。

牧師：你會如何解釋這種現象？

病人：我覺得他們太忙了，希望如此。

醫師：事實上呢？

病人：我曾走到那裡，看見他們在聊天，然後去休息。這讓我大為光火。護理師去休息，醫院助理回來告訴你護理師在樓下，鑰匙在他那裡，所以你得等。其實在護理師下樓用餐前，病人就已經要求服藥了，我認為應該要有人負責管理那個樓層，派人給你止痛藥，你就不需要汗流浹背地多忍受半個小時的折磨，才等到有人姍姍來遲，有時還得等到四十五分鐘才會有人過來，而且他們肯定不會先照料你。他們會先回電話、看看新的時程表，還有醫生的交代事項。他們發現有人要求止痛藥後，不會優先處理的。

醫師：抱歉，打斷一下，你介意我……換個話題嗎？我想利用這段訪談時間探討許多不同的面向，不知是否可以呢？

病人：當然可以。

醫師：你提到自己曾見過或觀察到，有間病房裡有五歲和九歲的小孩處於臨終狀態。你會怎麼想像這件事？你腦海裡有畫面嗎？有想像過任何情況嗎？

病人：你是指我對這件事的接受狀況？

醫師：對。大致上是這樣，你對這個問題已經給過一部分答案。你說過你不想，也不喜歡孤單一人。當你陷入危機時，無論是疼痛難捱或腹瀉，或任何你想要有人陪你一起經歷的事情時，你都不想要被丟下不管、獨自面對。另一件事是疼痛問題。如果必須死，你想要在無痛無苦、不孤單的狀態下離去。

病人：完全正確。

醫師：還有什麼其他事是你認為很重要、我們應該認真思考的？我不是指你而已，還包括其他病人。

病人：我記得D. F.這位病人，他每天必須盯著病房那些光禿禿的牆壁，都快發瘋了，這實在太沉悶乏味了。不想給藥的那同一位護理師，給他帶了一些漂亮的瑞士風景照，我們就將它們貼在牆上。他過世的時候，就在臨終前，他要她把那些照片送給我。我去他病房探望過幾次，我把照片加工成一幅畫，因為我知道這對他們來說意義重大。所以，我們在每個病房，我是指我和每天來陪伴那位十九歲女孩的母親，她帶了一張厚卡紙給我，我們就製作成許多幅畫，將它貼在每個病房的牆上。我們沒有徵求管理人員的同意，但我們用的是那種不會破壞牆壁的膠帶，你知道的。我想護理師很氣我這麼做，因為到處都貼了紅色膠帶。我知道美麗的風景能讓人們想起生命與生活，甚至是神，一定會的。事實上，我自己便經常在大自然中看見神的存在。我的意思就是這樣，如果有個東西能讓你覺得自己是生命的一部分，你就不會感到那麼孤單了。這對D. F.

來說就是有這種重要意義。對S小姐來說，最後包圍她的是身邊滿滿的鮮花、慰問電話、獲准探訪她的訪客、她的女性友人等，我想如果因為她病危，而把這些事物統統拿走，她會非常氣惱。每當有人來探視她，即使她那時為劇痛所苦，似乎也會顯得更有活力。她無法和他們說話的，你知道。我會想到她，你知道嗎？我的修女姐妹們一個禮拜只來一次，有時根本沒有來。所以陪伴我的大部分都是別人的訪客，或是我自己探視過的病人，這對我幫助很大。每當我不由自主落淚或覺得沮喪的時候，我就知道自己必須做些什麼事，讓自己不再只顧想著自己，無論自己是不是痛得難以忍受，我都會拖著病體去找別人，把注意力轉移到他們身上。然後我就會忘記自己的問題……

醫師：如果沒辦法這麼做了，你會怎麼樣？

病人：那麼，我會——那麼我會需要有人過來陪我，只是他們不會來。

醫師：嗯，你知道嗎？這件事，我們正好能幫得上忙。

病人：是的，但是直到現在這件事還沒發生過。（哭泣）

醫師：會發生的，那是我們的目的之一。

牧師：你指的還沒發生過，是指當你需要他們時，他們都沒來嗎？

病人：很少。如同我說過的，生病的時候，他們會敬而遠之。你知道的，他們覺得你不想說話，甚至無法回應，但即使他們只是坐在那裡，你也知道自己並不孤單。我的意思是，這還只是普通訪客。如果人們能明白這一點就好了，最好那個人不會一聽到祈禱就尖叫，最好他們能輕聲地和你一起念出〈主禱文〉——因為你已經好幾天無法自己念誦了，你只說了一句「我們在天上的父」，剩下的都含糊不清了，你知道的。有人陪你念誦的話，你會再度想起一些有意義的事。你明白嗎，如果我沒有什麼東西可以給人了，他們就會離開我。你知道的，如果我也能給予一些東西就好了，但是很多人不了解我多麼需要陪伴。

醫師：確實。（混合了多段對話）

病人：我病得沒那麼重的時候，確實從他們那裡接受過不少幫助。我確實接受了許多幫助，但是當時我的需求沒那麼強烈。

醫師：你不再能給予之後，你的需求反而更強烈了。

病人：是的，每次我生病，就會擔心自己的財務問題，不知要花多少錢，也會擔心自己回去時工作還在不在。有時候我還會擔心是不是，你知道的，我是不是會長期纏綿病榻，永遠需要依賴別人。每次都有些不同的情況出現，你知道的，所以我總是會有一些需求。

醫師：談談你在醫院外的生活情況吧，我對你的背景或你在外面的生活一無所知。你如果沒辦法工作會怎麼樣？教會會資助你嗎？你現在工作的地方呢？或是你的家人？誰會資助你？

病人：喔，他們當然都會。我已經在我們自己的醫院住院過三次了。有一次是半夜的時候，我痛到無法呼吸。我經過川堂去敲一位護理師的門，她帶我去打針，然後他們決定把我留在那間醫務所，那是專為修女設立的醫院，只有修女能去，那裡真的是一片寂寥。你知道嗎？沒有電視，也沒有收音機，那些東西不是我們生活的一部分。偶爾為了教育目的才會有人來，如果沒人來，我就無法拿到需要的東西。沒有人會給你任何一樣東西，我和我的醫生討論過這件事，因此我的疼痛解除之後，只要我還能忍受，他就會讓我出院，他知道我心理上需要與人接觸。如果我能回到自己房間躺著，每天幫自己換四、五套衣服，下樓用餐，至少我還能感受到生活的氣息，也不會覺得那麼孤伶伶的。即使我必須坐在教會裡，身體不舒服而無法禱告，但至少我是和其他人在一起的，你懂我的意思嗎？

醫師：我懂。為什麼你會覺得孤單是件如此可怕的事？

病人：不是的，我不覺得，我不認為自己害怕孤單，因為有時候我也需要自己一個人獨處。我不是那個意思。除非我將它與在這種處境下被遺棄，導致我無法幫自己的情況聯想在一起，否則我不會害怕。如果我覺得自己能力夠，不需要別人，那麼就沒問題。然而對我來說，重點不是孤獨地死去，而是劇痛帶給你的折磨，那可是會讓你恨不得把頭髮拔個精光的。就算你已經好幾天沒洗澡了，你也不在乎，因為那實在太累人、太麻煩了，你似乎變得越來越不像個人。

牧師：她想盡可能保有某種程度的尊嚴。

病人：是的，但是有時候我自己一個人辦不到。

醫師：你知道嗎，你把我們這一整年在此所做的努力，以及我們從各方面嘗試去做的事，都具體說出來了。我想你真的一語中的。

病人：你還是想當個人。

醫師：一個真正的人。

病人：是的，我可以告訴你另外一件事。去年我從這裡出院，必須坐輪椅回到自家的醫院，因為我的腿斷了，是病理性骨折。那些出於善意幫我推輪椅的人實在讓我覺得心煩意亂，因為他們一直把我推到他們想要我去的地方，而不是我自己想去的地方。我寧願強忍手臂的疼痛，把自己推到廁所，也不願一個個去跟他們說我想去哪裡，叫他們在外面等一下，給我一點時間上洗手間。你懂我的意思嗎？他們會說我是個非常獨立的人云云，但其實我不是。我必須維護我的尊嚴，因為他們會在幫忙我時毀掉它。我不認為自己真的需要幫忙時，會拒絕他人幫助，我確實會有此需求。但是很多人提供像這樣的幫助，真的為我**帶來麻煩**。你知道嗎？這是他們的善意之舉，我也明白他們的好意，但我不能枯等他們行動。舉例來說，有一位修女負責照顧我們，大大小小的事她都會打理，但是如果你不接受她的幫助，她就會覺得被拒絕。唉，我會感到內疚，我知道她背上戴了護具呀。他們指派這些高齡七十七歲、自己身體也不怎麼好的修女來醫務所幫忙，嗯，與其請她們協助，我寧願自己起身，把床搖上搖下。但是如果有修女主動要幫忙搖床，我拒絕了，她會覺得我沒有把她當護理師看。所以我還是得咬牙忍著，希望她隔天來的時候不要跟我說她昨晚背痛得有多厲害，整晚睡不著覺等等，我會覺得是我造成的。

牧師：嗯……她造成你的心理負擔。

病人：是的。

牧師：我可以換個……？

醫師：你若累了就告訴我們，好嗎？

病人：好，繼續吧。我還有一整天可以休息。

牧師：在你的信仰方面，你的病對信仰產生了什麼樣的影響？你對神的信心，是更加堅定，還是動搖了？

病人：我不會說我的疾病產生了什麼影響，因為我從來沒有朝那方面想過。身為修女，我將自己全心奉獻給神。我想成為醫師，去宣教、布道。不過，我還沒能做到這些事呢。你瞧，我都還沒出過國。我已經生病好幾年了。我現在知道了——我早就決定要為神做什麼了。我以前就對這件事很感興趣，我以為那是神的旨意，但顯然不是。所以，我有點無奈，不過如果我有機會痊癒的話，我還是會想做同樣的事，我還是想攻讀醫學。我覺得醫師在宣教方面的角色太重要了，甚至比護理師更重要，因為政府對護理師設限太多。

不過，談到我的信仰，我認為會在這裡受到很大的撼動。並不是因為疾病，而是因為一個人，對面病房的一名病人。他是個很和善的猶太人。我們是在照X光的時候，在那個小隔間裡認識的。當時我們都在排隊等著照X光。突然間我聽到一個聲音，他對我說：「你在高興什麼？」我看著他說：「喔，我並沒有特別高興，但我也不擔心會有什麼事發生，如果你要問的是這個的話。」當時他臉上露出明顯憤世嫉俗的表情。我們就是這樣認識的，然後我們發現彼此的病房只隔一個大廳。他是猶太人，沒有任何宗教信仰，他甚至對自己見過的大多數拉比[10]都抱持輕蔑的態度。所以他過來告訴我，其實神根本不存在。我們編造出神，因為我們需要祂。這下可好了，我從來沒思考過這種事。他對此深信不疑，真的是如此，因為他也不相信死後世界這種事。同時，我們有一名護理師是不可知論者，她說當然啦，也許真的有個神創造了世界。他們都和我聊了這件事，我想這就是你想要談的話題吧。是他們先聊起的，她跟我說：「但是祂創造世界之後就不管了，不照顧我們了。」嗯，我還是來到這裡之後才第一次遇見這樣的人。你知道，那也是我第一次不得不重新審視自己的信仰。這意味著每次我說「當然有神啊，看看大自然和這個那個」的時候，其實都是別人教給我的東西。

牧師：他們挑戰了你的信仰？

病人：是的，還有，我的意思是，還挑戰了那些教我這些概念的人，他們會比這些靠自己摸索清楚的人更正確嗎？意思是，我發現我根本就沒有宗教信仰，有的只是別人的信仰罷了。這就是M對我產生的影響。M是最主要的那個人，你知道。他總是說一些冷嘲熱諷的話，要不就是那位護理師會說：「不知道我為什麼要負責羅馬天主教會的事，我那麼討厭它。」我是說，她在遞給我藥丸時會這麼說，故意小小戲弄我一下。不過M會試著看在我的分上表現出尊重的態度。他會說：「你想聊些什麼呢？」他說：「我想要聊聊巴拉巴[11]。」我便說：「M你不能光談巴拉巴，不提耶穌吧。」他說：「嗯，到底有什麼差別呢？修女啊，別心裡不好受。」他會盡量表示尊重，表達敬意，但一直對我提出挑戰。你知道嗎？就像在搞惡作劇。

10 譯註：猶太教神職人員。

11 譯註：Barabbas 聖經人物。

醫師：你喜歡他嗎？

病人：是的，現在還是。

醫師：這些事現在還繼續發生嗎？他現在還在這裡嗎？

病人：沒有，這件事發生在我第二次入院的時候，但我們一直維持朋友關係。

醫師：你現在還和他保持聯絡嗎？

病人：對，他前幾天才來過，送我一束漂亮的鮮花，但其實我從他身上獲得了信仰。真的，現在這是我自己的信仰了，而且這是純粹的信仰，不是從別人那裡得來的理論，也就是說，我雖然不了解神如何運作，不了解許多事為何會發生，但我相信神比我偉大。當我看著年輕人在垂死，他們的父母、所有人都說多麼可惜啊云云，我可以理解。我說：「神就是愛。」我現在真的這麼想。這不是言語所能形容的，我是認真的。如果祂，如果神就是愛，那麼祂會知道此人生命中的這一刻就是離開的最好時刻，假如他的生命更長一些，或更短一些，祂所能賜予他們的永恆便不若現在這一刻，或者，他們可能會受到無盡的懲罰，比現在離開更糟。我想，在祂的愛裡，我可以接受年輕人、無辜者死亡這樣的事。

醫師：你介意我問一些非常私人的問題嗎？

牧師：就一個問題，一件事。如果我沒聽錯的話，你的意思是你現在的信仰更堅定了，也比剛開始的時候更能夠接受自己的病情了，事情的結果是這樣，對嗎？

病人：嗯，不是的。我只是針對我的信仰而說，無關我的病。挑戰我信仰的不是這個病，而是M，他甚至不是刻意為之。

醫師：那是她自己的信仰了，而不是別人教給她的東西。

牧師：這份領悟來自那場人際關係。

病人：它來到這裡，發生在這裡，就在這個醫院裡。所以，我的意思是，這些年來，我一直有體悟，也在過程中獲得成長。現在我真的明白了何謂信仰、何謂信任。在此之前，我一直在黑暗中摸索，試圖釐清這件事。即使現在我知道得更多，世上仍然有太多值得我去看、去喜愛的，這個事實不會改變。我對M說：「如果沒有神，我也沒什麼可失去；而如果有，那麼我對祂虔誠的敬拜也只是祂應得的。」儘管過去我的信仰是別人教的，一種自動化反應，是我的教育灌輸的結果。我不是——我不是在敬拜神。我以為我是，但相信我，如果過去有人說我不信神，我會覺得受到侮辱，但是現在能分辨個中的差別了。

牧師：你剛才還有其他問題嗎？

醫師：對，我有，但我想我們要在五分鐘內結束訪談，也許我們可以改天再繼續。

病人：我想告訴你一件事，是一位病人對我說過的話：「不要進來告訴我這是神對我的旨意。」我過去從未聽說有誰討厭這個說法。她是個二十七歲的母親，病故後留下三個孩子。「我痛恨有人這麼告訴我。我知道這個道理，但我每天痛不欲生。當你飽受折磨的時候，不是裹上糖衣就沒事的。」這時候，說一句「你很痛吧」這樣的話會好多了，對方會覺得有人了解他經歷了什麼，而不是視而不見，又加上別的話題。等你狀況好些的時候，那就沒問題。還有另一件事我想說，就是人們無法說出癌症這個字眼，彷彿這個字眼會刺痛人似的。

醫師：還有一些其他字眼也是。

病人：對許多人來說是如此，他們對這字眼的反應比我還強烈。我想，從許多方面來說，這個病還算仁慈。我從中收穫很多。我認識了很多朋友、很多不同的人。我不知道心臟病或糖尿病是否更容易讓人接受。看看醫院裡的人，我很高興自己得的是這個病，而不是其他的病。我不會嫉妒或羨慕別人。不過一個人病得很重的時候，根本不會去想到這些事，只能等著看人們會傷害他們還是幫助他們。

醫師：你以前是個什麼樣的女孩？當你還是小女孩時，是什麼樣的因緣讓你想要成為修女？是家族的安排還是有其他因素呢？

病人：我是家裡唯一一個修女。我們家總共有十個孩子，五個男孩、五個女孩。從有記憶以來，我一直想當修女，但有時候，你知道，因為我多讀了一點心理學，便覺得這條路比較有機會讓我出人頭地。這是我和其他姐妹格格不入的地方。家人比較能接受她們，我的母親──和她們都是很稱職的家庭主婦，而我比較喜歡看看書這類的事。但是這麼多年下來，我發現事實不盡然是如此。現在，我有時還是會出現不想當修女的念頭，因為這實在太難了啊。我想如果是神要我這麼做，我就可以接受，把它當成神的旨意。否則祂在多年前就會以某種方式為我指引一條不同的道路。還有一件事，我一直在思考──我一輩子都在想這件事，這也是我目前能想到的唯一一件事，就是我可能也會是個好母親、好妻子。當時，我覺得當一名修女是我唯一應該做的事，唯一的出路。我是說，沒人強迫我，我是自由選擇的，但當時我很多事不懂。我進去的時候才十三歲，但一直到二十歲我才立下誓願，也就是說我有很多時間，有六年的時間來考慮，然後做出決定，現在，距離我發終身願（final vows）已經好多年了。我說這就像婚姻，完全由你自己決定，你要不就接受，要不就拒絕。你知道的，你可以讓事情更圓滿。

醫師：你的母親還健在嗎？

病人：是的，還在。

醫師：她是一位什麼樣的女性？

病人：我的父母兩人都是從XY過來的移民。我母親靠自己學會這門語言，她是性格很溫暖的人，我想她並不是很了解我父親。父親是個藝術家，也是個很好的業務員，而她是個靦腆、矜持又保守的人。現在我才體會到，她一定充滿不安全感。她認為矜持保守是個很好的美德，因此活潑外向在我們家是遭到蔑視的，我的個性就是比較外向。因為我比較喜歡往外跑，幹點什麼事，而其他姐妹比較喜歡待在家裡，做些針線活，所以我母親對她們很滿意。我會去參加一些社團等活動。而現在，他們卻說我是個內向的人。我這輩子都覺得這件事實在很難——

醫師：我不覺得你是個內向的人。

病人：是嗎？他們兩個禮拜前才這麼說我的。要找到一個人和我閒話家常以外的話題，確實不容易。我感興趣的事物太多了，卻總是找不到人可以分享。你經常會在人群裡發現這種事，和你坐在同桌的是個記帳員或之類的，我們有很多修女都沒有機會像我一樣接受那麼高的教育，而她們有點，我覺得啦，感到憤慨吧。意思是她們覺得你有優越感。所以，如果你碰到這種人，最好馬上閉嘴，那就不會給他們任何理由來這麼看你。教育應使人謙卑，而不是變得驕傲。我不會改變自己講話的措辭，意思是我如果可以用一個貼切的詞彙表達，就不會去用較簡單的詞彙。她們可能認為我在高談闊論，但其實不是。我也可以和其他人一樣，和小孩子進行簡單的對話，但我不會為了配合每個人而去改變我的遣辭用句。不過，我曾經有一度希望自己能改變，意思是我不得不變成每個人想看見的樣子。現在我不這麼想了，現在他們必須學會接受我。我會對他們提出嚴正要求，否則我只會心平氣和地等待，這件事不至於讓我崩潰。人們對我生氣，但其實是他們自己讓自己生氣，不見得是我惹他們生氣的。

醫師：你也會生他們的氣。

病人：是的，我會，但如果有人因為不喜歡談論一些比較不落俗套的話題，就說我個性內向，那我會很生氣。她可能對新聞沒興趣，對當天發生什麼事也不感興趣，我的意思是，你永遠沒辦法和她討論公民權之類的事……

醫師：你現在講的是誰呢？

病人：我修道院裡的一些修女。

醫師：了解。好的，我還想繼續聊，但我想我們該結束訪談了，你知道我們討論多久了嗎？

病人：不知道。我猜一個小時吧。

醫師：一個多小時。

病人：是，我想是這樣沒錯。我知道如果你很投入，諮商時間會過得很快。

牧師：我剛剛在想——我在想，你是否有什麼問題想要問我們？

病人：我嚇到你們了嗎？

醫師：沒有。

病人：因為我的隨興，可能破壞了形象，不像——

醫師：一個修女該有的樣子？

病人：是啊——

牧師：你確實讓我印象深刻，我會這麼說啦。

病人：我絕對不想讓我的形象傷害到任何人，我知道——

醫師：不會，你沒有啊。

病人：我的意思是，我不想要你們因此而看不起修女或醫師，或護理師等這些人——

醫師：我不會這麼想的，好嗎？我們喜歡看你展現真實的自己。

病人：有時我會懷疑，我是否讓他們不好過。

醫師：我想偶爾會吧。

病人：我是說，身為一名護理師和修女，我懷疑自己對他們來說是不是很難應付。

醫師：我很高興看見你沒戴上修女面具，你依然做你自己。

病人：但這是另一件我想告訴你的事，這是我的另一個問題。在家鄉的時候，我沒有換上修女服是不會踏出房門的。而在這裡，我發現它可能會帶來隔閡，但是這種——有幾次我穿著睡袍離開房間，把家鄉的修女嚇到了。她們試圖讓我離開這間醫院，因為她們覺得我行為不檢，讓閒雜人等隨時可以進來我房間，這讓她們驚訝萬分。她們沒想到這就是我所需要的，並給予我同樣的東西——就是多來探訪我。比起我在教會醫務所的時候，她們現在已經算比較常來看我了。我可能自己一直躺在那裡，我真的自己躺了兩個月，也鮮少有修女來探望我。我可以理解啦，因為她們平時就在醫院的環境裡工作，閒暇時間好不容易才能遠離醫院，去別的地方。但不知何故，我必須對他人傳達出一種我不需要他們的態度。所以，你知道嗎？即使我要求他們下次再來，他們也不太相信。他們相信我夠堅強或什麼的，我自己可以應付得來，他們無關緊要。但我總不能求他們來吧。

牧師：那就沒有意義了。

病人：那是不對的，我不能乞求別人給我需要的東西。

牧師：我想這點——你已經向我們表達得很清楚了。這很有意義，病人的尊嚴也是很重要的。不需要乞求別人，或者不要覺得有負擔，也不要被操弄等等。

醫師：不過我想，我能否在最後提供一點小小的建議，我甚至不喜歡建議這個字眼。我想有時我們強忍痛苦煎熬，表面上卻看起來和其他人一樣，護理師可能很難知道你什麼時候需要她，或是不需要她。所以我認為，有時主動請求可能需要更大的勇氣，這和乞求不同。你知道嗎？那可能更難做到。

病人：假如我現在背很痛，我回去經過櫃檯的時候會要求一顆止痛藥。我沒辦法告訴你我何時需要，但我要求止痛藥的舉動應該足以說明問題了，不是嗎？那就是無論我看起來是否沒事，我就是會痛。醫生說我應該試著讓自己舒服些，意思是整天都不要有疼痛問題，因為我回去工作之後，無論痛或不痛，我都得埋頭苦幹，認真上課。說得不錯，我很感謝他們能理解，你確實偶爾必須消除疼痛，才能真正放鬆。

這場訪談清楚顯示了病人的需求。病人心中充滿憤怒與怨恨，這似乎源自她早期的童年經驗。她家裡有十個孩子，她一直覺得自己和其他家人格格不入。其他姐妹樂於在家做針線活、討母親歡心，她卻和父親比較像，活潑外向，希望能到處看一看。而她認為這等同於不討媽媽歡心。顯然，她的妥協方案是成為一名修女，藉此兼顧幾個需求：和姐妹們過一個不同的生活、擁有自我認同，以及成為媽媽的好女孩。直到她將近四十歲，生病了，她才變得越來越苛刻，越來越難繼續當一個「乖乖女」。她對修女的不滿，有一部分其實是複製了她對母親和姐妹的那份怨懟之情，亦即她們對她的不接受，這種情緒其實是她早期感到被拒絕的翻版。她周圍的人沒有去了解她的憤恨從何而來，反而將這份情緒視為針對他們的情緒化反應，開始在現實生活中更頻繁地拒絕她。為了彌補這種益發嚴重的孤立感，她只能藉著探訪其他病患、為他們提出要求，進而滿足他們的需求（其實是她自己的需求），然後同時表達出她對院方不夠關心的不滿與責怪。這樣的要求充滿敵意，導致護理人員對她更加疏離，可以理解的是，這又反過來給了她一個對院方抱持敵意的正當理由。

在訪談過程中，她的許多需求獲得了滿足。我們讓她做自己，繼續當那個流露敵意、要求甚高的人，我們不會批評她，也不會涉入個人情緒。她獲得了充分的理解，沒有招致批評。我們也容許她宣洩一些怒氣，一旦她能釋放一些負擔，便能表現出自己的另一面——一個個性溫暖、充滿愛心、洞察力敏銳、感情豐富的女性。顯然她十分喜愛那位猶太人，將自己能找到宗教真義的原因歸功於他。他為她開啟了一道門，讓她願意花時間深入反思，最終在自己內在找到了對神的信仰，不再讓它停留於外在。

訪談快結束時，她希望以後能再有機會像這樣暢所欲言。她透過索取止痛藥的方式，用一貫怒氣沖沖的口吻，將這件事換個方式又說了一遍。我們後來仍繼續探視她，但很驚訝地聽到她已經不再去拜訪其他臨終病人了，對醫護人員也變得比較順從。她對護理師的態度漸漸不那麼暴躁之後，他們也更常來探視她，最後甚至會要求和我們開會，想要「更了解她」。多麼大的改變啊！

在我最後幾次探望她的時候，她再次看著我，最後請我做一件從來沒有人要求我做過的事，就是為她念一段《聖經》裡的章節。那時她的身體已經很虛弱，她將頭往後靠，告訴我要念哪幾頁，哪些要跳過。

我不太喜歡這個任務，因為我覺得有點奇怪，和人們慣常要我做的事相差甚遠。如果她要我幫她搓搓背、倒倒便桶這類的事，我反而會覺得比較自在。不過，我也記得自己答應過她，會盡量滿足她的需求，而在這個她如此迫切需要的時刻去請牧師過來，似乎有點冷酷了。我記得自己當時生起一個可怕的念頭，就是擔心會有同事突然進門，嘲笑我的新角色，還好該時段沒人進來她房間，讓我著實鬆了一口氣。

我念著那些段落，但是並不是很清楚自己在念什麼。她的眼睛是閉上的，所以我也無從得知她的反應。最後我問她，這是否是她最後的行動，或背後有其他我所不了解的深意。那是我第一次聽見她爽朗的笑聲，笑聲裡盡是感謝與幽默。她說兩者都有，但主要的目的是善意的。那不但是她對我的最後考驗，也是她要給我的最後訊息，她希望我在她去世很久很久之後，依然能記得……

幾天之後，她衣著整齊地前來我的辦公室拜訪我，要和我道再見。她看起來心情很好，甚至可說是非常快樂。她不再是那個怒氣沖沖、與每個人都有隔閡的修女了，而是一個已經找到內心平靜，甚至找到欣然接受之道，而且已經踏上回家之路的女子，不久後，她便在家中去世了。

我們有許多人依然記得她，並不是記得她造成的麻煩，而是記得她讓我們學會的許多教訓。在她生命的最後幾個月，她終於成為自己一直渴望成為的人，與他人不同，但依然能得到他人的喜愛與接受。

CHAPTER

05

第三階段
討價還價

樵夫的斧頭，向樹求取斧柄，樹便給了他。

—— 泰戈爾《漂鳥集》第 71 首

第三階段是討價還價，這個階段較不為人所知，儘管只持續一小段時間，但對病人同樣有所助益。如果我們在最初階段無法面對令人悲傷的事實，並在第二階段對周遭之人和上帝生氣，或許我們能成功達成某種協議，或許能延後那個無可避免的結果：「上帝決定要將我們帶離這個世界，卻沒有回應我憤怒的懇求，如果我用溫和一點的態度懇求祂，或許會贏得祂的贊同。」我們都十分熟悉這樣的反應，只要觀察孩子就會發現，他們會先不斷提出要求，然後轉而請求幫忙。他們想在朋友家過夜的時候，可能不會接受我們說「不」，他們可能會怒不可遏，氣到不停跺腳，將自己關在房間裡，暫時藉由拒絕我們來表達他們的憤怒。但他們也會改變主意，考慮採取另一種方法。他們最後一定會走出房門，自願分擔一些家務，但在正常情況下，我們怎樣都無法成功讓他們去做這些家務。接著他們會告訴我們：「如果我整個禮拜都很乖，每天晚上都洗碗，你會讓我去嗎？」當然，我們有些微的機率會接受他們的討價還價，讓這孩子得到他之前被拒絕的東西。

末期病人也會採取同樣的策略。他從過去經驗知道，只要自己表現良好，便可能有些微機率獲得獎賞，因為提供特殊服務而實現願望。他的願望幾乎永遠是延長壽命，然後是讓他擁有幾天徹底無痛，或全無任何身體不適的日子。有位病人是聲樂家，下顎與臉部因惡性腫瘤而扭曲變形，無法再上臺表演，她只求能「再表演一次」。她意識到這已是不可能的時候，她給了我們一場或許是她這輩子最動人的演出。她請求前往研討班，並選擇在聽眾面前演講，而非在單向鏡後面。在全班同學面前，她娓娓訴說著自己的人生故事、成功過程，以及罹病的不幸，直到一通電話打來，讓她回到自己的病房。醫師和牙科醫師已經準備好將她的牙齒全部拔除，以便進行放射治療。在她必須永遠遮住自己的臉龐之前，她請求再為我們歌唱一次。

另一位病人飽受劇痛與不適的折磨，因強烈依賴注射止痛藥而回不了家。她有一個兒子正在籌備自己的婚事，這場婚禮也是病人的心願。無法出席兒子婚禮讓她感到非常難過，因為這個兒子是長子，也是最討她喜歡的孩子。藉由眾人的努力，我們教會她自我催眠的方法，讓她能維持幾個小時的舒適狀態。她許下各種諾言，只為了能活到參加兒子婚禮的那一天。婚禮前一天，她以一位優雅淑女的姿態走出醫院，沒有人會相信她其實病得很重，因為她儼然是「全世界最快樂的人」，看起來神采奕奕。當她討價還價的時間截止時，我納悶著她會做何反應。

我永遠不會忘記她回到醫院的那一刻，她滿臉倦容，簡直筋疲力竭，我還沒跟她打招呼，她就對我說：「別忘了我還有另一個兒子！」

討價還價的目的其實是企圖拖延，它必須包括一個獎勵「良好行為」的獎品，也會設定一個自己規定的「期限」（例如一次表演、兒子的婚禮等等），而且還包括一個暗示性的承諾，也就是如果這次的拖延獲得應允，病人便不會再提出更多要求。但我們沒有一個病人「信守承諾」，換句話說，他們就像那些孩子一樣，會說：「饒了我吧，我永遠不會再跟妹妹打架了。」不用說，這個小男孩一定會再和妹妹打架，如同那個聲樂家，會試圖再做最後一次的演出。她是個離開舞臺表演就活不下去的人，所以還沒拔除牙齒就出院了。而上述那位病人也不願意再面對我們，除非我們接受她也想見證另一個兒子的婚禮這一事實。

多數的討價還價都是和上帝進行的，而且通常祕密進行，或只會在言談間、在牧師的私人辦公室裡透露出一點弦外之音。在我們與病人單獨進行無聽眾的訪談時，我們發現承諾「終生奉獻給神」或「終生為教會服務」來交換更多時間的病人，多得令我們驚訝。許多病人也會承諾將部分身體或整個身體奉獻給「科學」（只要醫生能運用他們的科學知識延長他們的生命）。

就心理學而言，這些承諾可能與潛在的內疚感有關，因此如果病人說出這類的話，醫護人員最好不要置之不理，對病情較為有益。心思細膩的駐院牧師或醫師若聽到病人說出這些話，會希望能知道病人是否因為沒有規律上教堂而感到內疚，還是有更深層的、潛意識的敵意導致這樣的內疚感。有鑑於此，我們才覺得以跨領域的方式照料病人好處極多，因為牧師經常是第一個聽到病人談論這些事的人。我們會繼續追蹤他們，直到他們將這些不理性的恐懼或因過度內疚而希望受到懲罰的念頭釋放掉，若病人在「期限」過後又進一步討價還價，或做出更多無法兌現的承諾，這些情緒反應通常會加劇。

CHAPTER

06

第四階段
沮喪

世界倉促撥弄著徘徊不前的心弦，
奏出憂傷的樂章。
—— 泰戈爾《漂鳥集》第 44 首

當末期病人不再能否認他的病情，當他被迫忍受更多手術、更多住院的日子，當他的病症越來越多或身體越來越孱弱時，他便無法再對這一切一笑置之了。無論他是麻木或堅忍、氣惱或暴怒，都將很快被一股強烈的失落感所取代。這份失落感包含許多面向：罹患乳癌的女性可能會因身材走樣而情緒低落，罹患子宮癌的女性可能會覺得自己不再是個女人。我們的聲樂家得知必須進行臉部手術、拔除所有牙齒的時候震驚不已、沮喪萬分，陷入深深的憂鬱，然而這都還只是病人必須忍受許多失落之一而已。

擴大治療與長期住院帶來了額外的負擔，剛開始還能享受一些小小的奢侈品與必需品，到後來可能都負擔不起了。這些年來，這樣的治療與住院所費不貲，龐大的醫藥費迫使病人賣掉自己所有的家當，甚至無法保住原本打算用來養老的房子，也無法供養孩子上大學，或許也因此無法實現許多夢想。

由於缺勤太久或失去工作能力，病人可能會丟掉工作，母親和妻子也可能變成外出掙錢養家的人，導致孩子之前從母親那裡獲得的關注遭到剝奪。倘若生病的人是母親，那麼年紀小的孩子就得寄宿在別人家，這又加深了病人的悲傷與罪疚感。

這種種令人沮喪或憂鬱的原因，所有與病人打交道的人應該都不陌生，然而我們經常會忘記的，是末期病人為了與世界做最後的告別，在準備過程中必須經歷的哀傷。如果要我區分這兩種類型的沮喪，我會將第一種視為「反應型沮喪」（reactive depression），第二種則為「預備型沮喪」（preparatory depression）。前者與後者在本質上截然不同，應該以完全不同的方式來處理。

一個善解人意的人應不難推敲出病人的沮喪原因，並能減輕一些經常伴隨沮喪而來、不切實際的內疚感或羞恥感。對一個擔憂自己不再有女人味的女性，可以針對她別具女性魅力之處誇讚她，向她保證她還是像手術前一樣，是個十足的女人。義乳能有助於讓罹患乳癌的女性提升自尊。社工、醫師或牧師可以和病人丈夫討論她的憂慮，說服他輔導病人恢復自尊心。社工和牧師也能在這段時間發揮很大的作用，協助病人安排家務，尤其是家中有孩子或孤單的老人時，可能最終必須考慮如何安置的問題。當這些重要事務獲得妥善處置後，病人很快便能揮別憂鬱的心情，而且速度之快常讓我們感到驚訝。後面第十章描述的C太太訪談就是一個很好的例子，這位女士沮喪不已，無法面對自己的病和即將來臨的死亡，因為有太多人需要她照顧了，但似乎沒人能幫得上忙。她已經沒有能力再扮演舊有的角色，但是找不到人來取代她。

第二種沮喪的原因不是源於過去發生的失去，而是即將來臨的失去引起的。我們面對悲傷的人時，一開始的反應通常是盡量鼓勵他們，讓他們振作起來，告訴他們不要用那麼冷峻或絕望的觀點來看待事情。我們會鼓勵他們看看人生的光明面、看看四周多采多姿的正面事物。這種表達方式反映的經常是我們自身的需求，以及我們自己無法長期忍受一個人拉長著臉的心態。不過，若是面對陷入第一種沮喪類型的末期病人，這種做法可能很管用。讓媽媽知道孩子在父親上班後在鄰居家的院子玩得很開心；讓她知道他們依然能開心玩鬧、參加聚會、在學校取得好成績——表示即使母親不在，他們也能讓生活照常運作，這是幫了病人一個大忙。

當沮喪變成一種工具，協助病人準備好迎接一切鍾愛事物的失去，以建立接受的態度時，鼓勵與安慰便沒有太大意義了。病人不應被鼓勵去看事物陽光的一面，因為這意味著他不該思考自己即將面臨的死亡。告訴他不要悲傷是個禁忌，因為我們所有人在失去至親時都是悲傷至極的，而病人正處於失去自己所愛的一切與每個人的過程。如果我們能容許他表達出這份哀傷，他會更容易在最終接受這件事，也會對那些能在這段沮喪、憂鬱的時期陪伴他，而不是告訴他不要悲傷的人心存感謝。這第二種沮喪類型通常悄然無息，與第一種類型迥然不同，在第一種沮喪類型裡，病人有很多事想要分享，也需要很多言語互動，需要許多不同領域的專家積極介入，而在預備型的哀傷裡（第二種沮喪類型），言語已經不太需要了，重要的是感受的互相交流，用手撫觸、輕撫髮絲，或只是靜靜地坐在一旁，都是比言語更好的表達方式。這個時候，病人可能要求為他祈禱，此時此刻，病人已經開始將心神放在前方的未知領域，而非過往的事了。此時此刻，假如有太多訪客努力讓他振作起來，反而會造成干擾，不但無法幫助病人做好情緒與心理上的準備，反而會打擾他。

H先生的例子說明了病人周遭的人，特別是親近的家屬，若無法了解或察覺病人的需求，沮喪階段便會惡化。他的沮喪包含兩種類型——他懊悔自己健康時的「失敗」，而且在自己仍有時間陪伴家人時未能把握機會，為無法對家人付出更多而難過。由於病人身體日漸虛弱，對於像個男人一樣成為家庭支柱再也無能為力，鬱悶心情日益加重。即使有機會進行預後看好的額外治療，也無法激起他的鬥志了，我們的訪談顯示出他已經準備好離開世界。令他感到悲哀的是，即使他已經準備好離開這個世界，仍被迫苟延殘喘地活下去。病人心中最深沉的哀傷與騷亂，正是源自病人自己的心願與準備好離世的心情，與他周遭親友的期待落差太大。

如果協助病人的專業人員能更敏銳地覺察到病人與其周遭親友間的落差或衝突，從而告知病人家屬，對家屬和病人本身都會有莫大幫助。他們應該要知道，若想讓病人平靜地坦然接受死亡，這種沮喪階段是必要且有益的。唯有切身經歷過這種痛苦與焦慮的病人能完成這個階段。如果家屬能明白這個道理，就能省去許多不必要的痛苦。

我們與H先生的第一次訪談如下：

病人：我需要講得很大聲嗎？

醫師：不用，沒關係。我們如果聽不清楚會告訴你。你只要在自己舒服的情況下，盡量大聲就好。H先生說如果我能讓他振作一點，他就能聊得很盡興，因為他一直在研究溝通技巧。

病人：因為我現在身體是又暈又累。

醫師：你所謂的「振作一點」是什麼意思？

病人：喔，就是雖然身體不好，但如果精神上能提振一下，仍會覺得體力提升到一定水準。就某方面而言，你覺得狀況特別好，你知道，就像剛聽到一個好消息之類，我的意思就是這樣。

醫師：你在說的其實是談論好事，不要談論壞事。

病人：你是指我們現在嗎？

醫師：那是你的意思嗎？

病人：喔，不是，完全不是……

牧師：我想他只是在說他想要一些精神上的支持。

醫師：是的，嗯，那是當然。

病人：我的意思是，如果我坐在這裡超過五分鐘，很可能會倒下，因為我太累了，而且我一直很少像這樣坐著。

醫師：好的，那我們直接切入主題吧。

病人：好。

醫師：其實我們對你一無所知。我們想要從病人身上學習的，是如何將他們當成一般人來對話，不事先瀏覽他的病歷之類的資料。所以，首先，你能不能簡單介紹一下你幾歲，從事什麼職業，還有在醫院待多久了？

病人：已經在這裡大概兩個禮拜了，我的職業是化學工程師，我有化學工程碩士學位，此外我也在大學修了溝通課程。

醫師：（聲音不清楚）

病人：嗯，不完全是，因為當時大學還有溝通課程，但是我結業之後，他們就取消這門課了。

醫師：了解。

牧師：你怎麼會對溝通感興趣呢？身為化學工程師，這是你工作的一部分，還是你自己的興趣？

病人：我自己的興趣。

醫師：這次是什麼原因入院？這是你第一次住院嗎？

病人：我是第一次來這間醫院。

醫師：是什麼原因來這裡呢？

病人：嗯，事實上我需要做癌症的進一步治療，我在四月的時候接受過一次手術——

醫師：今年四月嗎？

病人：——是在別家醫院做的。

醫師：今年嗎？然後你就被診斷出癌症？

病人：當時沒有進一步診斷，我便要求轉入這家醫院，然後我就來了。

醫師：了解。你聽到這個消息有何反應？你是在四月被告知自己罹癌的嗎？

病人：是的。

醫師：你有什麼反應？他們是怎麼告訴你的呢？

病人：嗯，想當然耳，這是個很大的打擊。

醫師：嗯嗯，但不同的人對打擊會做出不同的反應。

病人：是的，不過這打擊很沉重，因為他們讓我別抱任何希望。

醫師：一點希望都沒有？

病人：一點都沒有。醫生自己都說了，他父親也被動了一個類似手術，就在這同一家醫院，還是同一位外科醫師，但他沒有復原，而是在一年半之後，在和我一樣的年紀過世。我唯一能做的就只是等待接受這個苦果。

醫師：好殘忍啊，你知道，不禁讓人懷疑那個醫生是不是因為自己家人發生這種事才這麼說。

病人：是的，結局是殘忍的，但原因是因為他真的經歷過這樣的事。

醫師：所以你認為，這讓他有藉口幹這種事？讓他變得可以理解？

病人：是的。

牧師：你對他說的話做何反應？他什麼時候告訴你的？

病人：當然了，我情緒跌到谷底，照他說的待在家裡休息，不要太操勞，但我還是做了很多事，到處跑，你知道，拜訪朋友，還做了一些其他事，這個那個的。不過我到這裡之後發現我的情況還是有希望的，還沒到絕望的地步，我還發現自己做錯一件事，就是以前鍛鍊過度，要是我當時就知道，我現在的身體會處於最佳狀態。

醫師：意思是，你在責怪自己做太多事？

病人：不是的，我不是那個意思，當時我不知道。責怪誰沒有意義。我不責怪醫師，因為那是他自己的經歷，我也不責怪自己，因為當時我沒有意識到這樣的事。

醫師：是的。在你入住那家醫院之前，有什麼預感嗎？當時你有什麼症狀？有哪裡疼痛，或感覺到什麼地方出了嚴重問題嗎？

病人：我的情緒越來越低落，有一天我的腸子出了嚴重的問題，必須做結腸造口術（colostomy）。我就是接受了這個手術。

醫師：嗯，我想問的是，在這個打擊出現之前，你做了多少準備？你是否隱約之中有預感呢？

病人：完全沒有。

醫師：完全沒有？你很健康？你一直保持健康到什麼時候？

病人：一直到我進醫院。

醫師：那你為何進醫院呢？

病人：喔，就只是讓醫生做一下檢查，因為我一直便祕與腹瀉交替發生。

醫師：嗯。你的意思是，你根本沒有心理準備。

病人：根本沒有。不僅如此，他們在我抵達醫生診間後，不到幾個小時就送我入院，一個禮拜內就動手術了。

醫師：所以感覺很急迫，接著他們便做了結腸造口術還是什麼的？

病人：對。

醫師：那令人難以接受，對吧？

病人：什麼？

醫師：那令人難以接受。

病人：喔，不會，結腸造口術很輕鬆。

醫師：可以輕鬆接受？

病人：它只是整個事情的一部分，換句話說，結腸造口術應該會曝露出其他一些問題，但他們發現的問題顯然不對勁。

醫師：結果所有的事情都互有關聯。嗯，我以為結腸造口術會讓你疼痛難當，但若比起攸關生死的大事，結腸造口術算是小事一樁了。

病人：沒錯，如果病人能活下來，這真的不算什麼。

醫師：對。聽到這個消息後，你一定已經在想像自己死去的情況吧，例如還會活多久之類的。像你這樣的人會怎麼處理這些問題？

病人：啊——其實我的人生在這段時間也經歷了許多哀傷，所以這似乎也不算太沉重。大概就是這樣。

醫師：真的嗎？

病人：你是指我個人經歷的哀傷嗎？

醫師：在一段時間內遭遇一連串傷痛。

牧師：你願意談談嗎？

病人：好啊，沒問題。

醫師：你的意思是你經歷了許多喪親之痛嗎？

病人：是的，我的父親和母親相繼離世，然後是兄弟過世，二十八歲的女兒也過世了，留下兩個年幼的孩子，我們照顧了他們三年，一直到去年十二月。這其實是最深的創痛，因為這讓我們不斷想起她的死。

牧師：孩子住在家裡的關係。她是什麼原因過世的？

病人：她在伊朗，因為氣候惡劣的關係過世的。

牧師：她是在國外過世的？

病人：一年裡大部分的時間，即使是陰涼處也有攝氏四十八度。

牧師：她當時離鄉背井。

病人：她這個人是無法忍受嚴峻的生活條件的。

醫師：你有其他孩子嗎？她是你唯一的孩子？

病人：喔，不是。我們還有另外三個孩子。

醫師：你還有其他三個。他們還好嗎？

病人：很好。

醫師：他們都沒事？你知道我無法理解的是什麼嗎？你是個中年男子——我還不知道你的實際年齡，不過一個中年男子喪父或喪母很常見。痛失愛女自然是件最痛苦的事，失去子女總是比較令人心痛。你為什麼會說因為你已經失去這麼多親人，你自己的生命就似乎變得不重要了呢？

病人：我沒辦法回答這個問題。

醫師：這很矛盾，不是嗎？因為如果你的生命不重要，那麼就可以輕易失去它，不是嗎？你明白我不懂的地方在哪裡嗎？

牧師：我不確定這是不是他話裡的意思。這是你想要傳達的訊息嗎？我不確定，我聽到的是，因為你遭遇的一連串喪親之痛，讓罹癌的打擊變得不一樣。

病人：不不不，不是的。我不是那個意思。我的意思是，除了罹癌之外，我還遭遇過其他這些打擊。但是，我會說，啊，我剛才想起我曾出現過的一個小小想法，很重要。你問到，我還有其他三個孩子，為何對死亡比對生命更感興趣。

醫師：我提到這件事也是想讓你多看看人生的光明面。

病人：是的，那麼，啊，我不知道你是否了解，唉，這些打擊來臨時，影響到的不僅僅是父親，還有整個家庭。你了解嗎？

醫師：是啊，確實如此。

牧師：所以你太太也經歷了一段痛苦的日子吧？

病人：我太太和所有孩子，所有孩子都是。看看我現在的樣子，簡直就是行屍走肉。

醫師：有一陣子會這樣吧，確實。

（混雜的交談聲）

病人：事情接踵而來，對我都是無法釋懷的哀傷。

醫師：確實。H先生的意思是，已經有那麼多的哀傷，現在其實已經很難再接受新的哀傷。

病人：沒錯。

醫師：我們該怎麼幫你？誰能幫你？有什麼人可以幫得上忙嗎？

病人：我想有的。

醫師：（聲音不清楚）有人幫過你嗎？

病人：除了你以外，我從來沒有請任何人幫過忙。

醫師：有人曾像我們現在談話那樣和你講過話嗎？

病人：沒有。

牧師：那麼，其他喪親之痛呢？你的女兒過世的時候，是否有人和你談過話？或者和你太太談過？這些事是不是一直積壓在你們倆心裡？你們兩人曾針對這件事彼此傾訴過嗎？

病人：不太談這些。

牧師：你一直將哀傷埋藏在心裡？

醫師：你太太現在仍和當初一樣沉浸在哀傷裡嗎？還是她已經走出來了？

病人：很難說。

醫師：她是不喜歡溝通的人？

病人：她不會針對這件事溝通。她呀，其實是很好的溝通者，她是個老師。

醫師：她是什麼樣的女性？

病人：她是個體型比較豐滿的女人，總是精神抖擻，她是課程一開始就獲得滿堂彩那種老師，讓人想起立致敬，而且課程結束經常收到貴重禮物。

醫師：那很了不起啊，你知道。

牧師：十分難得。

病人：對啊。

醫師：沒錯。

病人：她也是個會為了我和家庭付出所有的人。

醫師：聽起來，這樣的人只要稍微推一把，就能和人談論這些事。

病人：是的，你也這麼認為，對嗎？

醫師：是你害怕談起，還是她心裡對此有顧忌？

病人：麻煩再說一次。

醫師：你們兩人之中，是誰阻礙了這樣的交談？

病人：嗯，其實我們談過的，她的答案就是到國外去，好好把孩子撫養長大。因此她連續兩年的夏天都出國，包括去年夏天。當然，我們女婿幫忙付了旅費。

我們孫子在去年十二月之前都和我們在一起，之後就回去了。後來我太太十二月到那裡過耶誕假期，然後夏天又回去一個月。她原本要待兩個月，但是因為我的關係，她只待一個月，因為當時正值我的恢復期。

牧師：我在想，你太太的心思全放在照顧孫兒的責任上，你還會想要和她討論自己的狀況嗎？這是否會對你和她的溝通產生影響？或者你會不會覺得自己不該找她傾訴，不該拿這些事情增加她的負擔？你有過這種感覺嗎？

病人：嗯，她和我之間還有其他問題。就像我說的，她雖然是個非常活潑外向的人，但我還是會擔心她覺得我做得不夠好。

醫師：哪一方面？

病人：我賺的錢不多，我們有四個孩子要養，她很自然會這樣想。她覺得我應該要像我們女婿那樣，你知道的。她還覺得我把我們最小的兒子教得不夠好。因為他有個明顯的遺傳缺陷，直到現在她還在怪我。

醫師：她為了這個原因怪你？

病人：為此怪我。

醫師：他是做什麼工作的？

病人：他之前在海軍服役，但後來被開除了。

醫師：那他現在在做什麼？

病人：他應該是在找工作吧，他以前做過理貨員。

牧師：你的另外兩個孩子呢？

病人：我的二兒子，她也怪我。因為他在學校的課業有點跟不上，她認為如果有人能盡心盡力輔導他，他就能出類拔萃了。你知道，她精力充沛，簡直就像一部能量發電機。當然，我想她遲早會領悟到他不是那個料，這純粹是遺傳問題。大兒子表現得還算不錯，因為她不斷督促他，他剛拿到電子方面的學位。

牧師：因為她有督促的關係？

病人：也不是，他很有才華，他是唯一一個聰明的，可以這麼說啦，除了女兒以外。

牧師：你又一次提到遺傳問題。你認為這樣的缺陷是遺傳自哪一邊？聽你的描述，感覺好像來自你這邊。還是你太太暗示過來自你這方？

病人：這點，我倒不確定她有沒有這麼想。我認為她應該不會覺得是遺傳問題，我想她只是覺得我沒有使出全力，做得不夠多吧。我有空的時候應該多付出點心力，而不是只顧著賺更多錢，讓賺錢成為我們生活的主旋律。她會盡可能幫我忙，但也總是怪我沒有盡到自己這部分的責任。我最少應該一年賺到一萬五千美元。

醫師：我感覺H先生真正要說的是，他的妻子是個精力充沛、活力十足的女子，她想要你和孩子們也和她一樣。

病人：一點也沒錯。

醫師：她有點無法接受，你不像她那樣——

病人：對。

醫師：不像她那樣精力充沛、活力十足。然後她會說看看我們女婿，他賺很多錢，而且可能也是個精力充沛、活力十足的人。

病人：不只是女婿，還有她認識的每個人都是如此。

醫師：我想，這和身為病人的H先生就有關係了，因為當他病了、變得越來越虛弱的時候——

病人：抱歉，你說什麼？

醫師：當你生病，身體越來越虛弱，就會更沒精神、更沒活力，而且賺的錢變少。

病人：事實上，那就是我有一次告訴過她的話。在我大概四十歲的時候，你知道，我的步調變得比較緩慢一些，當時我便告訴自己，天哪，如果現在就這樣，將來可怎麼辦才好，因為她活得益發帶勁了。

醫師：那會很糟糕，是嗎？

病人：因為她的生活真的越來越帶勁了，活力十足。

醫師：不過，這表示，對你來說更難熬了。她是不是受不了那些必須坐輪椅的人？

病人：她非常受不了那些不夠有才華的人。

醫師：嗯——你就算身體虛弱，還是能保有才華啊，你知道的——

病人：是的。

醫師：但是她受不了身體無法付諸行動的人——

病人：對。

醫師：因為你永遠能保有才華。

病人：唉，我們所謂的才華，是指將才華付諸行動，那才是她想要的。

牧師：在我聽來，你說的是成功。

病人：沒錯，就是指成功。

醫師：嗯嗯。

牧師：意思是不但要有能力，還要利用它做一些事。但是，就我這邊聽來，這種情況持續的結果是，你傾吐心聲、討論病情的權利和機會被擱置一旁。

病人：對啊，孩子們也是。

牧師：那就是我擔心的事。

病人：我覺得，孩子們肯定因為母親的強勢要求而受到牽制。譬如，她除了當老師之外，也是個很優秀的裁縫師。她可以利用短短一個週末的時間，用一塊布料縫製一套男子西裝，而且還比你見過的任何西裝都更好看，看起來就像是一套兩百五十美金的高級西服。

醫師：但是這一切讓你有何感覺？

病人：嗯，我的感覺是這樣的，對我來說，不管她多麼優秀，對我都沒有差別，因為我仰慕她——不知道該怎麼說好，就像崇拜偶像一樣，你知道的。就算她沒有堅持要我恢復原來的樣子，也不會有任何不同。

醫師：是啊，那你怎麼看待自己的病情呢？

病人：那確實就是最主要的問題了。

醫師：那就是我們真正想要釐清的，如何幫助你——

病人：這真的是最主要的問題——因為你看，如果你病痛纏身，內心還有無法釋懷的哀傷，而和你同居的人卻能夠面面俱到地處理哀傷，你知道，你若說，我不知道能不能從女兒離去的哀慟中走出來之類的話，會立刻得到這樣的回答：「振作一點，正面思考！」事實上，她很熱中於正面思考。

牧師：讓生活繼續高速前進，就不需要停下來想這件事。

病人：沒錯。

醫師：但他已經做好準備，要好好想一想、談一談這件事。你應該談談的，你必須找個人聊聊這件事。

病人：你話才說到一半就被太太打斷了，不可能和她談論這些事情的。

牧師：我想你心中應該有自己的信念。

病人：我心中苦思過如何解決這些問題，因為我其實是個很勤奮的人，就像她對我的期待那樣。我一直都是個很優秀的學生。我在大學修的課，全部都拿A或B的成績。

牧師：但就我聽來，你是說你有能力辦到，但你發覺勤奮無法解決生命此刻出現的這種衝突。你將思考生命與思考死亡分開看待，記得嗎？

醫師：你曾思考過死亡這件事嗎？

病人：有的。你想談些什麼？

牧師：我只是在想，就死亡這點來看，你對生命有何看法？或者反過來。

病人：啊，我們必須承認，我從來沒有認真思考過死亡這件事，但我倒是想過，在那種情況下，生命一文不值。

牧師：一文不值？

病人：如果我明天就死去，我太太會照樣過日子，好得很。

醫師：好像什麼事都沒發生？

病人：我是這麼覺得。她的生活一樣會充實精彩。

牧師：就像她面對其他人的死亡一樣嗎？或者有一些不同？

病人：我女兒過世後，唉，她開始將心思轉移到女兒的孩子身上。但是就算我們沒有孩子，她的生活也不會有什麼改變。

牧師：是什麼給了你勇氣，讓你說來到這裡最令人振奮的事就是他們給了你一絲希望？他們說會設法醫治你，也正在這麼做。是什麼東西點燃了你內心生存的渴望？雖然你覺得生命一文不值，但你心中仍有個東西找到了滿足和繼續活下去的欲望。是信仰嗎？

病人：這麼說好了，是一種超越一切的盲目希望吧，還有我教會的朋友們也都大力支持我。我在長老教會很活躍，已經好多好多年了。我在那裡可以做一些太太不喜歡的事，例如在唱詩班裡唱歌，在主日學校教課等等。正因為我能做一些這類的事情，讓我覺得自己對社群還是有價值的，這樣的工作讓我獲益匪淺。但是每當我做這些事情，都被視為毫無價值，因為這不能讓我多賺一點錢。

醫師：但那是她的想法。你也一樣認為這些事沒有價值嗎？

病人：我認為很有價值，非常有價值。

醫師：你瞧，我想這很重要，你依然保有自我價值感，那就是為何我認為懷抱希望對你來說十分有意義，你仍想活下去，你並非真的想要死，對吧？那就是你來這間醫院的原因。

病人：對。

醫師：死亡對你來說意味著什麼？這是個很難的問題，但你或許有答案。

病人：死亡對我來說意味著什麼？

醫師：死亡對你來說意味著什麼？

病人：死亡，它意味著一切有價值的活動都終止了。我所謂的有價值，以我的例子來說，和我太太認為的不一樣。我不是指能賺錢的活動。

牧師：你講的是在唱詩班唱歌，在主日學教課，和人們在一起這類的事。

醫師：是的。

病人：我一向對社群活動很熱中，包括各式各樣不同的活動。現在，我的生命之所以變得毫無價值，就是從另一個醫生的觀點來看待我的生命，也就是永遠無法再回去做這些事。

醫師：那麼，你現在在這裡做什麼？

病人：什麼？

醫師：你現在在做什麼，在這裡？

病人：我現在正在交換一些可能有幫助的意見。

醫師：那就是有價值的活動了。這對你可能有幫助，但對我們是絕對有幫助。

牧師：是對他而言有價值的活動，而不是對她太太而言。

醫師：是的（笑聲），那就是我想澄清的原因。你真正要說的是，只要你還有價值，能做一些有價值的事，生命就是有價值的。

病人：但是你知道嗎？假如有人能欣賞這一點，會是一件很美妙的事，尤其是你所愛的人。

醫師：你真的相信沒有其他人欣賞你？

病人：我相信至少我太太不會。

牧師：我想他就是在指他太太。

醫師：那麼，你的孩子呢？

病人：我想他們是欣賞我的，但老婆是作主的人，你知道的，男人的老婆。尤其他還那麼仰慕她，你知道。而且可以說，她那麼可愛，因為她總是活力四射，還有很多這類優點。

牧師：你們在婚姻裡一直都是這樣的嗎？或者這在你的喪親和哀傷階段之後才變得比較明顯？

病人：沒什麼不一樣，其實喪親和哀傷階段過後還更好一些，例如現在，她這陣子對我很好。因為我一直在住院，不過，啊，其實一直都是這樣的，如果我生病或有什麼狀況，她就會對我好一陣子，但是之後她還是忘不了這裡躺著一個沒能力賺錢、不務正業的人這個事實。

牧師：嗯，你怎麼看待自己生命中發生的種種？你提過自己會上教堂。你如何看待發生在你身上的事？我指的是你對人生的態度這方面，有人也稱之為人生的信念。神在其中扮演了一個角色嗎？

病人：喔，是的。首先，身為基督徒，耶穌基督扮演了中間人的角色，這很單純。只要我用這樣的眼光看待事物，事情通常都會處理得很好。我也可以鬆一口氣，不再——意思是在人際問題方面，我總會找到解決之道。

牧師：他想要表達的重點是，他和妻子之間需要一個中間人。你提到了耶穌在你處理其他問題的時候扮演了中間人的角色，那麼，你在面對太太和夫妻關係的問題時，是否也曾想過這一點？

病人：想過，但可惜的是，不知該不該這麼說，我太太是個充滿活力的人啊。

牧師：你是說你太太充滿活力又非常活躍，所以她的生命中沒有位置讓一個活躍的神存在，沒有中間人的存在空間。

病人：嗯，以她的情況來說就是這個意思。

醫師：你覺得她會願意和我們其中一位談談嗎？

病人：我是一定願意的。

醫師：你願意問問她嗎？可以嗎？

病人：我太太絕對不會想去看精神科醫師，特別是和我一起去。

醫師：是嗎，精神科醫師有什麼好怕的？

病人：就是我們一直在談的那些事。我覺得她想把那些東西掩蓋起來。

醫師：那麼，讓我們看看訪談會如何發展吧，可能有幫助。可以的話，我們偶爾還會過來一下，可以嗎？

病人：你說，你會過來一下？

醫師：來探望你。

病人：來我病房？

醫師與牧師：是的。

病人：可是我禮拜六就要出院了。

醫師：了解，所以我們沒有多少時間了。

牧師：嗯，如果你還會回來這間醫院，可以去看看這位醫師？

病人：不知道會不會，但可能吧，路途實在非常遙遠。

牧師：喔，了解。

醫師：如果這是我們最後一次會面，你可能有些問題想問。

病人：我想這次訪談，一個最大的好處是聊了許多我過去沒想過的問題。

醫師：我們也獲益良多。

病人：我想R醫師已經提出一些很好的建議，你們也一樣，但我心裡有數，就是除非我的病情獲得根本上的進步，唉，否則我的身體是無法治癒了。

醫師：這很可怕嗎？

病人：可怕？

醫師：我沒在你身上看到任何恐懼。

病人：對啊，這沒什麼好怕的，有兩個原因。第一，我有十分穩固的宗教基礎，而這一直建立在我將它傳遞給他人這個基礎上。

醫師：所以你可以說自己是個不畏懼死亡的人，當它突如其來地降臨時，你也能接受它。

病人：是的，我不畏懼死亡，倒是多少會害怕繼續從事之前的工作。因為你知道，我不喜歡工程師的工作，也不喜歡與人打交道。

牧師：那就是你為何會對人際溝通感興趣的原因。

病人：是啊，這是一部分原因。

牧師：讓我訝異的不只有你的無所畏懼，還有你對夫妻關係的擔憂與那份遺憾。

病人：對於自己無法和她溝通這件事，我終生抱憾。你可能會說真的嗎？如果你追問我學習人際溝通的原因是什麼，百分之九十九的原因或許是因為我想和太太重修舊好。

醫師：試圖與她溝通，沒有嗎？你從來沒有尋求專業協助嗎？你知道嗎，我有一種感覺，這種事只要得到協助就會解決的，現在還來得及。

牧師：那就是為何明天的會面這麼重要的原因。

醫師：是啊，是啊……所以我不會真的覺得無助，這不是無法修復的，你知道。你還有時間做這件事。

病人：嗯，我會說，只要我還活著，生命就有希望。

醫師：沒錯。

病人：但人生在世不是活著就好，還有生活品質，以及活著的意義等更重要。

牧師：嗯，很感謝能有機會探訪你。今晚我回家前，還想再過來探望你一次。

病人：好，我也很樂意……喔……（病人不想離開）……你剛才說要問我一些沒問到的問題。

醫師：我有說嗎？

病人：嗯嗯。

醫師：我好像忘記了？

病人：從你說的話聽來，我了解到你不只負責這個研討班，還有——嗯，讓我們這麼說吧，你是負責什麼業務的？一個對宗教與精神醫學之間的關係感興趣的人。

醫師：好，我開始聽懂你在說什麼了。你看，每個人對我們在此所做的工作都有不同的看法。我最感興趣的是和病人或臨終病人談話，希望能更了解他們一些，並教育醫院的工作人員如何更有效地幫助他們，而我們能進行這種教育的唯一方式，就是讓病人當我們的老師，你知道的。

牧師：你還有問題想問嗎？宗教和其他的關係之類的？

病人：有，有一些。例如其中一個問題是，一般病人只會找牧師來，他心情不好的時候不會去找精神科醫師。

醫師：沒錯。

病人：好，不知是你或其他人曾問過我這個問題，就是我對牧師的工作有何感想？嗯，我曾經在三更半夜的時候需要一位牧師，結果竟然沒有夜班的牧師，我驚訝得目瞪口呆，我的意思是，這太令人難以置信了，真的難以置信，因為人們什麼時候會需要牧師呢？只有在夜深人靜的時候，相信我。那就是人們卸下武裝、對自己坦露一切的時候，而那就是你需要牧師的時候。我會說大多是在半夜十二點以後——

醫師：凌晨時分。

病人：如果你將這種需求做成圖表，大概會在凌晨三點到達高峰。應該就像這樣：你按下呼叫鈴，護理師就會過來。「我想見牧師。」然後不到五分鐘，牧師就出現了，然後你便開始，啊——

醫師：開始真正的溝通。

病人：是的。

醫師：這就是你想要我問的問題吧，對牧師的服務是否滿意。我知道了，我問你誰曾經幫助過你，是否有任何人幫助你的時候，我可能間接問了你這個問題，當時你沒有提到牧師——

病人：這就是教會的問題。一個人什麼時候會需要神職人員。

醫師：是的。

醫師：嗯，N牧師能回答這個問題，因為他昨晚整夜沒睡，一直在探望病人。

牧師：我並沒有像我想的一樣有罪惡感，我昨晚只睡兩小時。不過我對此心存感謝，我想彼此感受到的交流比言語交流更多。

病人：而且我不認為有什麼事比那更重要。

牧師：真心關懷一個尋求援助的人。

病人：沒錯，牧師，為我父母證婚的長老教會牧師就是這種人。這種事一點都不會打擾到他。我是在他九十五歲的時候和他認識的，他的聽力還和以前一樣敏銳，視力和以前一樣好，握起手來和二十五歲的小伙子一樣有力。

牧師：這再次顯示你對自己的一些經歷感到失望。

醫師：這就是研討班要探討的一部分，我們必須釐清這些事，才能變得更有效率。

病人：沒錯。關於牧師這件事，我想當你需要諮詢的時候，去找牧師的機會比精神科醫師低——這事很奇怪，因為牧師是不收費的，而精神科醫師至少都會收取最低費用。所以嘍，此人有收費，白天、晚上或任何他願意的時間都可以收費賺錢，你可以安排治療師在深夜前來，但總不能在半夜把牧師拖下床吧。

牧師：你似乎有一些和神職人員打交道的經驗。

病人：我自己現在這位神職人員非常好，但問題是，他已經固定在幫忙一群小孩子了，至少有四個。他哪裡有時間出來？他們又告訴我，他們的神學院有些年輕的神職人員之類的事，但不是很多，甚至要找到人從事基督教的教育工作都有困難。但我想如果他們的教會很活躍的話，應該不至於有吸引不到年輕人的問題。

牧師：我想我們討論了一些研討班沒有規劃的議題。我和他會再找個時間聊聊如何讓教會更完善。他所說的部分內容，我還滿贊同的。

醫師：是的，我很高興他這次提到這些事，這部分很重要。那麼，護理方面做得如何？

病人：這裡嗎？

醫師：是的。

病人：嗯，基本上每當我需要牧師的夜晚，都是因為我在白天必須和不對盤的護理師打交道。這裡有些護理師很有效率沒錯，但他們經常惹惱病人。事實上，我室友就曾經說過，如果你沒碰到那樣的護理師，復原速度會快一倍。她時時刻刻都要跟你吵，你懂我意思嗎？你走進去，說可以麻煩幫我一個忙，開始讓我吃飯了嗎？因為我有胃潰瘍和肝臟問題，還有這個那個問題。她說，喔，我們很忙呢，你自己要做什麼就去做吧，你想吃就吃，不想吃就不要吃。然後有另一個態度挺不錯的護理師，她雖然順道幫了你的忙，但是她臉上從來擠不出半點笑容。對我這種人來說，你知道的，習慣面帶微笑、與人為善的人，看見她這樣實在覺得很難受。她每晚過來的時候，臉上一絲笑容都沒有。

醫師：你室友呢？

病人：嗯，我還沒機會和他好好聊聊，因為他開始做呼吸治療了，不過我想他應該適應得還不錯，因為他不像我一樣有各種各樣的毛病。

醫師：你知道，你本來只打算講五分鐘或十分鐘，你說你會疲倦得不得了。你現在這樣坐著有不舒服嗎？

病人：嗯，結果我很好。

醫師：你知道我們聊多久了嗎？一小時。

病人：沒想到我可以撐到一小時那麼久。

牧師：我們很注意，不想讓你太累。

醫師：好的，我想我們也該結束了。

病人：我想我們該談的話題大部分都談到了。

牧師：我回家前，大約晚餐時間會再過來看看你。

病人：啊，六點左右？

牧師：五點半到六點左右，大約那時候。

病人：太好了。你可以協助我吃飯，因為我的護理師有點糟。

牧師：好。

醫師：謝謝你過來，非常感謝。

H先生的訪談是我們所謂的「門戶開放式訪談」的一個絕佳範例。醫院的醫護人員視他為一個不苟言笑、不善溝通的人，他們先前更預測他不會同意和我們談話。談話一開始他便警告我們，自己如果坐五分鐘以上可能會撐不住——然而，在我們整整一小時的對話裡，他甚至不想結束，而且身心都感覺非常好。他陷入了接二連三的喪親之痛，而最沉痛的打擊是女兒在異鄉的離世。然而，讓他感到最悲哀的，是失去希望。一開始是因為醫生對他病情的描述：「……他們沒有給我一絲希望。醫生自己也說，他父親做過類似的手術，就在這同一家醫院，同一個外科醫生，他沒有康復，過了一年半左右，在和我同年齡的時候便過世了。我所能做的也只有等待悲慘結局發生了。」

H先生沒有放棄，更主動住進另一家醫院，而那裡的醫生給了他希望。

後來，他在訪談之間透露出另一種無望感，也就是無法讓妻子認同他的一些興趣和人生價值觀。她常常讓他覺得自己是個是窩囊廢，孩子沒成就也怪到他頭上。而且他賺的錢不夠多，但他充分意識到，要滿足她的需求並符合她的期待已經不可能。當他發覺自己身體越來越差，再也無法工作的時候，他回顧自己的生活，益發覺得自己和妻子的價值觀天差地別。這個觀念上的鴻溝似乎已經大到不可能溝通了，而這一切都發生在他女兒離世後的哀悼期間，這也再度喚起了他父母過世的哀傷。聽他娓娓道來，我們能感受到他的哀傷已經滿溢，以至於無法再增添更多哀傷了

——因此，最重要的對話其實尚未談到，我們原本是希望這場對話能讓他獲得一些平靜的。雖然經歷了一連串令人沮喪的事，但他還能保有自尊，即使家人對他不甚欣賞，他也還能保有自我價值感。因此我們衷心期望能在病人和他妻子之間的最後溝通裡發揮助力。

我們最後終於了解為何醫護人員不清楚H先生對自己的病情了解多少，因為他的心思從未放在自己的癌症上，而是專注在回顧自己的生命意義，並設法分享給對他最重要的人，也就是他的太太。他之所以陷入憂鬱，並不是因為自己身患末期疾病，而是因為他還無法從父母與孩子離世的哀悼中走出來。在原本就已經累積了那麼多痛苦的情況下，當額外的痛苦來襲，便不足以像它第一次衝擊健康無痛的身體那樣，對當事人造成強烈打擊。但是我們仍覺得，如果我們能找到與H太太溝通的辦法，他的痛苦就能消除。

隔天早上，我們與H太太見面，如H先生所言，她是個身材壯碩、精力充沛、身體健康的人。她幾乎一字不漏地證實了她先生前一天說過的話：「他離開之後，日子還是會一樣照常過下去。」他很虛弱，連修剪草坪都做不來，否則就會昏倒。他和那些在農場工作的男人是不同類型的，他們肌肉結實、身強體壯，從日出到日落都在幹活，而且，他對賺錢也不大感興趣……是的，她知道他的日子所剩無多了，但她無法接他回家。她計劃將他送到療養院，她再定期去探望他……H太太說這些話的時候，口氣宛如自己是個忙碌不堪、還有其他事等著她處理、不喜歡被打擾的女性。可能那時我心裡有些著急了，或是體會到了H先生的絕望感，我便用自己的話將她溝通的內容複述了一遍，我簡單扼要地說H先生未能滿足她的期望，很多事確實做得不夠好，而且在過世之後不會有人為他哀悼。回顧他的一生，會令人懷疑是否有任何事是值得紀念的……

H太太突然瞪著我看，情緒激動，幾乎是用吼的說：「你說這話什麼意思？他是世界上最正直、最忠實的人了……」

我們又聊了幾分鐘，我和她分享了一些我們在訪談裡聽見的事。H太太承認，她從未從這樣的角度看待他，也十分樂意承認並稱許他這些優點。我們一同返回病房，H太太又用自己的話將我們在辦公室交流的內容重複了一遍。我永遠不會忘記病人深陷在枕頭裡那張蒼白的臉孔，以及殷切期盼的眼神，還有不知我們是否能順利溝通的疑惑表情，但是當他聽見自己妻子說出以下這番話時，眼神瞬間亮了起來：「……我告訴她你是世界上最正直、最忠實的人，這年頭這樣的人已經很難找了。我們回家的時候去教會一趟，看看能不能為你重新找回一些對你很有意義的工作。接下來幾天，你可有得忙了。」

她和他講話並一邊為他打理出院事宜時，語氣流露出真誠的暖意。「只要我還在世，就永遠不會忘記你。」我離開病房時，他這麼對我說。我倆都知道那可能不會持續很久，但是在這一刻，那已經無關緊要了。

CHAPTER

07

第五階段
接受

我已告假，向我辭別吧，我的兄弟們 ！
我向你們所有人一鞠躬後便要啟程離去。
我歸還房門鑰匙——我放棄房屋權利，
只求得到你們幾句善意的美言。
我們長期為鄰，但我收穫的
多過我的付出。現在天已破曉，
照亮我黑暗角落的燈已滅。
召喚已至，我已準備好啟程。

——泰戈爾《吉檀迦利》（*Gitanjali*）第 93 首

如果病人有足夠的時間（亦即非突發與意外的死亡），也在度過前述階段期間獲得一些協助，他會來到一個對自己的「命運」既不感到沮喪也不生氣的階段。這時他將能夠表達之前的種種感受，例如對在世與健康之人的妒意，以及對那些不需要那麼早面對生命終點之人的憤怒。他會哀悼即將失去的那些有意義的人、事、地，也會默默帶著某種程度的期待，深思一己生命的終結。這時，他會感到疲倦，十分虛弱，也會需要經常打盹或小睡片刻，這和沮喪階段需要睡眠的情況不同。這種睡眠不是逃避，也不是需要一段擺脫病痛、不適或搔癢的休息時間。在這階段，睡眠時間逐漸變長的需求和新生兒的情況類似，只不過後者的需求正好相反。這不是棄守與絕望的「自暴自棄」行為，不是認為「有什麼用呢」或「我再也撐不下去」的心態，儘管我們也會聽到這類的話。（這些話也可能顯示病人開始不再掙扎，但不再掙扎並非接受的徵兆。）

接受不該被誤認為是個快樂的階段，因為這階段幾乎沒有任何感覺，彷彿痛苦已消失，掙扎也結束了，進入一段「漫長旅程開始前的最後休息時間」，有位病人是這麼形容的。在這個階段，家屬通常比病人需要更多幫助、理解與支持。當臨終病人已進入平靜與接受的階段，他的興趣圈會大幅縮小，他希望能獨自一個人靜一靜，至少不要受到新聞或外在世界各種問題的干擾。訪客是他們不樂見的，即使來了，病人也沒心情和他們說話。他經常會要求限制來訪人數，也希望他們短暫停留即可。在這個階段，電視是關上的，我們的溝通無聲勝有聲。病人可能只會揮個手，作勢要我們進去坐一坐。一個人如果在面對臨終病人時不會感到不自在，這樣的靜默時刻可能是最有意義的溝通。我們可以一起聆聽窗外鳥兒唱歌，我們的在場能讓他放心，知道我們會陪伴他到最後一刻。我們可以讓他知道，靜默無語沒有關係，因為重要的事都已處理妥當了，他隨時可以永遠閉上眼睛，這只是時間問題。當他不再說話，只要將他的手握一握、一個眼神，或是依偎在他枕邊，都勝過「聒噪的」千言萬語，他會知道自己並不孤單。

晚上的探視最適合這種交流，因為對訪客和病人而言，這都是一天即將結束的時間。在這個時段，醫院的呼叫系統不會打擾病人、護理師不會進來量體溫，清潔婦也不再拖地板了──這段短短的私人時光是圓滿一日的最後活動，醫生巡房已結束，沒有人會來打擾病患。這只需要花一點點時間，卻能為病人帶來很大的慰藉，讓他知道即使自己的病已經藥石罔效，我們依然沒有忘記他。對訪客而言亦會感到寬慰，因為這讓他們明白，臨終並非像是許多人避之唯恐不及的那種事，並非那麼駭人、那麼可怕。

有少數病人會努力奮戰到最後，心存最後希望，那麼他們要進入接受階段幾乎是不可能的。這類病人有一天可能會說：「我再也撐不下去了。」當他們不再抗爭的那一天，戰鬥才會結束。換句話說，他們越是苦苦掙扎著逃避那無可避免的死亡、越是極力否認它，便越難以在平靜與保有尊嚴的狀態下來到這個最後的接受階段。病人家屬和醫護人員可能會認為這樣的病人十分堅強、勇敢，因而鼓勵病人繼續為生命奮戰到最後一刻，而且他們可能在言談之間會暗示接受生命走到盡頭等於懦弱地放棄，是一種欺騙，或更糟的是遭到家人的拒絕。

那麼，我們如何得知病人何時算是「太早」放棄呢？尤其是當我們覺得只要他保有一點戰鬥意識，再加上專業醫療的協助，或許有機會延長他的生命呢？當我們延長病人生命的願望常常與病人想要平靜離世、想要安息的願望相互衝突時，該如何區分這種現象與接受階段呢？如果我們無法區別這兩種階段，那麼我們的作為對患者不但無益，反而有害，我們還會因自己努力未果而感到挫敗，這更會讓病人的臨終過程變成最後的一場痛苦體驗。以下W太太的案例能簡短說明無法區分這兩者的情況。

W太太是一位五十八歲的已婚婦女，因腹部的惡性腫瘤而住院，這個病讓她受盡折磨，非常難受。她一直都以勇氣十足且保有尊嚴的態度坦然面對自己的嚴重病情，鮮少抱怨，而且凡事都盡可能親力親為。只要力所能及之事，她即會婉拒他人的幫助。她樂觀開朗的態度以及坦然面對即將離世的能力，讓醫護人員和家屬都驚訝不已。

就在她最後一次住進醫院後不久，她突然變得很憂鬱，醫護人員都對她的改變感到很疑惑，於是請精神科醫師前往會診。我們前去找她時，她不在病房，幾個鐘頭之後我們第二次造訪，發現她還是不在，最後終於發現她人在X光室外面的走廊，很不舒服地躺在擔架上，顯然相當痛苦。簡短交談後，我們發現她剛做了兩段冗長的X-ray檢查，還必須等著拍其他片子。由於背部有一個瘡口，她覺得很難受，過去幾個小時都未進食，一口水也沒喝，而且最令她不舒服的是，她急需上廁所。她解釋這一切時，低聲地形容自己「只是對痛苦麻木了」。我自願背她去附近的廁所，她瞪著我看——臉上第一次露出淺淺的微笑，然後說：「不了，我光著腳呢，我寧願等到回我病房時再去。我可以自己回去。」這簡單幾句話為我們道出了病人的需求：盡可能自己照顧自己，盡可能保有尊嚴與獨立性。她非常生氣，因為自己的忍耐力受到考驗，已經來到極限，讓她隨時會在公共場合尖叫，甚至已經打算要在走廊上排便，到了眼淚隨時會在「只是在履行職責」的陌生人面前奪眶而出的地步。

幾天之後，我們在一個較友善的環境下與她談話，她看起來越來越疲倦，已經準備迎接死亡。她簡單談到了自己的孩子，以及自己的丈夫，覺得他即使失去她也依然能活得很好。她強烈感覺到自己的生命十分美好而且有意義，特別是婚姻，心中已經了無遺憾。她要求讓自己安詳離世，希望能讓她獨自一人，不要管她——甚至要求她先生不要干涉太多。她說讓她繼續活著的唯一理由就是她先生還無法接受自己瀕臨死亡的事實。她很氣他不能面對現實，而且還拚命緊抓著一些她已經準備好放棄的事物。我轉換了一下她話裡的意思，問她是否想遠離塵世，她感激地點點頭，我便離開，讓她一個人獨處了。

同時，病人和我都不知道的是，外科醫務人員正在和她丈夫一起開會。外科醫師相信，再動一次手術可能可以延長她的生命，丈夫也殷切懇求他們盡力搶救，「讓時光倒轉」。他完全無法接受失去妻子這件事，也不明白為何她不再有想和他在一起的欲望。她想要超脫自己，讓離世變得更輕鬆，但是在他看來，這是一種拒絕，也是他無法理解的。沒有人向他解釋過，說這是一個很自然的過程，事實上是一種進步，可能是臨終者找到內在平靜的徵兆，表示他們已經準備好獨自面對死亡。

醫療團隊決定在隔週為病人動手術。她一得知手術計畫，身體突然急劇衰弱，幾乎是一夕之間，她的止痛劑劑量就必須增加兩倍之多，經常打完針就要求吃藥。她變得心浮氣躁，焦慮不安，常常呼叫求助。她已經不再是幾天前的那個病人了，那位只因為穿著拖鞋就不去上廁所的優雅女士！

這樣的行為改變該讓我們有所警覺，這是病人在傳達一些訊息給我們。在苦苦哀求的絕望丈夫與盼望媽媽能再度回家的孩子面前，要病人公開拒絕延長生命的手術是不太可能的。最後但同樣重要的是，我們也不該低估了病人自己在面對迫近的死亡時，心中所保留的最後一線治癒希望。如同我們之前概略描述過的，接受最終的死亡結果而不留下任何一道希望之門，並不符合人類本性。因此，僅是聽病人自己表面上的說法是不夠的。

W太太已經清楚表明她希望獨自寧靜地面對。手術計畫宣布之後，她的疼痛與不適隨之加劇。隨著手術日期日漸逼近，她也益發焦慮不安。但我們無權取消手術，只能傳達意見，說明自己對手術抱持強烈保留態度的立場，並確信病人無法忍受手術的折騰。

W太太沒有力氣拒絕手術，也沒有在手術之前或手術進行期間死去。她在手術房出現精神錯亂的行為，歇斯底里地說自己遭到虐待、迫害，不停尖叫，大吵大鬧，直到手術開始前幾分鐘被送回自己病房後才停止。

顯然她開始出現妄想，看見一些幻覺，產生了偏執的想法。她看起來受到不小驚嚇，不知所措，和醫護人員講話的時候盡是胡言亂語。然而，儘管她表現出一連串精神錯亂的行為，卻仍保有某種程度的覺察與邏輯能力，這讓我們印象深刻。她回到病房後便要求見我。隔天，我一踏進她的病房，她立刻望著那位不知所措的丈夫，對我說：「請和這個人談談，讓他了解整件事吧。」接著便轉身背對著我們，明確表示自己需要獨處。於是我和她先生進行了第一次的會面，他已經啞口無言，他不明白，一向是位優雅女士的妻子為何會突然出現這般「發瘋」的行為。他難以面對她急速惡化的病情，但是更無法理解她為何會說出那些「瘋言瘋語」。

她的丈夫眼裡含著淚水說，對這意外的轉折感到百思不解。他形容他們倆擁有一段幸福快樂的婚姻，他完全無法接受太太罹患末期疾病的事實。原本他希望手術能讓他們重返愉快的婚姻生活，「像從前一樣親密」。她妻子疏離的態度，還有精神錯亂的行為，都令他極度焦慮不安。

我問他，除了自己的需求之外，他對病人的需求了解多少，他坐在那裡沉默不語。慢慢地，他開始了解到自己從未認真聆聽她的需求，只是理所當然地認為他們的需求是相同的。他不了解的是，病人已經來到一個將死亡視為極大解脫的階段，這時周遭的人若能允許並協助病人漸漸脫離生命中一切有意義的關係，那麼她在離世時會更輕鬆。

我們促膝長談，隨著談話漸漸深入，事情的輪廓也愈加清晰。他提到妻子在生活中的一些言行，證明她曾試圖向他表達自己的需求，但是他卻聽不進去，因為那違背了他自己的需求。W先生離開的時候，明顯感到輕鬆許多，而且謝絕了我們陪他走回病房的提議。他覺得自己已經更能夠坦然地與妻子談論病情，甚至很高興手術因為妻子採取了他所謂的「抵抗」策略而取消了。對於妻子的精神狀態，他的反應是：「我的天啊，或許她比我們所有人都堅強，她真的騙過我們了。她明確表示自己不想動手術。為了讓自己不在尚未準備好的情況下死去，或許精神失常是她唯一的出路。」

W太太幾天之後向我們確認，在她先生願意放手之前，她無法安心死去。她想要他體會自己的感受，而非「總是假裝我會一切安好。」她先生確實嘗試讓她暢所欲言，雖然這很辛苦，他也好幾次「故態復萌」。有一次他將希望寄託在放射治療上，還有一次他對她施壓，要她回家，還承諾會僱用一名私人護理師照顧她。

接下來的兩週，他仍經常前來和我聊他的妻子和自己心中的希望，但也會談到她最終的離世。最後，他終於能夠接受她會越來越虛弱，再也無法和他一同體驗過去在他倆生活中那些有意義的事物了。

手術永久取消之後，她立刻從精神錯亂的狀態恢復正常，她的丈夫也清楚認知到她的臨終，願意與她分享這份心情。她的疼痛減輕，重新變回那位優雅的女士了，並在身體狀況允許的情況下親自做了許多事。醫護人員漸漸能夠更敏銳地覺察到她隱微的表達方式，對此做出善巧的回應，並謹記她最重要的需求：有尊嚴地活到最後一刻。

W太太只是我們眾多臨終病患的代表性人物之一，不過她是我見過的病人裡唯一一個求助於急性精神錯亂的例子。我很肯定這是一個防衛行為，一個遲來的、奮力阻止延長生命手段介入的困獸之鬥。

如我之前說過的，我們發現，那些被鼓勵表達憤怒、在預備型哀傷階段盡情哭泣，對能夠靜靜傾聽的人表達一己恐懼與想像的病人，會表現得最好。我們應該要意識到，要走到這個接受階段，讓病人逐漸「撤投注」[12]，脫離至一個停止雙向溝通的狀態，是一項艱鉅的任務。

我們發現，要更容易達成這個目標有兩種方式。其中一種，病人幾乎不需藉助任何外在環境的幫助就能達到目標，只需要他人的默默理解與不干擾。這些通常是感受到生命走向終點的老年病人，他們辛苦工作了一輩子、吃了許多苦、養兒育女、完成了他的任務。當他回顧過去多年的辛勞時，能夠找到人生的意義並感到滿足。

另一種比較沒那麼幸運的病人，倘若有足夠的時間預備自己的死亡，也可能可以進入類似的身心狀態。他們在勉力度過前面描述的各個階段時，需要較多來自外界的協助與理解。我們見過大多數病人都能在接受階段，在沒有恐懼與絕望的狀態下離世。或許這與貝特罕（Bettelheim）所描述的早期嬰兒期最為相仿：「這確實是個一無所求、一切所需都獲得供應的年紀。心理分析將最初的嬰兒期視為一段被動時期，一個原初自戀的年紀，我們所體驗的自我即是全部。」

因此，或許在我們生命的最後一段日子，在我們努力過、付出過，嘗盡酸甜苦辣，度過有歡笑也有淚水的一生後，我們會回到最初開始的階段，讓生命循環的圓圈回到原點。

12 譯註：decathexis，精神分析專有名詞，撤除對人事物的心理與情感連結之過程。

＊＊＊

以下兩段訪談是一對夫妻試圖進入接受階段的例子。

G醫師是一名牙醫，有個二十四歲的兒子，也是個對宗教十分虔誠的人。我們曾在第四章談到憤怒的時候引用他作為例子，當時他心中生起一個疑問：「為什麼是我？」他想起老喬治，質疑為何不是老喬治的生命被奪走，而是他。儘管他在訪談時表現出接受的態度，但仍流露出心存希望的一面。他在理智上已充分認知到自己惡性腫瘤的病情不樂觀，身為專業人士，他更明白自己繼續工作的機會渺茫，但是直到這次訪談前不久，他還一直不願意或說無法去思考關閉診所的事。他仍在診所留了一個接電話的小妹，心中盼望著上帝能再一次施展他在大戰中發生的奇蹟，當時他遭到近距離槍擊，但對方沒有擊中，「短短二十英尺距離的槍擊，對方卻射歪了，你知道的，肯定有什麼其他未知力量介入，而不是因為你很會閃之類的。」

醫師：你能告訴我們你在醫院待多久了，什麼原因住院的嗎？

病人：好。你可能已經知道了，我是個牙醫，已經執業多年。大約六月底的時候，我突然感到一陣疼痛，我意識到這不尋常，便立刻去照了X光，今年七月七日第一次接受手術。

醫師：一九六六年的時候？

病人：一九六六年，對。我知道這有百分之九十的機率是惡性的，不過我當時並未多想，因為那是第一次發生，我也是第一次感覺到疼痛。我在整個手術過程都狀況良好，恢復迅速。後來我出現腸阻塞的現象，必須在九月十四日回到手術臺，再動一次手術。從十月二十七日開始，我便對病情的進展不太滿意。我太太聯絡了這裡的一位醫師，於是我們就來了。所以，我從十月二十七日開始便一直在接受治療。我住院的情況，大致上就是這樣了。

醫師：這個病的實際情形如何，你是什麼時候知道的？

病人：其實我在看完X光片之後，馬上就知道這很可能是惡性腫瘤，因為長在這個特定部位的腫瘤，九成都是惡性的。但是就像我說過的，我當時不覺得有那麼嚴重，而且我生活上都還應付得很好。醫生沒有告訴我實情，但他們一動完手術就告知我的家人病情的嚴重性。不久之後，我和兒子一起騎車到附近的城鎮，我們的家庭關係一向很緊密，當時我倆談起了我這個病的大致狀況，他說：「媽媽沒有告訴你，你其實得的是什麼病嗎？」我說她沒有告訴我。當時我才知道這件讓他受盡煎熬，他告訴我，醫生動完第一次手術後發現情況不是只有腫瘤那麼簡單，癌細胞已經轉移了，擴散到所有器官，只有肝臟和脾臟逃過一劫，沒有被癌細胞侵襲。這種情況無法開刀了，當時我心裡其實已經開始懷疑。我兒子在十歲的時候認識上帝，他長大離家去上大學後，這些年來我們一直想要分享他接觸上帝的體驗。這件事讓他突然長大許多。

醫師：他現在幾歲？

病人：到週日就滿二十四歲了。我是在我們的交談之後，才知道他的心智竟然那麼成熟。

醫師：兒子告訴你這件事的時候，你做何反應？

病人：嗯，老實說，我之前對這件事已經多少有些懷疑了，因為我注意到了幾件事。我自己也並非完全沒半點相關知識，二十年來，我一直和一家醫院有往來，也長年擔任醫院工作人員，我了解這些事。當時他還告訴我，助理醫師告訴我太太，我只剩四到十四個月可活。當時我並沒有特別的感覺，自從我發現這件事之後，我的靈魂一直處於平靜的狀態。我沒有經歷沮喪階段。我想大多數在我這個處境的人會看著別人說：為何不是他？這個問題也在我腦海裡浮現過好幾次，但都只是轉瞬即逝。我記得有一次我們一起走去辦公室拿郵件，有個老人從街道另一頭走來，他是我從小就認識的人。他八十二歲了，從我們世俗的觀點來看，在世上已經沒什麼用處。他有風濕病，還是個瘸子，全身髒兮兮，不會有人想要變成那樣的人。我的這個念頭十分強烈：到底為什麼得病的不是老喬治，而是我？不過，這不是我最關心的事。這件事可能是我想到的唯一一件事。我確實期待能見到上帝，但同時也希望能在人世間活得越久越好，讓我最難過的是必須與家人分離。

醫師：你有幾個小孩？

病人：只有一個。

醫師：一個兒子。

病人：像我之前說過的，我們是關係很緊密的一家人。

醫師：既然家人關係那麼親密，加上你身為牙醫，其實在看見X光片的時候幾乎就可以確定是癌症了，為何你從來沒有和太太與兒子談過這件事？

病人：嗯，我也不明白為什麼。現在我知道太太和兒子都期待進行一個大手術，然後熬過一段短時間的不適之後，迎來成功的結果。我當時不想再讓他們難過。我知道我太太聽到真相時整個人崩潰了。至於我兒子，反而表現得很成熟，在那段時間成為家裡支撐的力量和精神堡壘。不過自從那時起，我和太太便開誠布公地討論這件事，也會尋求治療方法，因為我覺得上帝能治癒我。祂有大能，無論祂用什麼方法來治癒我，我都會接受。我們不知道醫藥能做些什麼，我們不知道醫學發現來自哪裡。一個人怎會從土裡挖出一條樹根，然後說它對治療什麼病有效，但是這已經發生了。在我們醫院的所有實驗室裡，你會發現有很多小東西在蓬勃生長，因為現在他們認為這和癌症研究有直接的關聯。怎麼得出這個結論的？這太神祕了，在我看來這是個奇蹟，我認為這來自上帝。

牧師：我想，你的信仰一直對你很重要吧，不只是在這段生病期間，而是從以前就如此。

病人：是的，一直是。我大約十年前認識了主耶穌令人得救的智慧。我是透過研讀《聖經》認識的，但是仍未讀得通透。對我而言，最終塵埃落定的一件事是我領悟到自己是個罪人。我過去從未認知到這件事，因為我是個好孩子，一向是個好孩子。

醫師：十年前是怎麼開始的？

病人：其實更早以前就開始了，我在國外的時候曾與一位牧師來往，他和我談了相當多這方面的事。我認為沒有人會在躲過槍擊一次以上之後，還不明白有某種力量與你同在，尤其是槍擊距離只有二十英尺。我說過，我一直是個好孩子，我不咒罵，不說惡毒的話，不喝酒，不抽菸，我不是特別喜歡這些東西。我不拈花惹草，十分自愛，我一直是個很乖的好孩子。所以，我是直到有一次參加牧師主持的聚會時，才明白自己是個罪人。當時有大約三千人出席，那次布道會的最後，我也不記得他說了什麼，只記得他要求聽眾上臺，將自己奉獻給主。我也不知怎的就上臺了，全憑一股衝動這麼做。後來我很疑惑地回想自己當時的決定，覺得自己有點像是回到六歲的時候。我覺得只要我回到六歲，這個世界就變得繁花似錦，一切都大為不同。那天早上，母親下樓來，我站在客廳一面十平方英尺大的鏡子前，她說：「生日快樂，巴比。你在做什麼？」我說我在看著自己。她說：「你看見什麼了？」「喔，」我說，「我六歲了，可是我看起來還是一樣，我的感覺也沒變，天啊我還是一樣。」然而當我擁有更深的體驗後，我不再一樣了，過去一些可以忍受的事，我變得無法忍受。

醫師：譬如？

病人：嗯，你知道的，你和別人交際應酬時，譬如生意人經常需要與人交際，你突然發現，人們其實已經在酒吧裡頻繁接觸過了。在正式會議開始之前，大多數的人會先到酒店或汽車旅館的酒吧閒晃，小酌一番，和別人聊聊天、建立關係。我並不特別討厭這種事。我不喝酒，但我不討厭。不過後來，我開始對這種事感到有點厭煩了，因為我不相信這一套，我也無法接受這種方式。我放棄過去一直在做的事之後，反而發現我變得不一樣了。

醫師：現在面對臨終問題和末期疾病，這對你有幫助嗎？

病人：有的，幫助很大。就像我說過的，我在第一次手術的麻醉醒來後，處於內心完全平靜的狀態。我盡可能保持平靜。

醫師：你不害怕嗎？

病人：坦白說我真的不怕。

醫師：你是個很特別的人，G醫師，你知道。因為我們很少見過面對自己的死亡沒有任何恐懼的人。

病人：嗯，那是因為我期待自己死去的時候能回歸主懷。

醫師：另一方面，你依然心存希望，希望能治癒或有新的醫學發現，對嗎？

病人：是的。

醫師：我想這是你之前就說過的。

病人：《聖經》承諾，如果我們呼求主，就會得到醫治。我一直在呼求主，希望這個承諾應驗。不過另一方面，我也希望遵從祂的旨意。這一點，已經超出我個人思慮的範圍了。

醫師：你察覺自己罹癌之後，日常生活有些什麼改變？生活上有任何變化嗎？

病人：你的意思是指日常活動？我再過幾個禮拜就能出院了，我不知道會發生什麼事。我在醫院就只是一天一天地過日子吧，可以這麼說。因為你知道醫院有例行的事務，你知道事情怎麼進行。

牧師：如果我沒聽錯，你稍早之前說的話我覺得有點耳熟。你說的意思就是耶穌在面臨十字架刑之前說的：「不要成就我的意思，只要成就你的意思。」

病人：我倒沒想過這點。

牧師：那就是你所說的意思。你心存希望，自己也可能時候未到，但是你更大的願望超越了個人的希望，你希望成就上帝的旨意。

病人：我知道我活著的時間真的不多了，依照我現在做的治療，可能幾年，也可能幾個月。當然，沒有人能保證自己今晚可以順利回家。

醫師：對於即將發生的事，你心裡有具體概念嗎？

病人：沒有。我知道一切該有的都有了。《聖經》是這麼告訴我們的，我將希望寄託在它上面。

牧師：我想我們該結束了。G醫師最近才剛開始能起身，或許再談個幾分鐘吧。

病人：喔，我感覺非常好呢。

牧師：真的嗎？我已經跟醫生說不會耽誤你太久的時間。

醫師：如果你覺得有點累，隨時告訴我們。這次我們如此不忌諱地談論這個可怕的話題，你有什麼感想，G醫師？

病人：我一點也不覺得那是個可怕的話題。I牧師與N牧師今天早上離開病房後，我有一些時間好好思考，我並沒有覺得心情受到什麼影響，只是希望自己能對其他面臨同樣處境卻不像我一樣擁有信仰的人有所幫助。

醫師：你認為訪談臨終病患和病重者，能讓我們學到什麼，讓我們更有效地協助他們面對自己的情況，特別是那些不像你這般幸運的人？因為你有堅定的信仰，顯然這真的對你助益良多。

病人：其實自從我生病以來，就一直在探討這件事。我的個性就是喜歡知道完整的預後結果，而有些人一發現自己罹患末期疾病，幾乎就全面崩潰。我覺得這件事只能憑經驗判斷了，真的接觸病人時，才知道自己能做什麼。

醫師：這就是我們為什麼要在訪問病人時，有護理師和其他醫院的工作人員在場，他們或許能看出來。看看那麼多病人當中，誰真的想談，誰傾向於避而不談。

病人：我認為，第一次探望病人時應採取中立態度，必須先了解病人對自己有多少想法、他的經驗，以及他的信仰等等，才能進行下一步。

牧師：R醫師說G醫師很幸運，但我想你們說的是這個經驗衍生出許多有意義的事，例如你和兒子的關係又更上一層樓，你欣賞他的成熟表現等，都是從這件事衍生出來的。

病人：是的，我原本也是以為我們很幸運。我正要針對這件事說點什麼，因為我不覺得這個特定領域的事可以用運氣來解釋。明白上帝是我們的救主並不能說是運氣好，那是一種深刻而美妙的經驗，我想那有助於讓一個人準備好面對人生的曲折起伏，通過艱難的試煉。我們都必須面對考驗或面對疾病，但這能讓你準備好接受它們，因為就像我剛才提到的，二十英尺的近距離槍擊卻射偏了，你知道有某種其他的力量存在，並不是你閃避技術很好或什麼的。不過我們也聽過俗話說的「戰壕裡沒有無神論者」，這倒是真的。你聽過有人在戰壕裡或生命陷入危險的時候，變得和上帝非常親近這種事，不光是在戰壕裡，還有在遭遇嚴重事故，突然發覺自己陷入泥沼時，他們都會自動呼求主名。這種事和運氣無關，這是在尋求上帝對我們的救助。

醫師：我的意思不是指一般閒聊時所說的運氣，那是偶然發生的，而是指一種令人感到快樂、幸運的事。

病人：我了解，是的，這是個非常快樂的體驗。在這段身患重病的時間裡，別人都在為你祈禱，能擁有這種感受和體驗實在太美妙了，而你也深深知道有人正在為你祈禱。這對我是莫大的幫助，一直都是。

牧師：有趣的是，我確實在剛進來研討班的時候和R醫師提過——不僅僅你感受到人們記得你，你的妻子也能帶給那些經歷親人臨終的人一些力量，並為他們祈禱。

病人：這就是我剛才想說的另一件事。我太太在這段時間改變了很多，她變得更堅強了。過去她很依賴我。你大概知道，我是個非常獨立的人，我相信遇到事情時，必須將責任一肩扛起，因此她沒有機會去做一些部分女性會做的事，例如打理家務等等，這讓她變得很依賴。但她改變了很多，現在她有更深刻的感受，也更堅強了。

醫師：你認為，如果我們和她稍微談一談，會有幫助嗎？對她來說會不會不堪承受？

病人：喔，我不認為這會造成任何負面影響。她是個基督徒，她知道上帝是她的救主，從孩提時代開始就一直是如此。事實上，她小時候曾有過一隻眼睛被治癒的經驗。當時，專科醫生已經打算將她送往聖路易（St. Louis）的醫院，摘除一隻眼睛，因為她眼睛出現潰瘍現象。但是她奇蹟般地獲得治癒，就因為這次的治癒，她帶領其他人認識主，其中一位是醫師。她原本就是個很堅強的衛理公會教派（Methodist）女性，但這件事成了她鞏固信仰的關鍵。她當時只有十歲，但是她與這位醫師的神奇經驗，成為她人生中對上帝更加確信的重要因素。

醫師：在你生這個病之前，你比較年輕的歲月裡，是否曾面臨極大的壓力，或者是否發生悲傷的事？有的話你可以比較一下當時你如何處理，以及現在你如何處理。

病人：沒有。我經常看著自己，懷疑自己是怎麼辦到的。我知道一直以來我都受到上帝的眷顧，因為除了危險帶來的威脅以外，我從未遭遇重大壓力，當然，我在二次大戰時期必須與敵人搏鬥。那是我第一次感到巨大壓力，也是我人生第一次，知道自己如果做出這樣或那樣的事，就會面臨死亡威脅。

醫師：我想我們該結束了，或許我們可以偶爾去看看你。

病人：很感謝你們。

醫師：非常謝謝你過來。

病人：很愉快的訪談。

G太太，也就是G醫師的妻子，剛好在我們帶G醫師去訪談經過走廊時來看我們。牧師曾在前幾次的探望時見過她，便向她解釋我們的訪談過程。她表示自己也感興趣，於是我們便請她稍後加入我們。由於她先生的訪談還在進行中，她必須先在隔壁房間等候，等到她先生回病房後，我們才會請她進來，因此她沒有什麼時間深思或考慮。（我們通常會盡量在提出邀請後，隔一段時間才實際訪談，讓受訪者享有自由選擇的權利。）

醫師：你只是來探望先生，就被帶來訪談，應該讓你感到很意外吧。你和牧師談過訪談的大致情況嗎？

G太太：大致上談過。

醫師：發覺你先生突然生一場重病，你是如何面對這件事的？

G太太：喔，我會說我一開始真的很震驚。

醫師：他在這個夏天之前，都很健康嗎？

G太太：對，沒錯。

醫師：從來沒有病重或抱怨不舒服過，都沒有？

G太太：對。只有幾次痛的時候抱怨過。

醫師：然後呢？

G太太：我們去看了醫生，有人建議照X光，然後我們便接受了手術。說真的，直到那個時候，我才真的意識到他的病情真的很嚴重。

醫師：誰告訴的，他們是怎麼告訴你的？

G太太：醫生是我們一位非常親近的朋友。唉，就在他進入手術室前，他叫住我，說這可能是惡性腫瘤。我說：「啊，不會吧。」他說：「應該是，我只是提醒你。」因此我已經有了一點心理準備了，但是要一直到我得知他的病情其實更嚴重的時候，我才恍然大悟，這是個不幸的消息。「我們還沒有完全確定。」醫生說。那就是我記得的第一件事。我真的太震驚了，因為我以為，嗯，以為這場病不會拖太久。有一位醫師說他只剩三到四個月的壽命，你需要一些時間才能釐清這一切，所以我所做的第一件事就是祈禱。醫生動手術的時候我就一邊祈禱。我的禱詞非常自私，我祈禱這不是惡性腫瘤。當然，凡夫俗子就是這樣，希望事情順著自己的意思發展。要等到我順從上帝旨意的那一天，我才能獲得應有的平靜吧。當然，手術那天很難熬，漫漫長夜十分煎熬。那天晚上，我真的找到了內心的平靜，這給了我勇氣。我在《聖經》上讀到的許多段落都帶給我力量。我們家裡有個聖壇，就在這件事發生前，我們還背誦了《聖經》裡的章節，而且重複了好幾次。〈耶利米書〉33：3說：「你求告我，我就應允你，並將你所不知道，又大又難的事指示你。」我們將這段話全背熟了。

醫師：在發現這個病之前？

G太太：就在之前的兩個禮拜。你知道，當事情突然發生，我開始不斷複誦這幾句話，我還想起了〈約翰福音〉裡的話：你們奉我的名**無論求什麼**，我必成就。我也想要順從上帝的旨意，但我只有透過這句話才能找到自己。這類事情我可以一直說下去，因為我們一直非常虔誠，也只有一個獨子。我兒子已經離家上大學，大學生總是有很多事可以忙，生活多采多姿，但是他回來了，他回來陪我，我們還一起研讀《聖經》，搜尋對我們有幫助的章節。他和我一起做了很棒的禱告，我們教會的人也非常、非常善良。他們會過來和我們一起讀《聖經》裡的不同段落。我以前雖然已經讀過很多遍，但直到現在我才明白它們的意義。

牧師：這時候，那些句子似乎一針見血，貼切地說出了你的感受。

G太太：每次我翻開《聖經》，就會發現一些字句映入眼簾，就像針對我而說的。我已經到了一個地步，只是心想，嗯，也許會有些收穫。我就是用這種方式面對，這也是讓我每天提起力量的動力。我先生信仰堅定，他得知自己的病情後對我說：「如果是你聽到這個消息，說你只剩四到十四個月可活，你會怎麼做？」我會將自己交託到上帝手中，完全信任祂。當然，醫療方面，我希望他盡可能獲得最好的治療。醫師告訴我們已經沒有別的療法可用時，我甚至建議採用鈷治療，或某種X光或放射治療等等，你知道的。他們並未如此建議，他們說那會致命。我先生也不是那種輕言放棄的人，因此當我和他討論這些時，我說，你了解神，祂唯一能作工的方式就是透過人，他會給予醫師啟示的。接著我說，我們讀過一篇小文章，鄰居拿過來的，我們都讀過。我甚至沒有諮詢我先生的意見，便自行聯絡了這間醫院的醫生。

醫師：一篇文章？

G太太：是的，刊登在雜誌上。當時我想，他們已經非常成功。我知道沒有治癒的方法，但他們確實取得了成功，我不妨聯絡他。於是我寫了一封信，快遞給他，週六早上就送到他的辦公桌了。他的祕書不在，所以他親自打電話給我。他說：「我對你信中寫的內容很感興趣，你已經解釋得很詳細，但我還是需要一份顯微報告，你可以向醫師索取一份，然後像之前那封信一樣快遞給我，你昨天寄的信我今天就收到了。」我照辦，寄了報告給他。他又打電話給我，說：「我一有床位就會通知你，這一區現在正在整修。」他說，現在「我不能向你保證什麼，但我肯定不相信宿命論的做法。」因此，在我聽來，這實在太棒了。我們可以做點什麼，而不是只能像我們的醫師說的那樣，坐以待斃。

接著，一切都發生得很快。我們搭了救護車過來。我會說，他們為他進行檢查的那一晚，其實沒有要我們抱太大的希望。我們幾乎要放棄，掉頭回家了。但我再次為此禱告。那晚我離開醫院後到親戚家住，不知道隔天早上會聽到什麼報告結果。他們把問題留給我們自己去思考，決定要不要繼續做這種治療。我再次為此禱告，說我們願意嘗試一切的治療方式。我想這是我先生的決定，不是我的。那天早上，我前往醫院，他已經下定決心了：「我要放手一搏。」他們說他的體重會驟減二十到三十公斤，經過前面兩次手術的折騰，他的體重其實已經掉很多了。我真的不知道該怎麼辦。我沒有太驚訝，因為我覺得事情原本就會這樣發展。後來，治療開始之後，他變得非常、非常虛弱。但就像我說的，他們並未向我們保證什麼，所以我們只能緊抓著這一線生機，希望這次治療能讓腫瘤縮小，讓腸道通暢。我們有部分腸子阻塞了，現在有機會解決這個問題。整個過程中，我好幾度感到灰心喪氣，但我會和醫院裡的不同病人說說話，尤其是重症者。我想，我在這裡能鼓勵他們，許多時候，發生在我們身上的事情確實看起來很糟糕，但我依然堅持下去。我現在依然抱著同樣的態度，我知道這個領域的研究不斷進步，我也知道，《聖經》上說的，神無所不能。

醫師：雖然你接受了這個命運，你依然心存希望，相信可能會有奇蹟發生。

G太太：對。

醫師：你也一直用「我們」的角度來談，例如我們接受了手術，我們決定繼續進行等。好像你和他在做這些事的時候是同心協力的。

G太太：我確實覺得，如果命中注定他不會康復，如果他的時候到了，那麼我相信這就是上帝的旨意。

醫師：你先生幾歲？

G太太：我們來這家醫院的時候，他剛滿五十歲。

醫師：他剛到這家醫院的那天。

牧師：你會說這次的經驗讓你們家人的關係變得更親密嗎？

G太太：喔，天啊，我們確實因此更親密了。別的不說，在這次經驗裡，我們完全依靠神。我們以為自己什麼都能自立自強，但是在這樣的時刻，你會發現靠自己根本不夠。我學會了依靠他人，一天接著一天過日子，不再計劃未來。我們擁有今天，但不一定能擁有明天。我會說，如果這對我先生來說是命中注定的，那麼一切必然掌握在神的手中，或許藉由我們的經驗，有人能因為信神而生起更多希望或力量。

牧師：你和工作人員的關係好嗎？我知道你和其他病人都相處愉快，因為我們在試著幫助其他病患的親人時曾一起聊過，我當時坐在那裡，聽到了部分內容。我想起你前陣子說過的話。你發現自己與他人交談時態度很樂觀。對一個外地人而言，你覺得這裡怎麼樣？你從工作人員那裡獲得哪些協助？此時此刻，像你先生這樣來到生死關頭的患者家屬，都經歷了些什麼？

G太太：嗯，因為我是個護理師，所以我和護理師談了很多。我發現這裡有一些非常虔誠的基督徒護理師，他們說對神的信仰很重要，奮鬥下去、不放棄的態度也很重要。總歸來說，我與他們很聊得來。他們一直有話直說，心胸也很開放，我喜歡這樣。我相信，假使有人能對家屬解釋病情、告知真相，儘管治癒的希望渺茫，他們也不會那麼慌亂。我想人們會接受的。我思考了很多關於醫院的事，我真的認為他們是強大而優秀的醫療團隊。

牧師：這不是你的親身體會而已，你和這裡其他家屬接觸的經驗也是如此，所以你才這麼想，是嗎？

G太太：是的。

牧師：他們都想知道實情？

G太太：對。有好多家屬都會說，噢，這裡的工作人員很棒，如果連他們都不懂，那也沒人懂了。那就是我看見的態度，人們會走到陽光室，和不同的訪客聊天。他們都說這是個很棒的地方，工作人員很能幹，反應很機靈。

醫師：我們還有什麼地方需要改進的嗎？

G太太：我想我們還能不斷進步。我確實發現護理人員短缺，我想，呼叫鈴應該隨時有人回應才對，但有時響了卻沒人回應。整體而言，我想這種情況去到哪裡都很普遍，就只是人手不足的問題，和三十年前我當護理師的時候比起來，已經改善很多了。我真的感覺到重症者即使沒有另外請特別護理師，還是可以獲得充分的照顧。

醫師：你還有其他問題嗎？G太太，是誰告訴你先生他的病情很嚴重的？

G太太：我先告訴他的。

醫師：你何時告訴他，怎麼告訴他的？

G太太：在醫院動第一次手術後的第三天，我便告訴他了。他在前往醫院的路上說：「如果這是惡性的，你可不要氣到跳腳啊。」他就是用這種字眼。我說：「我才不會呢，但不會是惡性的。」但是手術後第三天，我們的醫師朋友去度假了，當時是七月，我便對他說了。他只是盯著我看，我說：「我想你應該想知道他們做些什麼處理。」「喔，」他說，「沒人告訴我。」我說：「他們切除了你十八英寸的下結腸。」他說：「十八英寸?!」他說：「那很好啊，他們迷上健康的組織了。」我沒有再說下去，回到家才把其餘的情況說完。當時我想是手術後三週吧，我們坐在起居室裡，只有我們倆，我便一五一十告訴他了。他說：「好吧，那我們只能好好利用剩下的時間了。」他就是這樣的態度。因此，有兩個月的時間，他都回去診所繼續工作。我們還去度了一個假，我兒子大學放假，我們去了埃斯特斯公園鎮（Estes Park），度過一段愉快的時光，他甚至還打了高爾夫球。

醫師：在科羅拉多州嗎？

G太太：對。我兒子是在科羅拉多州出生的。我先生在那裡服役時我們住在那裡。我們愛極了那個地方，幾乎每年都會去度假。我很感激我們在那裡共度了那段時光，因為我們真的玩得很盡興。大約一個禮拜後，他回到診所便出現腸阻塞的現象。他們開刀的地方又長出腫瘤。

醫師：他將診所完全停業了嗎？

G太太：他只停業了五週。第一次手術之後，他又回去了。我們度假結束後，他又重新開業，但他只待了大約一個禮拜，從七月七日動手術後算起，他總共工作了十六天。

醫師：現在診所怎麼樣了？

G太太：診所還是停業的，診所裡的小姐會接電話。每個人都想知道他是否會回來看診。所以我們，我張貼了出售的廣告，我們想把它賣掉。這也是一年當中很不好的時機點。這個月會有一個人來看房子。我先生病得很重，他們已經把他放在病危名單了，我實在走不開，但家裡有太多事等我回去處理。我兒子也一直來回奔波。

醫師：他學什麼的？

G太太：他現在畢業了。他一開始讀的是牙醫預科，後來轉系，現在他一直在協助處理家裡的事。就像我說過的，他一直待在學校，他父親病重後，徵兵局讓他延後幾個月入伍。所以他現在還在考慮以後要做什麼。

醫師：我想我們該結束了。G太太，你還有什麼其他問題嗎？

G太太：你們進行這些訪談，是為了看看有什麼可改進的嗎？

醫師：嗯，有很多原因。主要原因是想從重症者身上了解他們的切身經驗，看看他們體驗到什麼樣的恐懼、想像或孤單的心情，以及我們如何充分理解並幫助他們。我們在此訪問的每個病人都有不同的問題和衝突矛盾。偶爾我們也會見見病人家屬，看看他們如何面對這些處境，以及工作人員如何提供協助。

G太太：有人對我說：「我不知道你怎麼辦到的。」怎會呢，我知道神的一部分就在人的生命裡運作，我一直都這麼覺得。我受過護理師的專業訓練，而且總是很幸運，能認識善良的基督徒。我聽過、讀過各種各樣的事，甚至是關於電影明星的事。如果他們有信仰、相信神，那麼似乎就能擁有一個立足的基礎。這就是我真正的想法，我認為，快樂的婚姻也是建立在這上面。

G醫師的妻子很仔細描繪了親人聽到罹癌這個意外的不幸消息時有何反應。她的第一個反應是震驚，接著是短暫的否認：「不，不可能是真的。」接著她試著從這場混亂中整理出一點意義，並從《聖經》尋求安慰，《聖經》一向是這家人的靈感泉源。雖然她表面接受事實，但仍心存希望，希望「研究一直在進步」，並祈禱奇蹟發生。這場家庭變故為他們帶來更深刻的宗教體悟，這段時間也同時讓她變得更自信、更獨立。

這次雙重訪談最顯著的特點也許是在病人如何獲悉病情這部分，我們聽到了兩個南轅北轍的故事版本。這是很典型的現象，如果我們想透視事物的表象，就必須去了解這一點。

根據G醫師的解釋，他的兒子變成熟了，最終承擔起告知他這個壞消息的責任。他顯然對兒子感到很驕傲，將他視為一個已經長大、成熟的人，在他必須離開個性依賴的妻子時，期待他扛起責任。相反地，G太太則堅持自己是那個鼓起勇氣告訴先生手術結果的人，並未將這項艱鉅任務的功勞歸功給兒子。她在之後的幾次場合裡，都出現自相矛盾的說辭，因此她的故事版本似乎不大可能符合實際情況。雖然如此，她想親自告知先生的願望，也透露出她自身的一些需求。她希望自己能夠堅強、能夠面對並談論此事。她想要成為那個與先生攜手分擔苦與樂的人，一起從《聖經》尋求慰藉、獲得力量，並接受任何結果的人。

要幫助像這樣一個家庭，最好的方式是由醫師向他們保證會盡一切努力治療他，並讓牧師經常去探望病人及家屬，善用這家人過去慣用的靈感來源。

CHAPTER

08

希望

在絕望的希望之中，我在房裡的每一個角落
尋找她的身影，卻遍尋不著。
我的屋子很小，東西一旦丟了
便永遠無法拾回。
但永恆是你的宅邸，我的主啊，我來到您的門前
尋找她。
我站在您黃昏的金色蒼穹下，
抬起渴望的雙眼凝視您的面容。
我已來到永恆之天涯，此處
萬物不滅——包括希望、快樂、淚眼中看見的臉。
喔，將我空虛的生命浸到那片海洋吧，將它擲入
最深的完滿裡。讓我在宇宙的全體裡
感受一次那份失落的甜蜜接觸吧。

—— 泰戈爾《吉檀迦利》第 87 首

截至目前為止，我們已經探討過人們面對不幸消息時所經歷的不同階段——亦即以精神科角度來看的防衛機制，以及處理極端艱難處境的應對機制。這些手段會在不同時期持續出現，彼此互相取代或同時存在。而通常會在所有階段持續存在的一件事就是希望。如同幾年前泰雷津（Terezin）集中營裡位於L318和L417營房的孩子們，雖然裡面共有大約一萬五千個十五歲以下的孩子，最終只有一百個活著出來，但他們仍一直懷抱著希望。

陽光形成一道金色面紗
如此美好，以至於我的身體感到痛楚
上方，天空用藍色發出尖叫
讓我相信我的微笑是個誤會。
世界似乎綻放出一朵微笑。
我想要飛翔，但是飛到何方呢，又能飛多高？
如果帶刺的鐵絲網都有花朵盛開
為何我不能？我不會死！
——一九四四年，無名氏，〈在一個陽光普照的晚上〉

傾聽我們的末期病人述說時，我們總是感到很驚訝，即使是接受程度最高、最能夠面對現實的病人，也保留了治癒的可能性與一絲希望，期盼新藥的發明抑或是有「某種研究計畫在最後一刻獲得成功」，如同J先生所說的（他的訪談內容收錄於本章稍後）。正是這份微薄的希望，讓他們得以挺過日復一日、月復一月的病痛折磨。這種感受讓他們覺得，一切必然隱含某種意義，如果他們能再忍耐一會兒，最終必將獲得回報。這份希望偶爾會溜進病人心中，讓他們認為一切只是場惡夢，不是真的。而他們有一天早上醒來時，醫生會告訴他們，他們已經準備好嘗試一種效果極佳的新藥物，他們會用在他身上，他可能就是那個天選之人、特殊病人，如同第一個接受心臟移植的病人，一定覺得他是萬中選一的人，注定要在世上扮演一個特殊角色。這種想法讓末期病人有一種肩負特殊使命的感覺，幫助他們打起精神，在情況變得令人心力交瘁時，有能力忍受更多考驗——在某種意義上，這是將自己的磨難合理化的一種方式，而對一些人來說，這是一種暫時而必要的否認形式。

無論我們怎麼稱呼它，我們發現所有的病人至少都保有一點點希望，並在特別艱難的時期從中獲得養分與支持。他們對那些允許這些希望存在（無論是否切合實際）的醫生最有信心，而且即使得知壞消息，也能在被給予希望時心存感謝。這不代表醫生要對他們說謊，只是表示我們與他們分享不可預知的事可能會發生的希望，他們的病情或許會緩解，或許能活得比預期更久。如果病人不再表示自己心存希望，通常是死亡將至的徵兆。他們會說：「醫生，我想我受夠了。」或是「我想就是這樣了吧。」或者他們會採用那位永遠相信奇蹟的病人的說法，他有天跟我們打招呼時說：「我想這就是奇蹟——現在我已經準備好了，甚至不再感到害怕。」這些病人全部在二十四小時內過世。雖然我們讓他們保有希望，但是在他們最終放棄希望，並非因為絕望，而是進入最終的接受階段時，我們不會強加希望到他們身上。

在保有希望這件事情上，我們見過的矛盾衝突有兩個主要來源。第一個是最痛苦的，亦即當病人依然需要希望的時候，醫護人員或家屬卻傳達出無望的訊息。第二個痛苦來源是家屬無法接受病人的最終階段，拚命抓住一絲希望，而病人自己雖然已經做好死亡的準備，卻發現家人無法接受現實（如之前描述過的W太太和H先生案例）。

對於那些出現「假性末期症候群」的病人，也就是醫生已經放棄，卻在接受適當治療後轉危為安的案例，該如何看待呢？無論明示或暗示，這些病人已經被「註銷」了。他們可能被告知「我們對你的病已經無能為力」，或他們可能在醫護人員暗自預料很快會死的情況下被送回家裡。這些病人若接受一切可能的治療，那麼，他們會將自己的起死回生視為「奇蹟」、「重獲新生」，或是「得到不敢奢求的額外時間」等等，依照他們之前各自對此事不同的處理和溝通方式，而有不同的看待方式。

貝爾醫師[13]（Dr. Bell）在一次相關論述中表示，必須給每位病人一個機會接受可能獲得的最有效治療，莫將每位重症者都視為末期病人而放棄他們。我要補充一點，無論末期與否，我們都不該「放棄」任何一位病人。那些已經無法從醫療獲得任何幫助的病人，需要的關懷與照護並不亞於那些依然能期待出院那天的病人。如果我們放棄這樣的病人，他可能會自暴自棄，也可能因為無法做好心理準備或提起精神「再試一次」，而延誤進一步的醫療協助。更重要的是，醫生其實可以對他說：「在我能力範圍內，我已經盡一切可能幫助你。但我會繼續努力，盡可能讓你覺得舒服一些。」如此病人會保留一絲希望，繼續將醫生視為一個會陪他堅持到最後的朋友。若能這麼做，即使醫生認為他已經無藥可救，他也不會有被遺棄的感覺。

我們大部分的病人都以不同方式「起死回生」。其中有許多人已經放棄希望，不想再向別人訴說自己的擔憂。有許多人覺得遭到孤立、被遺棄，更多人覺得受到欺騙，失去參與重要決定的機會。我們大約有一半的病人獲准出院回家，或轉至療養院所，後來又重新入院。能夠與我們分享自己對病情的擔憂與心中懷抱的希望，他們都覺得很感激。他們也不會因為自己「起死回生」了，就認為這場針對死亡與臨終的討論太早進行或視其為禁忌。許多病人覺得，在出院前就先解決自己擔憂的事，反而讓自己回家後更輕鬆自在。有幾個病人要求在回家前由我們陪同與家人會面，讓彼此卸除偽裝，好好享受相聚的最後幾個星期。

如果有更多人願意將死亡與臨終視為生命本質的一部分，直言不諱地談論這個議題，一如談論有人準備迎接新生兒那般毫無顧慮，對病人將大有助益。如果人們更常這麼做，我們就不需要問自己是否應該對病人提起這件事，或是否應該等待最後時機再進場。由於我們並非不會犯錯，也永遠無法確定何時才是最後時機，因此這些因素可能只會淪為我們逃避這個議題的另一個合理

13 原註：見「參考書目」。

化的藉口。

我們見過有幾位病人陷入憂鬱，沉默寡言至病態的地步，直到我們和他們討論疾病的末期狀況後，情況才有所好轉，他們的精神也放鬆下來，又恢復進食了，其中有幾位更再度出院，讓家屬和醫護人員都感到十分驚訝。我相信，利用時間並抓住時機好好坐下來傾聽、探討與分享這個議題是有益無害的，逃避這個議題反而會造成更大的傷害。

我提到了時機，是因為病人在有些時候想要傾訴心理負擔，而有些時候則希望能想一些輕鬆愉快的事，無論這些事是真是假都無關緊要，這點和我們其他人沒有兩樣。只要病人知道，當「他」想要談談的時候，我們一定會撥出時間給他即可，若我們能察覺到他們釋出的信號，便會看見大多數的病人都希望能向另一個人傾訴心中的憂慮，並對這樣的對話感到放鬆與期待。

如果本書的目的能讓末期病人的家屬與醫療工作人員更敏銳地覺察到臨終病人言談間的弦外之音，它就算圓滿完成任務了。如果我們這些專業的協助人員能幫助病人與家屬認同彼此的需求，一同接受無可逃避的現實，不但能讓病人避免許多不必要的痛苦折磨，甚至也能讓留下的家人避免許多痛苦。

以下和J先生的訪談是憤怒階段的代表案例，也顯示出病人心中永保希望的現象——只是有時隱藏在偽裝之下。

J先生是名五十三歲的非裔美國人，因蕈狀肉芽腫[14]住院，這是一種惡性皮膚病，他會在接下來的訪談內容裡詳述。這個病讓他必須依靠殘疾保險的補助，症狀特點是會在復發和緩解之間來回擺盪。

我在研討班的前一天去探望他，當時病人覺得很孤單，但十分健談。很快地，他開始眉飛色舞地談起這個病許多令人討厭之處，我實在難以開口說要離開，他更三番兩次挽留我。而與那次隨興的拜訪完全相反的，是他在單向鏡後面進行訪談時表現出來的心煩氣躁，有時甚至是憤怒。研討班的前一天，他主動談起死亡與臨終的話題，但是在研討班進行時他卻說：「我不會去想死亡的事，我想的是如何生活。」

我之所以提到這件事，是因為這與我們如何關懷末期病人有關，他們會有那麼幾天、幾小時，或者幾分鐘的時間，希望談談這些議題。但他們也會像J先生一樣，前一天主動滔滔不絕地提出自己的生死哲學，我們會認為他們正是相關研討班教學的理想病人。而我們經常忽略的是，同樣一個病人很可能隔天就只願意談論生命中的愉快面向，而我們應該尊重他的意願。我們在訪談中沒有做到這一點，因為我們試圖重新提起他在前一天說過的一些有意義的內容。

我必須指出，這麼做是有危險的，尤其當這段訪談是教學計畫的時候。為了學生的利益而做出強迫問答的事，絕不該發生在這樣的訪談中。永遠要將病人擺在第一位，病人的意願也永

14 譯註：mycosis fungoides，一種常見的原發性皮膚T細胞淋巴瘤。

遠應該受到尊重，即使這意味著可能會出現一堂課坐滿五十名學生，卻沒有病人可以接受訪問的情況。

醫師：J先生，先大概了解一下，你住院多久了呢？

病人：這次是從今年四月四日一直住到現在。

醫師：你幾歲了？

病人：我五十三歲。

醫師：你聽過我們這個研討班在做什麼嗎？

病人：聽過。你會透過問題引導我？

醫師：是的。

病人：好，你準備好的時候，直接問就行了。

醫師：我想多知道你大概的狀況，因為我對你的了解不多。

病人：了解。

醫師：你一直是個很健康的人，已婚，有工作，啊——

病人：沒錯，有三個孩子。

醫師：三個孩子。你什麼時候開始生病的？

病人：嗯，我在一九六三年開始行動不便。我想我大概是一九四八年開始有些發病跡象，一開始是我的左胸和右肩胛骨出現小疹子。剛開始的情況很一般，就像一個人一生中總會長些疹子那樣，我搽了一般的藥膏、爐甘石洗劑（Calamine lotion）、凡士林，還有你可以在藥房買到的各種藥。當時我沒有覺得很困擾，但是漸漸地，我想大概一九五五年吧，我身體下半部也開始出現疹子，不是很嚴重，但是我的皮膚變得很乾燥，產生鱗屑，我又塗了很多油性藥膏之類的藥，讓自己保持濕潤，盡可能舒服一點。我還是繼續工作。事實上，有幾段時間我有兩份工作，因為我女兒快上大學了，我想要確保她能順利完成學業。因此我記得到了一九五七年的時候，病情已經惡化到一個地步，我去看了幾個不同的醫生。我在X醫生那裡治療了三個月，病情卻絲毫沒有改善。每次看診的費用算便宜，但一個禮拜的處方藥就要大約十五到十八美金。你得用工人的薪水去養家、養三個小孩，就算已經兼兩份工，還是無法應付這個窘境。我也去診所就醫，但他們只做了一個很簡單的檢查，我不滿意，也不想再浪費時間回去找他們了。於是我四處求醫，感覺越來越難受，直到一九六二年，Y醫生才讓我住進P醫院。我在那裡住了五個禮拜，什麼也沒發生，我便出院了，後來，我又回去之前的第一間診所就診。最後，一九六三年三月的時候，他們讓我入院，那時我的身體狀況已經很差，行動不便。

醫師：當時是一九六三年？

病人：是六三年。

醫師：當時你對自己生了什麼病有任何概念嗎？

病人：我知道那是蕈狀肉芽腫，其他每一個人也都知道。

醫師：那麼，你是多久前確定這個病名的？

病人：我其實已經懷疑一陣子了，但做過切片檢查之後才確認。

醫師：很久以前嗎？

病人：沒多久前，大概是實際診斷出來之前的幾個月。但你有其中一種症狀，還讀過手邊許多資料。你聽說了很多事情，還學到不同疾病的名稱。從我讀到的資料來看，蕈狀肉芽腫完全符合我的情況，最後也證實沒錯，當時我簡直快要「掛點」。我的腳踝開始腫脹，不斷冒汗，真的是愁雲慘霧。

醫師：你說「快要掛點」的意思是你覺得愁雲慘霧、痛苦不堪，是這個意思嗎？

病人：沒錯。我真的很痛苦——發癢、掉鱗屑、流汗、腳踝疼痛，完全是一個慘兮兮的人。當然，在這樣的時刻，你會覺得有點憤恨不平。我猜一個人會想，為何這件事會發生在我身上，然後你突然醒悟，說：「好吧，你並沒有比其他人更好，為何不能是你呢？」這樣想的話，你多少會與自己和解，因為你看見每個人的時候，就開始觀察他們的皮膚，看看他們有沒有長斑或出現什麼皮膚症狀，因為你人生的唯一興趣就是看看他們是否有長斑，還有誰也在忍受同樣的折磨等等，你知道的。我猜，人們也在看著你，因為在他們眼裡，你是異常的。

醫師：因為這是一種外在可見的病。

病人：它是一種看得見的疾病。

醫師：這種病對你來說有何意義？蕈狀肉芽腫對你而言是什麼樣的病？

病人：對我而言，我知道目前為止還沒有任何人治癒過這種病。症狀會在一段時間後緩解，但緩解時間為期多久很不明確。對我來說，有一天，一定會有人在某個地方做研究，有很多優秀的人才努力解決這個問題。他們可能會在研究別的東西的過程中發現新的療法。所以我必須咬緊牙關，撐過一天算一天，希望有朝一日，我一覺醒來，坐在床邊，醫生會過來跟我說：「我來為你打一種針。」一種像疫苗之類的東西，然後過幾天我就痊癒了。

醫師：一種有效的東西！

病人：我就能回去工作了。我喜歡我的工作，因為我很努力才做到了主管的位置。

醫師：你從事什麼工作？

病人：事實上，我之前在本地的郵局總局擔任總領班。我一路靠著自己打拚才做到領班的主管職。我手下有七、八個領班，每晚都要向我報告。我不是協助處理業務而已，我是處理營運方面的事，很有希望獲得升遷的，因為我對這份工作得心應手，而且樂在其中。就算多花點時間在工作上，我也沒有任何怨言。孩子起床的時候，我都會幫我太太的忙。我們希望他們能趕快長大離家，那樣我們或許就能享受一些只有在紙上讀過或耳朵聽過的事。

醫師：例如什麼？

病人：出去旅行一下，我的意思是，我們從來沒有度過假。我們的第一個孩子是早產兒，有很長一段時間，她的情況都不穩定。一直到出生後第六十一天，她才回到家。我現在家裡還保留了醫院的一袋收據，我一個禮拜為她買單兩美元，那個時候，我一週大概才賺十七美元。我經常一下火車便趕緊帶著兩瓶我太太的母奶衝進醫院，再拿回兩個空瓶子，回到火車站，然後再到城中工作。接著我便工作一整天，晚上再將兩個空奶瓶帶回家。我太太奶水充足，我想已經多到足夠讓嬰兒室的所有早產兒吃了。我們讓孩子衣食無虞，對我來說，這表示我們克服了所有的難關。再不久，我的薪資等級就可以讓我們不必那麼錙銖必較、精打細算了。對我來說，這表示我們可以期待、計劃去度個假，而非老是哪裡也去不了，一會兒又有哪個孩子要治療牙齒，一會兒又有什麼別的事。我的意思就是這樣，過過幾年比較輕鬆的日子。

醫師：在經過一段長時間煩惱不斷的苦日子之後。

病人：其實，大部分的人都經歷過比我更久、更辛苦的掙扎奮鬥。我從來不會將這些經驗視為一種掙扎。我曾在一間鑄造廠工作，我們是按件計酬的，當時我拚死拚活地幹。曾有同事跑來我家對我太太說我工作過勞了。唉，她當時把我罵了一頓，我告訴她那是因為他嫉妒。你和一群渾身肌肉的男人共事的時候，他們不想要你的肌肉比他們多，而我完全就是那樣，因為無論我到哪裡工作，我就是埋頭苦幹。無論何時有升遷機會，我就會抓住機會，無論是什麼樣的升遷我都會積極爭取。事實上，我在那裡工作的時候，他們把我叫進辦公室，他們告訴我，當我們出現一個有色人種領班的時候，你就會是那個人選。我頓時欣喜若狂，但是我出去的時候，發現他們說了「當……的時候」——表示從現在到西元兩千年這段期間都有可能。所以嘍，自己必須在那樣的環境下工作，讓我感到十分氣餒。儘管如此，在那些日子裡，還真沒有什麼事難得倒我。我力氣很大，年輕力壯，我相信自己可以做到任何事。

醫師：J先生，可否告訴我，現在既然你已經不再年輕，可能也沒辦法再做那些事了，你能接受嗎？你如何看待這些事？假設沒有醫生會站在床邊為你打一針就治好你的話。

病人：沒錯。你會學習接受這些事。首先你會領悟到自己可能不會痊癒了。

醫師：你會怎麼樣呢？

病人：這會很震撼，你試著不去想這件事。

醫師：你曾想過這一點嗎？

病人：當然，有很多事會讓我夜不成眠。我會在晚上胡思亂想，但也不會太過耽溺在那些事情上面。我的童年生活十分美好，我母親現在還健在。她常常來看我，我總是能回想起記憶裡的一些往事，一一細數當年發生過的事。我們總是開著一部老爺車，在附近一帶旅行。當年柏油路還很少，很多路都還是泥濘地的時候，我們就經常四處旅行了。你開到一個地方，就突然陷入泥沼，整個輪圈蓋以下都陷進去，然後就必須推推拉拉一番或什麼的才能脫身。所以，我想我的童年還滿美好的，父母都是很好的人。家裡從來不會出現嚴厲的責罵聲，也沒有人會亂發脾氣，所以生活十分愉快。從這方面來看，我發現自己頗受上天的眷顧，因為在這世上，生活只有悲慘一面的人很少。我看看周遭的人，發現自己曾有過一段我所謂額外的好日子。

醫師：你的意思是你已經有過充實而滿足的一生，但這會讓你面對死亡的時候比較輕鬆嗎？

病人：我不會去想死亡的事，我想的是如何生活。我想，你知道我過去會告訴孩子，他們來的時候我會告訴他們，無論遇到什麼情況都全力以赴，我也說過很多次，你還是會有失去的時候。我說，好好記住，能過現在的生活你肯定很幸運，那就是我說這些話時用的字眼。我總是認為自己很幸運，回顧過去，我總會想到和我一起長大的那些男孩子，很多人被抓去關，進了不同的監獄或誤入歧途等等。我曾經差一點和他們走上同樣的路，但我沒有變成那樣。我總是在他們要幹壞事時趕緊抽身，所以我也和他們打架打得很凶，他們認為你在害怕。不過，對那些事保持警惕，為你的信念而戰，總好過為了融入他們而說：好吧，我也一起去吧。因為那樣的話，你遲早會被牽扯進一些事，從此改變你的人生軌跡，而到時你已經無法再回頭了。喔，他們說你可以憑自己的力量重新振作起來之類的話，但一旦你有不良紀錄，左鄰右舍一發生什麼事，不管你年紀多大，他們都會找上你，想調查你哪天晚上去了哪裡等等。我很幸運避開了所有這些事。所以，當我回顧過去的種種，我必須說自己一直很幸運，而且還將這份幸運延續了一會兒。我現在還剩下一點點的運氣。我的意思是，我也曾有過一些倒楣的時刻，你可以這麼說，而遲早這些運氣必須扯平，等到那一天，就是我走出這裡的時候，屆時人們甚至會認不出我。

醫師：就是抱持這樣的信念，才讓你不至於越來越絕望嗎？

病人：沒有什麼能防止你越來越絕望。不管你心態調整得多麼好，你就是會感到絕望，但我會說，這讓我不至於瀕臨崩潰。你會走到一個地步，開始睡不著覺，然後過一會兒就開始對抗。你越是奮力對抗，情況就越艱難，因為這其實很可能變成一場身體上的戰爭。你會汗流浹背，好像體力完全透支了，但這其實全是心理作用。

醫師：你怎麼對抗？宗教對你有幫助嗎？或是有一些人幫助了你？

病人：我不會說自己是個對宗教特別虔誠的人。

醫師：是什麼給你力量，讓你這二十年來能堅持下去？已經大約二十年了，對嗎？

病人：是的，我想我的力量來自很多不同方面，很難說清楚。我母親就抱持著非常堅定的信心。如果我不對這場病付出全力，就會覺得自己讓她失望了。所以我會說我母親幫了我的忙。我太太也擁有堅定的信心，所以我太太也幫上了忙。還有我的姐妹們，家裡對宗教較虔誠的似乎總是女性，我想她們的祈禱是最真摯的。對我來說，一般人的祈禱都是在乞求什麼，我一向太驕傲，無法真的去乞求。我想或許是這個原因，讓我沒辦法投入全部感情去說出我想說的事，我無法將所有的感受傾洩出來，諸如此類的吧，我想。

醫師：你的宗教背景方面，是什麼宗教呢？天主教還是新教……？

病人：我現在是個天主教徒，我是改信天主教的。我的父母有一位是浸信會教徒，一位是衛理公會教徒。他們相處得還不錯。

醫師：你是怎麼變成天主教徒的？

病人：它似乎比較符合我對宗教的概念。

醫師：你什麼時候改變心意的？

病人：孩子還小的時候，他們就讀天主教學校，那時應該是五〇年代早期。

醫師：和你的病有任何關係嗎？

病人：沒有，因為當時皮膚問題還沒有對我造成太大困擾，當時我以為，只要我一有機會安頓下來，就可以看醫生，情況就會改善，你知道嗎？

醫師：啊——

病人：但實際情況並非如此。

醫師：你太太是天主教徒嗎？

病人：她是。我改信的時候，她也改信了。

醫師：昨天你告訴我一些事，我不知道你現在是否還願意談談，我想可能會對你有幫助。我問到你如何面對這一切時，你提到一個人會怎麼做的所有可能性——包括結束一切，考慮自殺，以及這對你來說都是不可能的選項等等。你也提到一種宿命論的態度，你能再重述一遍嗎？

病人：嗯，我說過有位醫生曾告訴我：「我沒辦法，我不知道你怎麼忍受這一切，我會自我了斷。」

醫師：說這些話的是個醫生？

病人：是的。然後我說，自我了斷是不可能的，因為我太膽小了，不會去自殺。這就排除了一個我不會考慮的可能性。接下來我終於將所有的心理負擔都拋諸腦後，因此我要考慮的事便越來越少了。所以，我透過剔除死亡的過程，剔除了自殺的想法，然後我得出一個結論：好吧，你現在只能在這裡了，你要麼聽天由命等死、哀號哭叫，要麼盡量在現有情況下，在生活中找些小樂子、一些開心的事。總有些事會發生。你可以看看精彩的電視節目，聽聽有趣的談話，幾分鐘之後，你就不會注意到身體搔癢或不舒服的感覺了。這些小事我稱為額外紅利，我發現，如果我蒐集的紅利夠多，有一天所有事情都會變成紅利，一直延伸到永恆，那麼就日日都是好日了。所以我不擔心太多，每當我情緒低落，就盡量讓自己轉移注意力，或試著去睡一覺，畢竟睡眠是有史以來最棒的藥。有時我甚至沒有睡著，只是安靜地躺著就夠了。你必須學會接受這一切，不然還能怎樣呢？你可以氣得跳腳、尖叫、抱怨、用頭去撞牆，但就算這麼做了，你還是會癢啊，你還是很悲慘。

醫師：你的病情裡最令人難受的似乎是搔癢這部分。你會痛嗎？

病人：目前為止，搔癢是最難受的，但我的腳底酸痛得不得了，一使力就是痛苦的折磨。我會說，目前為止，皮膚搔癢、乾燥和鱗屑是我最大的問題。我在和這些鱗屑作戰，到後來變成一件好玩的事。你會發現床上都是鱗屑，必須用刷子掃掉，正常來說，任何碎屑應該都很容易刷掉，但這些鱗屑會在一個地方不停彈上彈下，好像長了爪子似的，讓我清理起來快要抓狂。

醫師：為了把它們清理掉嗎？

病人：對，把它們清理掉，因為它們會和你糾纏到底，直到兩邊都癱倒在地為止。你已經快虛脫，卻發現它們還在。我甚至想要用小型吸塵器來讓自己保持乾淨。保持乾淨變成我的一個執念了，因為你洗完澡，塗上黏答答的藥膏之後，又覺得自己不乾淨了，感覺得馬上再洗一次澡才行，你可能會耗費大把時間在浴室進進出出。

醫師：J先生，你在這間醫院的住院期間，誰對你的幫助最大？

病人：誰對我幫助最大？我會說，很難每個人都認識，每個人吧，他們每個人都能預知我的需求，提供協助。他們真的做了很多甚至連我都沒想到的事。有個女孩注意到我的手指酸痛，點菸有困難，我聽到她和其他女孩說：「你經過這裡的時候，問問他是否需要香菸。」哇，簡直太好了。

醫師：他們真的很用心。

病人：你知道，那是很棒的感覺，我這一生無論去哪裡，人們都很喜歡我，我對此深深感激。我真的虛心感謝。我覺得，自己從來沒有處心積慮要當一個善心人士，但在城裡，我可以找出好幾個人，他們都能指出我曾在某個時候協助過他們完成各式各樣的工作。我也說不出個所以然，有一部分的我喜歡讓別人的心裡輕鬆一點。我會努力幫助一個人調適自己，而且我發現很多人都會告訴其他人我幫助過他們。但是同樣地，我認識的每一個人也都幫助過我。我不相信自己在這世上有任何敵人，也不相信這世上會有人希望我受到傷害。我的大學室友幾年前來過這裡，我回憶起以前在學校一起生活的往事。我們記得，在宿舍的時候，有人隨時會建議說我們去某某人的房間鬧一鬧吧。然後他們會過來把你整個人丟出去，丟出你自己的寢室。這是很棒、很純粹的嬉鬧方式，粗魯了點，但非常好玩。他會跟他兒子說，我們之前是如何將他們阻擋在外，又如何把他們像木材一樣一個個堆疊起來。我們兩個都很壯，都是硬漢型的。我們真的把他們在走廊上疊得高高的，但他們從來沒來我們寢室鬧成功過。我們有一個室友是田徑隊的，練百碼衝刺的。在五個男生侵門踏戶之前，他就能衝出門，跑到走廊的另一頭，大約只有七十碼的距離吧。他一開始衝刺，就沒人追得上他。他會等到很晚才回來，然後我們便將東西收拾整齊，房間也打掃得乾乾淨淨後，才全部上床睡覺。

醫師：這是你所謂的「紅利」之一嗎？

病人：回顧往事，我就會想到以前做過的那些蠢事。有一天晚上，一些傢伙上樓來，當時房間很冷。我們想知道誰是最耐寒的人，很自然地，每個人都覺得自己最耐寒。因此我們決定把窗戶打開。當時沒有暖氣或什麼的，外頭是零下十七度的低溫。我記得自己當時戴著毛帽，穿了兩件睡衣、一件睡袍，還穿兩層襪子，我猜其他人也一樣。隔天早上，我們一醒來就發現每一樣東西、每一片玻璃，房裡的所有東西都結冰了。你一觸摸牆壁，就可能會黏在上面，因為所有東西都凍得硬邦邦的。我們花了四天的時間才將寢室解凍，讓它變暖和。我的意思是，這就是你會做的那種蠢事，你知道。有時候，有人看著我時，會發現我臉上露出莫名其妙的微笑，認為這人可能瘋了，他終於要崩潰了吧，但其實我只是想到某件事情，一件讓我回味無窮的趣事。昨天你問我，醫生和護理師主要能為病人做些什麼來幫助他？這很大程度取決於病人，很大程度取決於病人病得有多重。如果你真的病得很重，你根本不想被打擾。你只想躺在那裡，不想要任何人笨手笨腳地亂碰你，或三不五時就來量血壓、量體溫。我的意思是，每次你難得放鬆一下，就會有人來對你做些什麼。我認為醫生和護理師應該盡可能不要打擾病人。因為你開始覺得舒服些的時候，才會有精神抬起頭來，對一些事情感興趣，那時才是他們進來，開始慢慢鼓勵你、對你好言相勸的時候。

醫師：但J先生，病重的人如果被單獨一個人留下，不會覺得更難受、更害怕嗎？

病人：我不這麼認為。重點不是讓他們自己一個人，我的意思不是要隔絕這些人或類似這樣的舉動。我是說，你在房間裡，休息得好好的，突然有人來拍你的枕頭，而你的枕頭根本不需要拍。你的頭已經很舒適地靠在上面了。他們都是好意，所以你也就順著他們的意了。接著，又有人過來，說：「你想喝杯水嗎？」哎呀，如果你真的想喝水，可以要求一杯水啊，但他們就特地過來給你倒一杯水。他們這麼做純粹出於善意，盡量讓你更舒適些。但是在某些情況下，如果每個人能別理會你——就只是暫時在那段時間這樣，你反而會覺得好過一些。

醫師：你現在也想要自己一個人嗎？

病人：不會，現在還好，上個禮拜我——

醫師：我是指現在，就在現在訪談的時候，訪談會讓你覺得累嗎？

病人：喔，我會說累呀，不過，除了回去休息之外，我也沒有別的事可做。但是，唉，我覺得訪談太久也沒有意義，因為一陣子之後，說的話就開始重複了。

醫師：你昨天也有點擔心這一點。

病人：是啊，我有理由擔心，因為一個禮拜以前，如果你見到我的話，肯定不會考慮讓我接受訪談，因為我只能說出半個句子，思緒也斷斷續續的，我連自己的名字都記不起來。不過，啊，我總算熬過了這段時間了。

牧師：過去一個禮拜發生的事，你有什麼感想？這是不是你得到的另一個紅利呢？

病人：嗯，我很期待事情這樣發展，這事會循環的，你知道，就像一個大輪子。它會繞一圈，他們已經在我身上試用新藥物，我很期待那些難受的感覺能減輕。我要麼一開始就期待自己會好起來，要麼就是期待自己會感覺很糟。我已經撐過運氣最壞的時期，現在好運該降臨了，我會好起來的，因為事情就是這樣循環的。就算我沒有服用任何藥物，讓一切自然發展也是一樣。

醫師：所以，你現在已經進入了好的循環，對嗎？

病人：我想是的。

醫師：我想我們現在該送你回病房了。

病人：感謝。

醫師：謝謝你願意來，J先生。

病人：不客氣。

深受病痛折磨二十年的J先生，儼然已經成為一名哲學家，也有一些跡象顯示，他只是將憤怒偽裝起來。他在這場訪談裡真正要說的是：「我一直都這麼好，為什麼是我？」他描述自己年少時有多麼強壯、堅韌，如何承受住酷寒與艱辛、如何照顧孩子與家庭、工作有多麼努力，而且從來不會讓自己受到壞人的誘惑。經過多年的辛苦奮鬥之後，孩子長大了，他希望能過上幾年好日子，到處旅行，去度個假，享受一輩子辛勞的果實。他心裡清楚，在某個程度上，這些希望已經破滅了。現在他只能將全部的精力用來保持神智清楚，對抗搔癢、不適與疼痛，對此他在訪談中做了充分的描述。

他回顧了這場戰鬥，並一步步消除心中浮現的擔憂。自殺的選項已經「出局」，悠哉愉快的退休生活也不再可能，隨著病情的惡化，他的可能性越來越限縮。他的期待與要求越來越少，最終接受了現實，認清自己必須忍受病情一再緩解又復發的現實，好好過日子。當他覺得難受的時候，他想要獨自一人，退回自己的空間，好好睡一覺；當他覺得好過一些，他則會讓其他人知道他已經準備好要與人交談了，也會比較願意社交。他所謂的「你肯定很幸運」，意思是他仍心存希望，覺得病情會再次緩解。他也對新療法的問世抱著希望，希望有一天新的藥物能發展出來，讓他從痛苦中解脫。

直到生命的最後一天，他仍懷抱著希望。

CHAPTER

09

病患的家屬

父親從葬禮歸來。
他的七歲男孩佇立在窗前，眼睛睜得偌大，
脖子上掛著金色護身符，腦中充斥著
小小年紀難以理解的思緒。
他的父親將他拉進臂彎裡，男孩問道：
「媽媽在哪裡？」
「在天堂。」父親答道，手指向天空。

男孩抬頭仰望天空，默默凝視良久。
他困惑的心將一個問題投向夜空深處：
「天堂在哪裡？」
沒有答案傳來：唯有繁星點點，猶如
無明黑暗的滾燙淚珠。

—— 泰戈爾《游思集》（*The Fugitive*）第二部第 21 首

家庭的變化與對家人的影響

如果沒有將病人家屬納入考量，我們便無法以具有實際意義的方式幫助末期病人。他們在病人生病期間扮演了一個重要的角色，他們的反應也在很大程度上影響病人對自身疾病的反應。舉例來說，丈夫病重住院，會讓家庭隨之發生變化，妻子也必須適應這個變化。她或許會因為失去安全感、無法再依賴丈夫而覺得擔心害怕。她也可能必須承擔起之前由丈夫負責的許多工作，也必須調整自己的生活作息，以適應各種新冒出來的、陌生的、越來越多的要求。她可能突然必須參與公司業務並處理財務問題，而這些可能是她過去避之唯恐不及的事。

如果必須前往醫院探視，就得考慮交通問題，還得請保姆在她不在家時幫忙照顧小孩。家庭事務和氣氛會出現微妙的變化，抑或是巨大的變化，影響到孩子，而讓母親的負擔與責任又更重了。她會突然驚覺到一個事實——她是個單親家長，至少暫時是如此。

妻子除了要為丈夫擔憂煩惱，額外加重的工作與責任也會讓她覺得越來越孤立無援，還經常產生怨恨的情緒。原本預期親友能提供幫助，結果可能無法如約而至，或其協助方式可能會讓她感到不知所措、無法接受。來自左鄰右舍的建議可能會遭到拒絕，因為不僅無法減輕負擔，反而徒增壓力。相反地，若有體貼的鄰居不是為了「探聽最新消息」而來，而是來幫這位母親分擔一些工作，偶爾為她煮一頓飯，或帶孩子出去玩等等，則是能幫上大忙。與S太太所做的訪談裡，便有一個很好的例子。

這樣的角色若換成丈夫，他的失落感也許會更重，因為他可能較不知變通，或至少較不習慣去關注孩子的事，例如學校課業、課後活動、三餐吃什麼、穿什麼衣服等等。妻子一旦臥病在床，或從事日常事務的能力受限，這種失落感會立刻湧現。這種角色的互換，男人總是比女人更難接受，他不再是被伺候的那個人，而是必須伺候別人；不再能夠在一整天的工作之後稍微休息，而是要看著妻子坐在沙發上看電視。有意無意間，他或許會開始怨恨這樣的改變，縱使他非常清楚這其中的緣由。「為什麼她偏要在我剛開始做新專案的時候生病？」一個男人這麼說。假若從我們潛意識的角度來看，他的反應很常見，也是可以理解的。他對妻子的反應好比孩子被母親拋棄的反應。我們經常忽略了一件事，就是我們內在有很大一部分依然是個孩子。若能給這樣的丈夫一個機會好好發洩他的情緒，會對他大有助益，例如一週挑一個晚上找個幫手幫他，讓他能去打打保齡球之類的，在沒有罪惡感的情況下好好放鬆心情，釋放一下壓力，而不至於必須天天在家裡忍氣吞聲，不敢對一個病重的人發洩情緒。

我認為，期待家人能一直待在身邊是件殘忍的事。一如我們呼吸時必須吸氣，也必須吐氣，人有時也必須到病房外的世界「充電」，偶爾過過正常的日子。如果必須時時刻刻意識到疾病這件事，我們是無法好好過生活的。我曾聽過很多親戚抱怨病人家屬在週末外出遊玩，或繼續去看戲、看電影。他們會責怪他們放著末期病人在家不管，自己出去享樂。我想，更有意義的做法是讓病人及其家人都能明白，這場疾病不該摧毀一整個家庭，或完全剝奪每個家庭成員的休閒活動，反而要容許這個家庭去調適與改變，漸漸適應病人不在之後的家庭樣貌。如同末期病人自己亦無法時時刻刻都面對著死亡，他的家人既無法，也不該為了時時刻刻陪伴病人，而排除其他所有的人際互動。他們偶爾也需要否認或逃避這個悲傷的現實，才能在真正需要他們在場的時候，更從容不迫地面對它。

從發病那一刻開始，家中的需求便會持續在各方面發生變化，直到病人過世之後很久才會安定下來。也因為如此，家庭成員應該有效率地分配自己的精力，切莫讓自己陷入絕境，在病人最需要他們的時候，反而自己先崩潰了。若能有一個善解人意的幫手，便能讓他們在照顧病人與尊重自身需求這兩方面維持一個健康的平衡關係。

溝通上的問題

夫妻中的一方，經常是醫生告知病情嚴重性的對象，而是否要將這個訊息告知患者，或要對他或其他家庭成員透露多少訊息，便由他們來決定了。何時告知孩子、如何告知，經常也是取決於他們，而這可能是最艱難的任務，尤其當孩子還年幼時。

能否順利度過這關鍵的幾天或幾週，很大程度上取決於該家庭的結構與團結程度、溝通能力，以及朋友是否願意花時間鼎力相助。一個立場中立的局外人，本身並未投入過多情感的人，是傾聽家屬訴說種種擔憂、願望與需求的最佳人選。他能和家屬商討法律事宜，協助病人準備最後遺囑，並協助安排孩子在失去父母一方後的照顧事宜，包括暫時性或永久性的。除了這些現實問題之外，家屬經常還需要一名中間人，如同H先生的訪談所示（第六章）。

臨終病人的問題會結束，但家庭的問題會繼續。這其中有許多問題都能在病人過世前便藉由一起討論來解決，然而遺憾的是，家屬傾向於對病人隱藏自己的真實感受，努力在病人面前維持一張笑臉，營造出歡快的假象，而這樣的表象遲早會破滅。我們曾訪問過一個身患末期疾病的丈夫，他說：「我知道我來日不多了，但請別告訴我太太，她承受不了。」我們巧遇前來探視的妻子，她也主動對我們說出類似的話。她心知肚明，他也心知肚明，卻都沒有勇氣告訴對方——兩人可是共同生活了三十年的結髮夫妻啊！最後，一名年輕的牧師鼓勵他們對彼此說出心裡話，病人要求他在這過程中陪同在側。說完後，夫妻倆都覺得如釋重負，因為終於不需要再玩互相欺騙的遊戲了，也能著手安排一些需要兩人共同參與的事務。後來，他們甚至能對當時雙方的矜持會心一笑，稱它是場「幼稚的遊戲」，好奇是誰先知道真相的，並且慶幸有外人的幫助，否則真不知還要拖多久才能走到這一步。

我想，臨終者在幫助親人面對自己的死亡這方面，扮演了很重要的角色。他可以採用不同方式，其中一種是自然地與家人分享自己的想法與感受，以此鼓勵他們效法。如果他能好好處理自己的哀傷，並以身作則為家人示範如何平靜地死去，家人們會將他所展現的堅韌力量銘記在心，從而以更有尊嚴的方式承擔起自己的哀傷。

內疚（guilt）或許是伴隨死亡而來最令人痛苦的情緒。當疾病被進一步診斷為危及生命時，病人家屬經常會問自己，是不是自己的錯。「如果我早一點讓他去看醫生就好了」，或者「我應該早一點發現異狀，鼓勵他去尋求幫助」等，都是末期病人的妻子常會說的話。當然，家庭友人、家庭醫師或牧師等，都能有效幫助這樣的女性，讓她知道自己或許已經盡力做了一切能做的事來求助，讓她拋開那些不切實際的自責心態。不過，我不認為光是對她說「不要內疚，因為這不是你的錯」就夠了。透過專注、仔細地傾聽這些妻子的心聲，我們經常能推論出她們感到內疚的真正原因。病人的家屬常常會因為曾怒罵逝者而內心充滿歉疚。誰不會偶爾在暴怒之下希望某人消失、滾開，甚至於斷然說出「去死吧」這樣的話呢？我們在第十二章訪問的男子，就是一個很好的例子。他有充分理由對妻子發脾氣，因為妻子拋棄他，和他視為納粹分子的兄弟同居。她拋下我們身為猶太人的病人，將他們的獨子當成基督徒來教養，後來還在他不在身邊的情況下過世，病人也因此而怪罪她。遺憾的是，他始終沒有機會將心中耿耿於懷的憤怒表達出來，這名男子悲痛萬分、內疚不已，導致他自己也病痛纏身。

在診所或私人醫院裡，有很高比率的喪偶者因為無法處理自身的悲傷和內疚感而出現身體症狀。如果他們能在配偶過世前獲得幫助，消弭與臨終者之間的隔閡，這場仗其實已經打贏了一半。人們不願意直言不諱地談論死亡與臨終議題是可以理解的，尤其是當死亡突然大大衝擊我們的私人生活，突然來到門口敲門時。有少數經歷過死亡迫近之危機的人發現，溝通只有在第一次是最困難的，隨著經驗不斷累積，會變得越來越簡單。與其漸漸築起疏離與孤立的高牆，夫妻之間不如以更有意義的方式深度溝通，如此甚至能讓彼此找到一種唯有在苦難中才能體會的親密感與相濡以沫的心情。

另一個凸顯臨終者與家人間缺乏溝通的例子是F太太的案例。

F太太是位非裔女性，病情已經進入末期階段，身體極度虛弱，已經一動也不動地臥床好幾個禮拜了。望著躺在白色床單上皮膚黝黑的身軀，不禁讓我聯想起可怕的盤繞樹根。由於這種病會導致她癱瘓，因此已經很難明顯看出她身軀的外形或特徵。一輩子都和她同住的女兒，也同樣動也不動、一句話都不說地坐在母親身邊。尋求我們協助的是護理人員，需要幫助的對象不是母親，而是她女兒，他們非常擔心她的狀況。他們目睹她每個禮拜都花去大把時間坐在母親的床邊，不僅放棄工作，最終更日日夜夜都默默地坐在瀕死的母親身邊。若非察覺到她無時無刻不在的身影與她們完全缺乏溝通這兩者之間的詭異對比，護理師們還不至於如此擔憂。病人最近中風了，無法開口說話，四肢也動彈不得，因此眾人假設她的心智也停止運作了。女兒只是不言不語坐在一旁，從未對母親說過一言半語，更從未透過口語或非口語的動作表達出對母親的關懷或感情——唯一出現的只有她無聲無息的存在。

這位女兒大約三十多歲，接近四十歲，單身，我們走進病房請她和我們簡短地討論一會兒。我們希望能了解她出現時間越來越長的原因，而這也意味著她與外界越來越疏離。護理師們擔心她母親死後她會有何反應，但發現她和母親各自基於不同原因而一樣沉默寡言、抗拒溝通。和女兒一起離開病房前，我不知何故想徵求母親的意見，或許是因為我覺得自己帶走了她的一位訪客，或許只是出於我會隨時告知病人我們在做什麼的一個老習慣。我告訴她，我要將她女兒帶走一陣子，因為我們很擔心她獨自一人之後的身心健康。病人望著我，我瞬間明白了兩件事：第一，她能夠充分意識到環境中發生的事，儘管她看似沒有能力溝通；第二，永遠不要將任何人歸類為所謂的植物人，儘管他們看似對許多刺激沒有反應，這也是我們得到的一個難忘的教訓。

我們和女兒談了很久，她放棄了自己的工作，以及原本就不多的朋友，也幾乎放棄了她居住的公寓，只為了盡可能陪伴臨終的母親。她從來沒想過，如果母親過世了會發生什麼事。她覺得自己有義務日夜不停地待在醫院裡，而且在前面幾個禮拜，她每天晚上只睡了大概三小時。她開始懷疑自己是否想故意累壞自己，以避免胡思亂想。她非常害怕離開病房，深怕一離開母親就會死。她從來沒有和母親談過這些事，其實母親已經生病很久了，而且是直到最近才無法開口說話的。訪談結束時，這位女兒已經能表達出一些內疚、矛盾，以及怨恨的情緒——怨恨自己的生活變得如此與世隔絕，或許更怨恨的是被拋棄的感受。我們鼓勵她更常表達出自己的感受，重拾兼職工作，才能讓自己與病房外的世界維持一份關係，並擁有一些日常活動。如果她需要找人聊聊，我們也很願意奉陪。

與她一同回病房時，我再次告知病人我們談話的內容。我詢問她是否同意女兒只在一天當中的某個時段前來探望她。她直視著我們的眼睛，如釋重負地嘆了一口大氣後，便閉上眼睛。一位見證整件事的護理師對她的劇烈反應感到驚訝不已。她很感激自己能夠觀察到這件事，因為護理人員會與病人產生感情羈絆，看見女兒默默承受痛苦卻又無力表達自己的感受時，也會覺得不舒服。後來，女兒找到了一份兼職工作，而且讓醫護人員最開心的是，她也將這個好消息與母親分享了。她現在前來探視母親時，感覺不那麼矛盾了，不得不盡義務和怨恨的情緒也減輕了很多，因而讓探視變得更有意義。女兒也重新和醫院裡、醫院外的人交流溝通，並結識了幾個新朋友。幾天後，母親平靜安詳地離世。

Y先生是另一個我們永遠難忘的人，他和妻子一同度過了數十年幸福美滿的婚姻生活，在失去她的過程中，我們看見的是一個痛苦、絕望又孤單的老人。

Y先生的樣貌有些憔悴、滄桑，是個「飽經風霜」的老農夫，從未踏足大城市。他在自己的土地上耕作，接生過許多小牛犢，養育孩子長大成人，如今孩子已經離家，分別居住在不同地方。他們夫妻倆過去幾年來一直相依為命，如他所說的：「越來越習慣彼此的陪伴。」兩人都無法想像沒有對方的日子要怎麼過。

一九六七年秋天，他的妻子病重，醫生建議這位老人前往大城市求醫。Y先生猶豫了一陣子，但眼看妻子越來越瘦弱，他還是帶著她前往「大醫院」，後來，妻子被送進了加護病房。和農舍裡臨時搭建的病房比起來，無論是誰見過這種加護病房，都會對病人獲得的差別待遇感到欣慰。每一張病床都躺著重症病人，從甫出生的嬰兒到瀕死老人都有。每一張病床都被農夫一輩子見過最現代化的設備包圍。點滴瓶掛在床邊的桿子上，抽痰機運轉個不停，監視器標示出經過的時間，醫護人員時時刻刻都忙著維持機器的運作，監督是否有重要信號出現。這裡有各種噪音，空氣中充滿緊急的氛圍，隨時必須做出生死攸關的決定，病房裡人來人往，這位從沒來過大城市的老農夫，在這裡顯得沒有安身立足之處。

Y先生堅持要和妻子在一起，但被嚴格告知他每個小時只能見妻子五分鐘。因此他只能每個小時去床邊五分鐘，站在那裡看著妻子蒼白的臉，握握她的手，咕噥著說出一些絕望的話，而最後總是被嚴厲的醫護人員不斷催促著離開：「請離開，你的時間到了。」

我們有個學生看見了Y先生，覺得他在走廊來回踱步的樣子看起來非常沮喪，失魂落魄的樣子彷彿迷失在大醫院裡的遊魂，於是將他帶到我們的研討班。他和我們訴說了自己的苦楚，有人能和他談談，讓他感到輕鬆許多。他在「國際宿舍」租了一間房間，那間宿舍的房客主要都是學生，許多人都是剛回來迎接新學期的到來，他被告知，因為還有許多學生要來，所以他必須盡快離開。那地方離醫院不遠，但這位老人在這段路已經來回走了幾十趟了。沒有容身之處，沒有人可以講話，萬一他妻子多活了幾天，甚至不保證還有房間可以讓他棲身。同時，他心中也已經意識到自己可能真的會失去妻子，無法和她一起回家了。

我們聽著他娓娓道來，他越說就對醫院越生氣——氣護理師如此殘忍，只給他每小時五分鐘的時間。即使在那短短幾分鐘的時間，他都覺得自己妨礙到他們了。難道這就是他和結縭五十載的妻子告別的方式嗎？你要如何向一位老人解釋，加護病房的規定和作業方式就是這樣的，對於探視時間有其行政管理制度與嚴格的規定，不容許過多訪客進入——這是為了病人著想，或許也是為那些精密的設備著想？對他說出「唉，你深愛妻子，也在農村住了那麼多年了，何不讓她在那裡安詳離去？」這樣的話，肯定一點幫助也沒有。他可能會回答說，他和妻子已經融為一體，就像樹木和它的根，失去對方便無法獨活。大醫院有希望能延續妻子的生命，而他，一個農村老人，願意冒險踏進這樣一個地方，只因它帶來的一線生機、一絲希望。

我們能為他做的不多，只能幫助他在他經濟能力許可的範圍內找到一個安全的住所，並告知他的兒子他在這裡有多麼孤單，急需他們前來。我們也和醫護人員談了一會兒，雖然無法成功爭取到時間更長的探視權，但至少在這段與妻子共處的短暫時光裡，能讓他覺得更舒服自在些。

毋庸置疑，所有的大醫院每天都在上演相似的劇情。這類病房應積極協助病人家屬安排膳宿問題，應在病房附近設置一個能讓親屬坐一坐、休息與飲食的房間，讓他們能在無止境的漫長等候期間，化解彼此的孤獨感或互相安慰一番。醫院應提供親屬管道尋求社工人員或牧師的輔導，並為每個人提供充裕的輔導時間，醫師與護理師也應該經常走訪這些房間，為親屬答疑解惑。現今的情況是，親屬經常完全遭到冷落，只能在走廊、餐廳或醫院周邊漫無目的地走來走去，等候數小時。他們可能會小心翼翼地嘗試與醫生見一面或和護理師說句話，但經常被告知醫生在手術室或其他地方忙別的事。由於負責每個病人照護事宜的工作人員越來越多，所以其實沒有人對病人有深入的了解，病人自己也不知道醫生的名字。常見的是，親屬被轉介至一個又一個地方，最後來到牧師辦公室，他們不指望能獲得多少病情相關的答案，只希望能為心中的苦悶找到出口，獲得一些慰藉與理解。

如果部分親屬的探病頻率能減少，並縮短停留時間，反而是幫了病人和醫護人員一個大忙。我想起一位母親，她不准任何人照顧她二十二歲的兒子，因為她一直將他當成嬰兒來對待。儘管這名年輕人其實可以自理，她仍要幫他洗澡，更堅持要幫他刷牙，甚至在他排便後幫他擦屁股。每當她在場，病人就變得十分暴躁，怒氣沖沖。護理師們都被她嚇壞了，越來越不喜歡她。社工人員屢次想和這位母親談一談，卻都徒勞無功，每次都被她用難聽的話打發掉。

一個母親怎會變得如此過度焦慮、充滿敵意呢？我們試著去了解她並設法減少她出現的頻率，因為那對病人與護理人員都是一種不必要的煩擾與貶低。與工作人員討論過這個問題之後，我們發現，我們可能一直將自己的意願投射到病人身上，而且，轉念一想，就算他沒有主動要求母親這麼做，其實也間接導致她做出這種行為。他預期會待在醫院幾個星期，進行放射治療，然後出院回家住幾個星期後，或許再度入院。無論他和母親的關係看起來有多麼不健康，我們若橫加干涉，對他真的有好處嗎？是不是因為護理師認為這名過度焦慮的母親「不是個好母親」，才激發了我們想要拯救他的幻想，對這名母親感到氣憤？我們認知到這一點之後，便不再對她那麼生氣了，也改以對待成年人的方式對待這名年輕人，與他溝通，讓他知道母親的行為如果太過貶低他，他可以主動設下界線。

我不知道這是否發揮了任何效果，因為他很快就出院了，然而，我認為這是個值得一提的案例，因為它指出，不能任憑自己單方面的感受，來判斷一件事對一個人是好是壞。很可能這名男子必須藉由暫時退化到小孩子的程度，才能熬過病痛的磨難，而母親也透過滿足那些需求而獲得一些慰藉。不過，我不認為這個案例全然符合這個假設，因為當那位母親在場時，病人明顯表現出生氣、厭惡的情緒，卻又沒有試圖阻止她，而他倒是能十分俐落地對其他家庭成員和醫務人員設下界線。

如何面對家人罹患末期疾病的事實

家庭成員會經歷的各個調適階段，和我們描述病人會經歷的階段類似。起初，許多人無法相信這個事實，他們可能會否認家中有人罹病這件事，或四處求醫，希望從某個醫生那裡聽到這是誤診的消息，他們也可能從算命師或信心治療師那裡尋求幫助，尋求一個令人安心的保證（保證這不是真的）。他們可能會安排所費不貲的旅行，拜訪知名醫療院所或名醫，結果仍是必須面對這個可能讓他們的生活翻天覆地的現實。接著，整個家庭會經歷一些變化，而個中細節很大程度上取決於病人的態度、覺察與溝通能力。如果家人之間能說出彼此的憂慮，便可以在時間與心理壓力還沒那麼大的情況下，及早處理重要事務。如果每個人都對彼此有所隱瞞，心中保有祕密，那就是在彼此間築起一道高牆，讓病人及其家人都難以進入預備型哀傷階段。和那些能暢所欲言並一起痛哭的家庭相比，這樣的家庭必須承受情緒更為激烈的後果。

如同病人會經歷憤怒階段，他的至親也會體驗到同樣的情緒反應。他們會輪流對最初為病人檢查卻沒有診斷出罹病的醫生，以及最後將這個悲傷的事實直接攤在他們眼前的醫生感到憤怒。他們也可能會將自己的怒氣投射到醫院的工作人員身上，即使對病人的照顧已經很周到，也要責怪這些人照顧不周。這種反應含有很高的嫉妒成分，因為家屬經常覺得受到欺騙，才不能或不被允許待在病人身邊好好照顧他。他們心中也充滿歉疚的情緒，希望能好好彌補一些錯過的機會。在至親死亡之前，我們幫助病人親屬將情緒抒發得越徹底，他們心裡就會覺得越舒坦。

如果憤怒、怨恨與內疚的情緒都能獲得妥善處理，那麼家屬會和臨終者一樣，接著進入預備型哀傷的階段。而在死亡來臨前，家人越是能盡情表達哀傷，就越有能力承受死亡帶來的衝擊。我們經常聽見親屬驕傲地說，自己總是努力在病人面前保持一張笑臉，但是總有一天，他們將再也無法強顏歡笑。他們不明白的是，對病人來說，面對家庭成員的真實情感比面對虛假的面具更容易，面具會被病人輕易看穿，而且面具意味著偽裝，意味著不願與病人共同面對悲傷的處境。

如果家庭成員能對彼此傾訴這些情緒，他們會逐漸正視即將到來的生離死別，最終一起接受這個事實。或許，最令人心碎的時刻是最後階段，當病人慢慢將自己從包括家人的這個世界抽離的階段。家屬不能理解的是，已經能平靜接受死亡的臨終者必須一步一步地讓自己脫離他的環境，包括他最親愛的家人。如果他繼續執著於那許許多多對他有重要意義的關係，他又如何能準備好迎接死亡呢？若病人要求只讓少數幾位朋友前來探視，接著是他的孩子，最後只讓他的妻子陪伴他，我們應該了解，這就是他逐漸抽離的方式。親近的家人經常會誤解這樣的舉動，以為這是一種拒絕，我們便曾見過好幾位丈夫和妻子對這種正常、健康的抽離方式做出情緒激烈的反應。我想，若我們能幫助他們理解，只有已經對臨終階段下過工夫並已釋懷的病人，才能夠以這樣的方式慢慢地、平靜地讓自己抽離，會對家屬大有幫助。這應該是一種讓他們感到寬慰，而非悲傷或怨恨的狀態。在這段時間裡，最需要支持的是家屬，病人反而可能是最不需要的。我這麼說的意思並非指病人應該被放著不管，我們應該隨時為病人提供幫助，但一個已經達到這個接受與「撤投注」階段的病人，通常在人際關係方面沒有任何需求。如果沒有人向家屬解釋病人的這種抽離方式，可能會引發一些問題，就像我們曾描述過的W太太案例（第七章）。

倘若從家人的角度來看，除了少年早夭之外，最具悲劇色彩的死亡莫過於高齡老人的臨終。無論家人是否幾代同堂或分開住，每一代的人都需要並有權利去過屬於他們自己的生活、擁有自己的隱私，並以符合他們那一代人的方式滿足自身需求。就我們經濟系統的角度而言，老人的壽命已經超過了自己能有所貢獻的時間，但另一方面，他們也辛苦掙得了帶著尊嚴與平靜的心過完自己一生的權利。只要他們身心健康，並能自給自足，這是極可能實現的。然而，我們見過許多老年男性和女性在身體或情緒上已經失能，需要花費大筆金錢才能讓他們維持一個符合家人願望、保有尊嚴的生活，在這種情況下，家人經常會面臨艱難的抉擇，也就是說，是否動用包括借貸與退休儲備金等所有可用的資金來支應這種最後階段的照護。這類老人的悲劇或許在於，大筆金錢與財務上的犧牲可能也無法讓情況有所改善，僅僅是讓生命維持一種最低限度的存在罷了。如果有任何併發症出現，醫療開銷會倍增，讓家人不禁希望病人能走得快一些、走得沒有痛苦，但他們鮮少公開說出這種願望，顯然這樣的願望會讓一個人內心充滿歉疚。

我想起一位老婦人，她已經在一間私人醫院住院好幾個星期，接受全面而昂貴的護理照護。每個人都預期她應該會很快辭世，但日子一天天過去，她的情況沒有任何改變。她的女兒陷入痛苦的抉擇，無法決定要將她送往療養院，還是繼續留在醫院，而母親顯然比較想待在醫院。她的女婿很氣她將他們生平積蓄用盡，為此兩人已經爭吵過無數次，而女兒因為不想覺得歉疚而沒有讓母親出院。我探視這位年老婦人的時候，她看起來又害怕又疲倦。我直接問她在害怕什麼，她望著我，終於吐露出自己一直沒有說出口的話，之所以一直不敢說是因為她知道自己害怕的東西有多麼天馬行空。她害怕自己「被蟲子活生生吃掉」。我聽了大吸一口氣，正試著理解這句話背後真正的含意時，她的女兒突然脫口而出：「如果這是讓你無法死去的原因，我們可以燒掉你。」這句話自然指的是火葬能避免她接觸到土壤裡的蟲子，女兒壓抑的怒氣似乎全都濃縮在這句話裡了。我和這位老婦人單獨坐了一會兒，冷靜地談著她生平害怕的事物，以及她對死亡的恐懼，這份恐懼顯然透過她害怕蟲子這件事呈現出來，彷彿她死後仍會感覺到牠們似的。盡情傾訴之後，她感覺如釋重負，對女兒的怒氣也完全可以理解。我鼓勵她和女兒分享這些心情，讓女兒不至於對自己脫口而出的那番話感到內疚。

我和她女兒在病房外碰面時，我告訴她，她母親能理解她的心情，最後她們終於對彼此說出了自己的擔憂，然後一起安排了火葬的葬禮。她們不再憋著一肚子怨氣，不說一句話地坐在那裡，而是能彼此溝通、互相安慰了。那位母親隔天隨即過世了。若不是我親眼見到她最後一天臉上平靜的表情，我還會擔心是不是那天女兒突然爆發的那番話氣死她的。

另一個經常被忽略的面向是病人罹患的末期疾病類型。對於癌症，我們會預期一些特定狀況，就像心臟病也有它的特定情況。前者經常被視為一種拖延較久、有疼痛症狀的疾病，而後者很可能是突發性的，沒有痛苦卻會當下猝死。我想，一種是至親慢慢走向死亡，給雙方足夠的時間經歷預備型哀傷，另一種是突然接到一通電話說：「事情發生得很突然，沒救了。」相比之下，這兩種情況天差地別。和癌症病人談論死亡與臨終，比和心臟病患者談論此事更容易，因為我們擔心這個話題會嚇到後者，引發他的心臟病發作，亦即他的死亡。因此，比起心臟病患者的親屬，癌症病人的親屬比較願意談論預期的生命終了這件事，因為心臟病患者的死亡可能隨時降臨，而談論這件事可能刺激它發生，至少和我們談過話的許多家屬是這樣認為的。

我記得有一名住在科羅拉多州的年輕人，他母親不准他做任何運動，甚至最輕鬆的也不准，無視醫生給他的建議其實相反。和這名母親談話時，她經常會說出類似這樣的話：「如果他做太多運動，會在我面前倒下。」彷彿她預料到兒子會故意跟她唱反調，做出敵對行為似的。她向我們抱怨自己生下一個「如此體弱的兒子」，對此感到憤恨不滿，兒子還常常讓她聯想到自己那個無能又失敗的丈夫，甚至在說完這些之後，她都沒有覺察到自己內心的敵意。我們花了幾個月仔細、耐心地傾聽這名母親的心聲後，她才終於透露出自己對孩子的負面念頭。她將這些念頭合理化，認為孩子是造成她社交生活與事業處處受限的原因，更進一步導致了她的無能，一如她眼中的丈夫。這些是比較複雜的家庭情況，由於親屬間的衝突，造成一名生病的家庭成員被渲染成一個無法過正常生活的人。如果我們能學會以慈悲心和了解來回應這樣的家庭成員，而不是用妄下論斷和批評的方式，我們也能幫助病人用更從容、更有尊嚴的方式來面對自己的身體缺陷。

以下P先生的例子，清楚說明了當病人已經準備好抽離自己的時候，若家人無法面對現實，反而造成病人的衝突矛盾，會製造出多少難題。我們的目標應永遠放在幫助病人與家屬一同面對危機，好讓雙方能同時接受最終的現實。

P先生是名五十多歲的男性，外表看起來比實際年齡大上十五歲左右。醫生認為他能經由治療而康復的機率很低，部分原因是因為他所罹患的晚期癌症加上消瘦症（marasmus），但主要原因在於他缺乏「鬥志」。P先生在住院前五年，已經因為癌症而切除了胃。起初他坦然接受了自己罹癌的事實，甚至還充滿希望，但隨著他越來越虛弱，身形日漸消瘦，他的意志也日漸消沉，後來他再度入院，因為胸部X光片顯示腫瘤已經轉移到他的肺部了。我見到這位病人時，他尚未被告知切片檢查的結果。現在的問題是，此人非常虛弱，所以不確定採取放射治療或手術是否是個明智之舉。我們進行了兩次的訪談，在第一次訪談裡，我主要做了簡單的自我介紹，並告訴他如果願意的話可以找我談談自己的病情，以及可能衍生的問題。其間一通電話打斷了我們，我便離開訪談室，同時請他考慮一下，並告知他我下次探訪的時間。

我隔天見到P先生時，他張開手臂歡迎我，指著椅子邀請我坐下。雖然我們的談話屢屢被打斷，例如換點滴瓶、發藥、例行的測量脈搏與量血壓等，我們仍談了將近一小時。P先生覺得，我可以讓他「掀開內心的陰暗角落」——用他自己的話是這麼說的，因此他言談之間沒有防衛，也不會閃爍其詞。他已經是個時日所剩無幾的人了，時間寶貴，不容浪費，似乎急著向一個願意傾聽的人傾訴自己的擔憂與懊悔。

前一天，他說了這樣的話：「我想要睡覺，一直睡，一直睡，不要醒來。」今天他又說了同樣的話，不過加上了兩個字「可是」。我滿臉疑惑地看著他，他繼續用虛弱的聲音告訴我，說他太太來探視過他，而且堅信他會撐過去。她仍指望他回家整理花園、照顧那些花花草草，還提醒他說他曾經承諾要提早退休，或許搬到亞利桑那州，享受幾年快活的日子……

他談到二十一歲的女兒時，話裡盡是暖意，深情流露，她從大學請假來探望他，卻被他的樣子嚇壞了。他提到這些事的時候十分自責，好像自己讓家人失望，無法滿足他們的期待是他的錯。

我向他提到這一點，他也點點頭。他又談到自己感到懊悔的事。結婚的最初幾年，他將時間都花在物質方面的累積，努力「為家人打造一個美好的家」，因此他多半的時間都不在家，和家人聚少離多。罹癌後，他將所有時間都用來和家人待在一起，但為時已晚，他的女兒已經離家讀書，有了自己的朋友。在她年紀還小，最需要他陪伴的時候，他只顧忙著賺錢。

談到他目前的情況，他說：「睡覺是唯一的解脫。醒著的每分每秒都是煎熬，純粹的痛苦煎熬，片刻不得輕鬆。我見過兩個被處死的人，我現在竟然對他們感到嫉妒。當時我坐在第一個人的前面，但沒有任何感覺。現在我覺得他真是個幸運的傢伙。死亡是他應得的。他沒有痛苦，死得迅速無痛。我卻只能纏綿病榻，每一分鐘、每一天都是痛苦折磨。」

P先生不太在乎疼痛或身體不適的問題，因為折磨他最深的是無法滿足家人期待、身為「失敗者」的懊悔。另一件折磨他的事是他自己迫切渴望「放手、睡覺，一直睡，一直睡」，而周圍的人卻不斷對他有所期待：「護理師進來說我必須吃點東西，我太虛弱了，醫生也進來對我說他們要著手進行的治療，還期待我對此感到高興；我太太也會進來告訴我出院後該做些什麼工作，而我女兒只是看著我說：『你一定要好起來喔。』——在這種情況下，一個人要怎麼平靜地離開？」

有那麼一瞬間，他微微一笑，說：「我會接受這次治療，然後回家，隔天就回去工作，再多賺點錢。雖然我的保險給付會支應我女兒的教育費用，但這陣子她還是需要一個父親。但你我都心裡有數，我已經不行了。他們可能得學會如何面對這件事，那會讓我的離開輕鬆許多！」

在P先生和W太太（第七章）的案例裡，病人家屬都尚未準備好「放手」，一再以明示或暗示的方式阻止他們從世間事務中抽離。W太太的丈夫會站在她床邊提醒她，說他倆幸福的婚姻不該那麼快結束，也不斷央求醫生盡一切可能挽救她的生命。P先生的妻子則提醒他還有尚未兌現的諾言、尚未完成的任務，並對他表達出同樣的需求，亦即希望未來幾年能再與他一起共度。我不能說這兩位病人的配偶都在經歷否認階段，這兩人其實都明白另一半的真實狀況為何，但兩人都基於自己的需要，而選擇無視真相。他們在和別人說話時會面對現實，但是在病人面前卻否認現實。然而，病人本身才是最需要聽到另一半也意識到病情嚴重性並接受現實的人。假如沒有這份認知，套句P先生的話，「醒著的每分每秒都是純粹的痛苦煎熬」。我們的訪談結束時，病人表達出他心中的希望，他希望自己生命中最重要的人能學會面對他即將撒手人寰的事實，而非希望延長自己的生命。

此人已經準備好脫離這個世界。當終點似乎更有希望抵達，或是已經沒有力量再活下去，他便已經準備好進入最終階段了。人們可能會議論，在這樣的情況下，盡全力採取醫療救治手段是否恰當。若實施足夠的輸液、輸血，服用維生素、能量激發物質、抗憂鬱等藥物，加上心理治療、對症治療（symptomatic treatment）等，這樣的病人可能可以多活一段時間。不過，對於這段額外獲得的時間，我在病人身上聽到的咒罵聲比感謝之詞還要多，我也要再次重申我的信念：病人有權利平靜而有尊嚴地離世。當他的心願與我們的相違背，他不該被利用來滿足我們自己的需求，而我在此指的是身體病重，但頭腦仍清楚並有能力為自己做出決定的患者。他們的願望與意見應獲得尊重，應有人傾聽他們的心聲，詢問他們的想法。倘若病人的意願違背了我們的觀點與信念，我們應該開誠布公地表達出這一矛盾，並讓病人來決定是否要採取進一步的醫療措施或治療。目前為止，我訪談過的許多末期病人中，還不曾見過有人做出不理性的行為或提出令人無法接受的要求，包括我之前描述過的兩名有精神疾病的女子，她們對於治療都堅持到了最後，儘管其中一人幾乎全盤否認自己的疾病。

病人過世後的家庭問題

病人過世後，我發現談論上帝的愛是一件殘忍又不恰當的事。當我們失去親人，特別是在沒有太多時間甚或沒有時間做好心理準備的情況下，我們會怒不可遏、憤恨不已、陷入絕望，而我們應被允許表達這些情緒。病人家屬在同意驗屍後，經常會被晾在一旁無人理會，他們心中滿是痛苦、憤怒，或只是麻木的情緒，徘徊在醫院的走廊上，遲遲無法面對這個殘酷的現實。頭幾天，他們可能有很多事要處理，忙著做各種安排，還要招呼前來弔唁的親友，通常是在葬禮結束、親友散場之後，才會發現內心的空虛感已悄然來襲。在這樣的時刻，若有人能陪他們聊一聊，尤其是一個最近與亡者有聯絡，能和家屬分享一些亡者生前趣事的人，他們會最為感激。這有助於讓亡者親人克服死亡帶來的震撼與初期的哀傷階段，做好漸漸接受事實的準備。

許多親人的生活會被回憶填滿，反覆沉浸在自己的想像裡，說話時也彷彿亡者還活著，如此一來，他們不僅與其他在世者隔絕，也讓自己更難以面對喪親的事實。然而，對一些人來說，這卻是他們面對喪親之痛的唯一方式，若拿這個令他們無法接受的事實來嘲笑他們或刺激他們，著實太過殘忍。較有益的做法是了解他們確實有此需求，並帶領他們走出封閉狀態，幫助他們脫離這樣的心境。在我見過的例子中，這樣的行為主要出現在年紀尚輕就在毫無心理準備的情況下失去丈夫的年輕遺孀身上。這種情況可能經常發生在戰時，年輕人戰死他鄉的時候，不過我相信戰爭會讓家屬更加意識到親人有去無回的可能性，因此，比起例如一個年輕人因突發的急症而意外過世的情況，他們對死亡更有心理準備。

最後，我們應談談孩子，他們經常是被遺忘的一群。並非沒人在乎他們，情況經常正好相反，而是很少人能自在地與孩子談論死亡這件事。年幼的孩子對死亡各有不同的概念，這些都必須納入考量，才能和他們對話並理解他們想要表達什麼。三歲以前，孩子只在乎「分離」的問題，接著是對「殘缺」（mutilation）的恐懼。他們正是在這個年紀開始活動，開始走到外面「踏入世界」，騎著三輪車在人行道上探險。在這樣的環境下，他可能會目睹人生第一隻心愛的寵物被車子輾過，或漂亮的小鳥被貓咪撕成兩半。這就是殘缺對他的意義，在這個年紀，他擔心的是自己身體的完整，會將任何可能破壞這件事的東西視為威脅。

此外，如第一章概略描述過的，死亡對三到五歲的孩子來說並非一個永久不變的事實，它是暫時的，好比在秋天將一個花苞埋進土裡，來年春年又會重新生長。

五歲以後，死亡經常被視為一個人，一個會來把人抓走的妖魔鬼怪，死亡仍然被歸為來自外在的干預。

大約九歲、十歲的時候，務實的概念浮現，死亡開始被視為一個永久的生物過程。

孩子對失去其中一位父母的反應各有不同，從沉默退縮、自我封閉到大聲痛哭都有，後者會吸引他人關注，以此取代自己心愛或需要的對象。由於孩子無法分辨願望與行為之間的不同（如第一章所述），他們可能感到極為自責與內疚，認為父母會去世，自己有責任，因而害怕遭到嚴厲的懲罰與報復。相反地，他們也可能會以相對鎮定的心態面對離別，說出例如「她會回來和我一起度春假」之類的話，或偷偷為她準備一顆蘋果——以確保她在這趟短暫的旅途中有足夠的食物。在這段時間裡，心情已經很沮喪的成年人如果不了解這樣的孩子，對他們加以斥責或糾正，孩子很可能會將自己的哀傷深藏心底，而這經常埋下了孩子日後出現情緒困擾的種子。

然而，青少年在這方面與成年人相差不遠。當然，青春期本身就是個難熬的成長階段，若再加上失去一位父母這種事，對一個年輕人來說實在太難以承受。家人應耐心傾聽他們的心聲，容許他們發洩情緒，無論那是內疚、憤怒或單純的悲傷都好。

哀傷與憤怒的緩解

我想要再次重申的是，讓親人暢所欲言、大聲哭泣吧，需要的話高聲尖叫也無妨。讓他們彼此傾訴、宣洩情緒，但要讓他們隨時找得到你。亡者的後事處理完畢之後，在親人前方等著他們的是一條漫長的哀悼之路。從證實了所謂不利的診斷結果，到家人過世數個月後的這段時間裡，他們都需要幫助與扶持。

我所謂的幫助，指的自然不一定是專業諮商，多數人既不需要也負擔不起這些諮商，但他們需要有人陪伴，或許是一個朋友，或醫師、護理師或牧師，都無所謂。如果社工人員曾協助家屬為病人安排療養院，那麼他會是個很有意義的人選，家屬可以和他談談母親在療養院的話題，因為他們可能會因為無法將她留在家裡而滿懷歉疚。這樣的家庭有時會繼續探望同一間療養院裡的其他老人，繼續對人付出關懷，或許他們有一部分還在否認，又或許只是為了彌補錯過的與祖母相處的機會。無論背後的原因是什麼，我們都應試著去了解這些親屬的需求，並協助他們將需求引導至建設性的方向，以減輕愧疚、羞恥或擔心遭到懲罰和報應的情緒。我們能為這些包括孩子與成年親屬提供的幫助之中，最有意義的就是在死亡發生前便同理並了解他們的感受，容許他們慢慢調整自己的情緒，無論那是理性或非理性的。

若我們能包容他們的憤怒，無論這股怒氣是衝著我們、逝者或上帝而來，都能協助他們跨出一大步，朝著接受現實的方向前進，不再覺得歉疚。如果我們一味責備他們膽敢如此宣洩那些不見容於社會的想法與情緒，那麼我們才是該受責備的人，因為這麼做會讓他們的悲傷、羞恥與內疚感久久揮之不去，導致他們身心都不健康。

CHAPTER

10

末期病患訪談實錄

死亡，您的僕人，來到我門前。他穿越了
未知大海，來到我家傳遞您的詔令。
夜色漆黑，我心惶恐——但我會
拿起一盞燈，打開大門，躬身
歡迎他。佇立門前的是您的使者。
我將含著淚水，雙手合十，禮敬他。
我將在他腳下獻上我心中的珍寶，禮敬他。
他將功成而返，在我的早晨
留下一片陰影；而我寂寥的家中
只剩一個孤獨的我，
作為對您的
最後供養。

——泰戈爾《吉檀迦利》第86首

在前面幾個章節，我們概略描述了病人在病重甚至命危時期越來越難以溝通並表達一己需求的原因。我們總結了一些發現，試著描述我們引導病人說出一己覺察、問題、擔憂與願望的方法。

收錄更多這類的隨機訪談案例似乎大有助益，因為它們涵蓋了病人與提問者的各種回答與反應，為此議題提供了更全面的資訊。別忘了，病人並不認識提問者，事前雙方只在安排訪談時接觸了短短幾分鐘的時間。

在我挑選的一段訪談裡，病人的母親剛好在訪談時來訪，於是自願和我們會面，談談自己的心得。我想他們確切呈現了家庭成員之間面對末期疾病的方式有多麼不同，甚至有時雙方對同一事件的回憶竟也完全不一樣。每一段訪談之後，我會做出簡短的總結，呼應我前面章節提過的論點。這些原始的訪談資料不需要贅言，我們刻意不加以編輯，也未刪減節略，希望能以第一手的方式呈現出訪談過程中的每一刻，包括我們察覺到病人溝通時的明示或暗示之時，以及我們未能及時做出回應之時。無法與讀者分享的部分，是對話時的親身體驗：病人與醫生、醫生與牧師，或者病人與牧師之間持續存在的無言交流，那些嘆息、那些淚濕的眼睛、那些微笑與手勢，以及空洞的目光、驚訝的眼神，抑或張大的雙手——這些全是盡在不言中的交流，有其特殊意義。

雖然以下的訪談除了少數例外，都是我們與這些患者的第一次會面，但訪談大多不止一次。如文中所示，所有病人都經常與我們見面，直到離世。許多病人得以再出院回家一次，有的是為了在家中過世，有的是必須在往後重新入院。他們在家時，會要我們偶爾打電話給他們，或是會打電話給其中一位提問者，以「保持聯絡」。偶爾，會有病人親屬順路來我們辦公室，有些想進一步探究病人的行為，有些希望獲得協助與理解，有些則是想在病人離開後與我們分享一些回憶。我們都會盡力效勞，一如我們在病人住院期間或之後對待病人的方式。

＊＊＊

以下的訪談可用於研究病人親屬在這段艱難的時期扮演何種角色。

S太太被丈夫拋棄，丈夫也是透過兩人年幼的男孩才間接得知她病重的消息。罹病末期的這段時間，她的一位鄰居和朋友扮演了最重要的角色，不過她仍期待與她交惡的丈夫和其再婚妻子能在她死後照顧他們的孩子。

一位十七歲少女展現出年輕人面對死亡危機的勇氣。她的訪談結束後，接著是與她母親的訪談，兩人各自道出了自己的看法。

C太太覺得自己無法面對死亡，因為她還有很多家庭責任尚未完成。這又是一個很好的例子，說明家中有生病、需撫養或年邁者需要病人照料時，家庭諮商有多麼重要。

L太太，一直充當她視力殘疾的丈夫的雙眼，她一直利用這個角色證明自己依然有用，夫妻兩人都在這個危機時刻採取部分否認的態度。

S太太是位四十八歲的女性，新教徒，獨自養育兩名年幼的男孩。她表達出想要和人談一談的願望，於是我們邀請她參加我們的研討班。當時她有些勉強，對於是否前來感到焦慮，但是研討班結束後，她卻感到鬆了一口氣。走到訪談室的路上，她隨意聊起了自己的兩個孩子，這似乎是她住院期間最擔心的事。

醫師：S太太，我們對你仍一無所知，你知道，我們只和你說過一分鐘的話。請問你多大年紀了？

病人：嗯，我看看，到禮拜天我就滿四十八歲了。

醫師：下禮拜天？我得記著才行。這是你第二次住院嗎？第一次住院是什麼時候？

病人：四月的時候。

醫師：為什麼住院？

病人：因為腫瘤，胸部的腫瘤。

醫師：哪一種腫瘤？

病人：嗯，我現在真的沒辦法告訴你。你知道，我對這個病的認識還不夠，分不出有哪幾種。

醫師：你認為是什麼？醫生怎麼告訴你的？

病人：嗯，你知道，我進醫院後他們做了切片檢查，然後兩天後我的家庭醫師就告訴我結果出來了，是惡性的，但實際上的名稱和種類，我不——

醫師：但他們告訴你是惡性的。

病人：是的。

醫師：那是什麼時候的事？

病人：那是在……嗯，應該是三月底左右。

醫師：今年三月嗎？所以今年之前你還健健康康的？

病人：不，不是的，你知道，我曾經感染過結核病，所以隔一段時間就得在療養院住好幾個月。

醫師：了解。在哪裡？科羅拉多州嗎？你是去哪裡的療養院？

病人：在伊利諾州。

醫師：所以，你一生中得過很多病。

病人：是的。

醫師：你是不是有點習慣上醫院了？

病人：沒有。我想我永遠不會習慣上醫院。

醫師：那麼，這個病是怎麼開始的？你是因為什麼原因來醫院的？能不能告訴我們這個病一開始是什麼樣的情況？

病人：我發現一個小腫塊，那就像是……喔，可能像是一個黑頭之類的，你知道。就在這裡，然後它越來越大，還會痛，啊，我想我和大部分的人差不多吧，不想去看醫生，所以一直拖延，直到最後我發現情況實在越來越嚴重，非得去找個人看看了。嗯，幾個月前，多年來一直為我看診的家庭醫師過世了，我也不知道要找誰。當然，我的意思是我沒有先生在身邊，我結婚二十二年了，我先生決定要和別人在一起，所以家裡只有兩個男孩子和我，我覺得他們需要我。我想那可能也是其中一個原因吧，如果有什麼嚴重的情況，唉，我會一直告訴自己不可能。我必須在家照顧孩子，那就是我一直拖的主要原因。我最後終於去看醫生的時候，腫瘤已經長得很大了，而且很痛，痛到我再也受不了了。我去找家庭醫師，唉，他只說在他那裡他也無計可施，我得去大醫院才行。所以，我就去了。我想大概四、五天後吧，我便住進了醫院，而且，我一邊的卵巢上還有一個腫瘤。

醫師：同時嗎？剛發現的？

病人：對。我也是以為他會趁我在那裡的時候做些處置，但他做了切片檢查後回來，說是惡性的，接著他當然也是無計可施。他說他無能為力了，我必須自己決定要去哪裡治療。

醫師：意思是決定去哪一間醫院？

病人：是的。

醫師：然後你就自己選了這間醫院？

病人：對。

醫師：你為什麼選這間醫院呢？

病人：喔，我們有個朋友曾在這裡看病。我是透過保險認識他的，他對這間醫院和這裡的醫生、護理師都讚不絕口。他說這裡的醫生很專業，你會得到很好的照顧。

醫師：真的是這樣嗎？

病人：對。

醫師：當你被告知自己有惡性腫瘤時，我很好奇你是用什麼態度面對的。你已經拖了那麼久，拖延著不想聽到真相，後來你如何接受這件事的？或是聽到事情的真相時，你知道，因為你必須在家照顧孩子，當真相最終必須揭曉，你如何接受？

病人：我第一次聽到的時候，整個人崩潰了。

醫師：怎麼了？

病人：情緒崩潰。

醫師：沮喪，痛哭？

病人：啊哈！我一直以為自己不會得那種病。然後我發現病情竟然那麼嚴重的時候，我想，我不得不接受這個事實吧，崩潰解決不了任何問題，而且我想，越快找到人幫我越好。

醫師：你有告訴孩子這件事嗎？

病人：有，跟他們兩個都說了。我的意思是，唉，我真的不知道他們能了解多少。我是說，他們知道這件事很嚴重，至於他們對嚴重性的理解有多少，就不得而知了。

牧師：你其他的家人呢？你和其他人說了嗎？有其他人可以說嗎？

病人：我有個朋友，大概交往了五年的朋友。他是個很好的人，一直對我很好。他也對孩子很好，我是說，從我必須離開孩子的那天起，他一直幫我照看著孩子，看看是不是有人去幫他們準備晚餐，去陪陪他們。我的意思是，孩子不是完全沒人理會，你知道，不是完全得靠自己。當然，哥哥可能會承擔起較多的責任，但我覺得他在二十一歲以前都還是個未成年人。

醫師：有人照看的話，你會覺得比較安心。

病人：是的，還有個鄰居會幫我。我們的房子類似雙併屋，她住在屋子的另一半。她每天都在我家進進出出，我在家的那兩個月，她一直幫我處理家務。她很照顧我，你知道，幫我洗澡，確保我有飯吃。她真的是個非常棒的人。她也是個很虔誠的人，你知道，她有自己的宗教信仰，她真的幫我做太多事了。

醫師：她有什麼宗教信仰？

病人：其實我也不確定她上什麼教堂。

醫師：新教？

病人：對。

牧師：你有其他家人嗎？或是這——

病人：我有個住在這裡的哥哥。

牧師：但他和你的關係沒有那麼親，像——

病人：對，我們一直不是那麼親近。我覺得在我認識她的這段短短時間裡，她真的是我最親近的人。我的意思是，我可以對她說真心話，她也可以對我說真心話，這讓我覺得好過多了。

醫師：嗯，你很幸運。

病人：她真的很棒。我從來沒有認識像她這樣的人。我幾乎每天都會在信箱收到她放的卡片或幾句話，內容有時很蠢很好笑，有時是比較正經的，但我的意思是，我甚至非常期待收到她的來信。

醫師：知道有人關心你。

病人：是的。

醫師：你先生是多久之前離開你的？

病人：一九五九年的九月。

醫師：五九年。那時你有肺結核嗎？

病人：第一次發現是一九四六年。那年我失去了我的小女兒，她當時兩歲半，我先生在服役。她病得很重，我們帶她去醫院找專家治療。然後，唉，最難受的是她在醫院的時候我不能去看她。當時她陷入昏迷，後來就再也沒有醒來了。他們問我可否驗屍，我答應了，或許有一天這可以幫助到其他人，因此他們進行了解剖，發現她得了稱為「粟粒型結核」（miliary TB）的病，病菌是在血流裡發現的。我先生服役的時候，父親過來和我同住，所以後來我們都做了檢查，發現我父親一邊的肺部有個大空洞，我只有一點小問題，所以他和我都同時住進了療養院。我在那裡待了大概三個月，需要做的治療只有臥床休息和打針，不需要手術。後來，往後那幾年，我在兩個孩子出生前後又進了療養院幾次，不過自從五三年小兒子出生後，我就沒有以病人身分去過那裡了。

醫師：女兒是你的第一個孩子？

病人：是的。

醫師：還是你唯一的女兒。一定很難熬吧，你是怎麼走出來的？

病人：嗯，那真的非常難熬。

醫師：是什麼給了你力量？

病人：禱告，可能吧，那比任何事都管用。她和我，我是說，當時她是我的一切。我先生離開的時候，她三個月大，她呢，我真的是為她而活的，你知道。我以為我根本無法接受，但後來還是接受了。

醫師：那麼現在，你先生離開後之後，你是為其了他兩個男孩子而活了。

病人：是的。

醫師：那一定非常艱難。那麼現在，每當你陷入憂鬱或對病情感到沮喪的時候，你的宗教信仰或禱告或什麼的，能幫助你度過難關嗎？

病人：我想最管用的是禱告吧。

醫師：你有沒有思考過，或和任何人談過，如果你會因為這個病過世的話該怎麼辦？還是——你根本不去想這些事情？

病人：嗯，沒有，我還沒有想太多。除了我那位朋友，那位女士，她會和我談到事情的嚴重性和這類事情，唉，你知道的，除了她以外，我還沒有和任何人談過這件事。

牧師：你的牧師會來看你嗎？還是你會上教堂？

病人：嗯，我之前會上教堂，你知道，我這幾個月以來都身體不舒服，甚至進來這裡之前就不舒服了。我也一直不是很乖地上教堂，但是——

牧師：牧師會來看你嗎？

病人：我來這裡之前，還在自己家那邊看病的時候，他來看過我。我住進這裡之前，他原本又要來看我的，但我想我來這裡的決定比較匆促，所以他沒機會在我來之前見到我。我住進這裡兩、三個禮拜後，D神父來看過我。

牧師：不過，你的宗教信仰主要都是靠自己在家培養起來的。你在教會沒有一個傾訴的對象和出口。

病人：對，沒有。

牧師：但是你的朋友扮演了這個角色。

醫師：聽起來這位朋友相對上算是新朋友，你剛搬進這間雙併屋嗎？還是她剛搬進來？

病人：我認識她大概……喔，大概一年半左右吧。

醫師：就這樣？太棒了不是嗎？你們倆怎麼在這麼短的時間裡變得那麼合拍的？

病人：其實，我也不知道，這真的很難解釋。我是說，她說她這輩子一直想要有個姐妹，我們談心的時候，我說，哇，我也想要有個姐妹。我說我們就只有兄妹倆，我哥哥和我，她說，那麼，我想我們找到彼此了，現在你多個姐妹，我也多個姐妹了。她一走進房間，你就感覺到，哇，感覺真的很棒，就像回到了家。

醫師：你曾經有過姐妹嗎？

病人：沒有，家裡只有我們兄妹倆。

醫師：你只有一個哥哥。你父母親是什麼樣的人呢？

病人：我父母在我們很小的時候就離婚了。

醫師：多小？

病人：我兩歲半，我哥哥大概三歲半，我們是阿姨和姨丈撫養長大的。

醫師：他們人怎麼樣？

病人：他們對我們非常好。

醫師：你的親生父母呢？

病人：我母親還健在。她就住在本地，我父親不久前去世了，他之前生病，一直住在療養院。

醫師：你的父親是因為肺結核過世的？

病人：是的。

醫師：了解。你覺得和誰比較親？

病人：我阿姨和姨丈，他們其實就是我的父母。我的意思是，我們從小就和他們在一起。而且，我是說，他們從來不會……他們對我們說他們是阿姨和姨丈，但我的意思是，他們對我們來說就和父母一樣。

醫師：沒必要騙人。他們對這件事的態度很坦誠。

病人：是啊。

牧師：他們還活著嗎？

病人：我姨丈已經過世好幾年了，我姨媽還活著，現在八十五歲了。

牧師：她知道你得這個病嗎？

病人：知道。

牧師：你和她經常聯絡嗎？

病人：是啊，經常聯絡。我的意思是，她不常出門，她的健康狀況不是很好。去年，她有脊椎關節炎問題，住院了好一陣子。當時我不知道她能不能熬過那場病，但她挺過來了，現在狀況還不錯。她有自己的小屋子，她自己獨居，自己照顧自己，我想那很棒。

醫師：八十四歲？

病人：八十五歲。

醫師：你靠什麼維持生計？你有工作嗎？

病人：在我住進來這裡之前，我一直有兼職工作。

醫師：四月的時候？

病人：對。但我先生一週給我們很多生活費。

醫師：明白，所以你不需要靠工作維持生計？

病人：對。

醫師：你先生和你還有一些聯絡？

病人：嗯，他，他想見孩子的時候就會來見他們，這總是——我總是覺得，他想要什麼時候來看他們，都由他自己決定。他和我住在同一個城市。

醫師：嗯嗯。他再婚了嗎？

病人：對，他結婚了。他再婚，喔，大概是他離開後一年左右吧。

醫師：他知道你生病嗎？

病人：知道。

醫師：他知道多少？

病人：啊，我不太清楚，我的意思是，可能只知道孩子告訴他的那些吧。

醫師：你和他沒有口頭上的溝通。

病人：沒有。

醫師：明白，那麼你還沒有私下和他見過面？

病人：沒有談過。我不會……沒有。

醫師：這些惡性腫瘤已經擴散到你身體的哪些部位了？

病人：嗯，這裡有個腫瘤，還有肝臟的這一塊，我腿上還有一個大的腫瘤，吞噬了我大半的腿骨，所以他們在我腿上插入一根鋼釘。

醫師：那是春天還是夏天發生的事？

病人：七月的時候。還有，我的卵巢也有一個腫瘤，這個到現在還不確定——你知道，他們還不確定它的源頭在哪裡。

醫師：是啊，他們現在知道腫瘤散布在不同地方，但不知道最原始的地方在哪裡。對了，長了這樣的惡性腫瘤，對你來說最糟糕的是什麼？這對你的正常生活和活動妨礙有多大？譬如說無法走路，你能走嗎？

病人：不能，只能撐著拐杖走。

醫師：你可以在屋子裡拄著拐杖走一走？

病人：對，但至於做事，例如煮飯或做家事這些，仍十分有限。

醫師：對你還有什麼其他影響？

病人：嗯，我真的不知道。

醫師：我記得你在樓上的時候說過，你常痛得受不了。

病人：的確。

醫師：對，那現在還是這樣嗎？

病人：嗯嗯。我想，已經過了好幾個月，你最好學會忍受這種事，我的意思是，有時痛得要命，實在讓人受不了，你就會討個什麼來止痛，但我從來就不是那麼愛吃藥的人。

醫師：S太太給我的印象就是對疼痛很能忍耐的人，會一直忍到最後才說出來。好比她就拖了很長一段時間，眼看腫瘤越長越大才去看醫生。

病人：那一直是我最大的問題。

醫師：護理師會覺得你很難相處嗎？你需要什麼東西的時候，有沒有告訴他們？你是個什麼樣的病人，你知道嗎？

病人：我想你最好直接問護理師。（開玩笑的口吻）

牧師：喔，那簡單，但我們想知道的是你有什麼感覺。

病人：喔，我不知道，我……我想我和任何人都可以處得來。

醫師：啊哈！我想也是。但你可能太少開口要求什麼。

病人：真的有必要的時候我才會開口要求。

醫師：為什麼？

病人：我真的不知道為什麼。我是說，每個人都不一樣，你知道，能照顧好我自己的話，我是最開心的，一直是如此，自己做家事、為孩子做些事情等等。現在最困擾我的，就是我覺得要別人來照顧我。我真的很難接受這樣的事。

醫師：病得越來越重是最糟糕的部分，是嗎？因為沒辦法再為他人付出了？

病人：是的。

醫師：在身體沒辦法那麼活躍的情況下，可以怎樣為他人付出呢？

病人：嗯，你可以在禱告的時候想到他們。

醫師：或是你現在正在這裡做的事。

病人：是的。

醫師：你認為這可以幫助到其他病人嗎？

病人：是的，我認為可以，我希望可以。

醫師：你覺得我們還能幫上什麼其他的忙？瀕臨死亡對你來說是什麼感覺？對你來說意味著什麼？

病人：我不怕死。

醫師：不怕嗎？

病人：不怕。

醫師：這個字眼沒有不好的意涵？

病人：我不是這個意思。每個人自然都想要活得越久越好。

醫師：那是自然。

病人：但我不會怕死。

醫師：你對這件事有什麼想法？

牧師：那也是我想問的，我們並不是要灌輸什麼想法給你，只是人們都會遇到一些問題。你曾想過嗎？如果這場病最後導致死亡，會怎麼樣？你想過這個問題嗎？你提到曾和朋友談過。

病人：對，我們談過這件事。

牧師：你能和我們談談你對這件事的感受嗎？

病人：對我來說這有點難，你知道，去談……

牧師：比起和其他人談這件事，和她談比較自在些。

病人：其他認識的人。

牧師：我能問你一個相關的問題嗎？關於你的病，這是你第二次生重病了，你曾得過肺結核，也曾失去女兒——這些經驗如何影響你對生命的態度，還有你的宗教信念呢？

病人：我想這讓我與神更親近。

牧師：哪方面呢？是覺得祂可以幫上忙，還是……

病人：是的，就是覺得我已經將自己交到祂手上。我是否會康復，再次擁有正常生活，完全由祂決定了。

牧師：你提過自己對依靠他人覺得有困難，但是卻能從你那位朋友身上接受那麼多的幫助，依靠神是否讓你覺得有困難？

病人：不會。

牧師：祂比較像是這位朋友，是嗎？

病人：對。

醫師：如果我的理解沒錯的話，你的朋友和你有同樣的需求，她也需要一個姐妹，所以這是一種互惠，不是只有單方面接受。

病人：她的人生也經歷過悲傷、遭遇過困難，或許那也是她容易和我親近的原因吧。

醫師：她是個單身女子嗎？

病人：她懂我。她已經結婚了，但沒有孩子。她很喜歡小孩，但沒有自己生過。不過每個人的孩子她都很喜愛。她和先生一起在兒童之家工作，一直擔任宿舍家長。喔，他們身邊總是圍繞著許多小孩子，也對我那兩個兒子非常好。

醫師：如果你必須長期住院，或是你離世了，誰可以照顧那兩個孩子？

病人：啊，如果我有什麼事，我想自然會由他們的爸爸來照顧。我想他有責任——

醫師：對此你有什麼感覺？

病人：我想那是最好不過了。

醫師：對孩子來說。

病人：我不知道對孩子來說是不是最好，但是——

醫師：他們和你丈夫的第二任太太相處得如何？她將來會代替母親的角色。

病人：嗯，他們對她真的很反感。

醫師：哪方面？

病人：嗯，我不知道她是不是討厭這兩個孩子，或是什麼的，我不知道。但是我相信，他們父親的心中是真的愛這兩個孩子的，我想他一直都很愛他們。如果最後真的有什麼問題，我想他一定會努力解決，不會坐視不管。

牧師：你的兩個孩子年齡差距滿大的，弟弟是十三歲嗎？

病人：十三歲。他今年讀八年級了。

醫師：十三歲和十八歲，對嗎？

病人：哥哥去年高中畢業了。他九月剛滿十八歲，所以得入伍了，這讓他悶悶不樂，我也開心不起來。我不去想那麼多，我努力不去想，但還是會想。

醫師：尤其是在這種時候，還要擔心這個真的會很難受。這間醫院整體來說，還有你那一樓層的人，有沒有盡力協助你，或是對待像你這樣的病人方面，你有什麼建議？覺得有什麼需要改進的地方嗎？因為像你這樣的病人，肯定有不少問題、內在矛盾和擔憂，而且很少對別人說起，就像你一樣。

病人：喔，我想，我覺得，我希望我的醫生能為我解釋得更清楚一些。我發現，我的意思是我仍然覺得自己置身在黑暗中，懵懵懂懂的。唉，也許有些人真的想知道他們病得有多重，有些人不想。我想，如果自己不久於人世，我會想要知道。

醫師：你問過他嗎？

病人：沒有，醫生們總是匆匆忙忙的——

醫師：下次請你攔住他，直接問他，好嗎？

病人：我覺得他們的時間寶貴。我的意思是我不會——

牧師：這很像她說過的，這就是她對其他人際關係的態度。她不會強迫任何人做什麼，而且占用他人時間對她來說也有點強迫意味，除非她與他們相處時能感到輕鬆自在。

醫師：除非到了腫瘤長那麼大，你也痛到受不了的地步——對嗎？你想聽哪位醫生的解釋？你有好幾位醫生嗎？誰讓你感覺比較輕鬆自在？

病人：我對Q醫生最有信心，好像他一走進病房，我就、我就覺得無論他告訴我什麼事都沒有關係，都很好。

醫師：也許他在等你開口問他？

病人：我對他一向有這種感覺。

醫師：你認為他可能是在等你主動開口提問嗎？

病人：嗯，我不曉得，我不——他可能會對我說一些他覺得有必要說的話吧。

醫師：但對你來說，這樣還不夠。

牧師：嗯，她說這話的意思是想要被告知更多訊息。她舉的例子「如果我不久於人世」，讓我想到這是不是就是你擔心的事？這是你在心裡對自己說的話嗎？

醫師：S太太，不久於人世的意思是什麼？那很大程度上是個相對的概念。

病人：喔，我不知道。我會說六個月或一年吧。

牧師：如果情況不是那樣，你還會那麼迫切想知道更多詳情嗎？我的意思是你剛剛說的情況。

病人：無論我的病情如何，事實就是事實，我還是會想要知道真相。我是說，我想，有些人你可以告訴他們實話，有些人不行。

醫師：知不知道有什麼差別？

病人：喔，我不知道。我可能會更盡情享受每一天吧，如果我——

醫師：你知道，沒有一個醫生能告訴你確切的時間。你知道，他也不知道——但有些醫生出於好意估算了大概的時間，有些病人便因此心灰意冷，之後反而每天心神不寧。你怎麼看待這種情況？

病人：我沒有這種困擾。

醫師：但你應該了解為什麼有些醫生會有戒心吧。

病人：是的，我相信有些人會從窗戶跳下去，或者——做出一些反應激烈的事。

醫師：有些人真的是這樣，沒錯，但你顯然已經對這件事思考過一段很長的時間，因為你知道自己的處境。我想你應該和醫生談談，告訴他你的想法。直接敲門走進去，看看能多了解到什麼程度。

病人：也許他覺得我不應該知道實情，我的意思是，那——

牧師：你問了就知道。

醫師：一定要先問，才會知道答案。

病人：我剛來這裡認識的第一位醫生，你知道，就是我第一次來醫院做第一次檢查的時候，我對他非常有信心，從第一天見到他開始就有這種感覺。

牧師：我想，是一種順理成章的信賴感。

醫師：那非常重要。

病人：我是說，就像我回家的時候有家庭醫師，覺得和他很親近。

醫師：結果你失去他了。

病人：這確實讓人很難受，因為他是這麼好的一個人。他還有大好的人生在等著他。他才……他當時五十多歲，不到六十。當然，你也知道，醫生的生活沒那麼輕鬆。我想他應該是沒有好好照顧自己吧，他總是病人優先。

醫師：像你一樣！你是孩子優先——

病人：他們一向優先。

醫師：現在，在這裡對你來說很不容易嗎？你知道，你來參加這個研討會的時候還有點懷疑。

病人：嗯，我當時確實提不起勁來參加。

醫師：我知道。

病人：但我想，嗯，我就是決定要來了。

牧師：你現在有什麼感覺？

病人：我很高興我來了。

醫師：沒那麼糟，對嗎？你知道，你說你不是個很好的講者，我認為你做得很好。

牧師：沒錯，我贊同。不過，我在想，你有沒有什麼問題想問我們——既然你先前提到醫生一直匆匆忙忙的，不曾放慢腳步讓病人問問題。我們現在放慢腳步，看看你對這個研討班有什麼問題想要問我們，任何問題——

病人：喔，我是說，我……你來的時候提到一些事，我還不是很了解研討班要解決什麼問題，或者它能——它的重點是什麼，你知道。

牧師：這個會議有沒有解決你一部分的疑問？

病人：一部分，有的。

醫師：你看，我們在這裡努力的方向，其實是從病人那裡學習，學習如何與一個我們從未見過面、根本完全不認識的陌生人談話，學習如何去了解病人到一個相當的程度，進而看見他有什麼需求和渴望。然後順著這個方向去滿足他，好比我現在就從你身上學習到很多，知道你相當了解自己的病情，知道這個病的嚴重性，還知道它已經擴散到不同地方。我想沒有人能告訴你這個病到底會拖多久。他們已經在嘗試一些新的飲食規定，不過我想還沒讓太多病人嘗試，但他們對此抱著很大的希望。我知道這種飲食規定是你難以忍受的那種。我想每個人都盡自己的力量在努力，你知道——

病人：如果他們覺得那對我有幫助，我會想試試看。

醫師：他們確實這麼覺得，所以才提供給你。但我想你要表達的是，你想要有充分的時間能和醫生坐下來好好談一談，儘管他可能沒辦法立刻清楚回答你所有的問題，我想沒人能辦得到，但就只是談一談。就像你和家庭醫師見面時會聊一聊那樣，那也是我們努力在做的事。

病人：我以為我會很緊張，但其實不會，我是說，我覺得滿自在的。

牧師：我覺得你坐在這兒挺放鬆的。

病人：我剛進來的時候，其實心裡七上八下。

牧師：你有這麼說過。

醫師：我想我們該帶你回去了，我們偶爾會過去看你，好嗎？

病人：好啊。

醫師：謝謝你過來。

總結來說，這位病人是個很典型的例子，她一生有許多失去的經驗，非常需要有個人能讓她傾訴她的煩憂，對一個關心她的人抒發自己的感受讓她覺得非常安心、非常放鬆。

S太太在兩歲半的時候父母離異，由親戚撫養長大。她唯一的女兒在兩歲半時因肺結核過世，當時她先生在服役，除了她最親近的小女兒，身邊沒有其他人了。不久之後，她父親在療養院過世，自己也因為肺結核住院。她的先生在結婚二十二年之後離開她和兩個年紀還小的男孩子，和另一個女人在一起。她最信任的家庭醫生在她最需要他的時候去世了，當時她注意到有個可疑的腫塊，後來證明為惡性腫瘤。她獨自養育兩個孩子，一直將治病這件事往後延，一直拖到疼痛難耐、腫瘤擴散才就醫。然而，在這段愁苦孤單的日子裡，她總是有一些推心置腹的朋友能分擔她的憂愁。他們也是替代品——如同她的阿姨和姨丈，也是她親生父母的替代品。男友代替她丈夫，鄰居代替她從未有過的姐妹，而後者和她建立起一段最有意義的關係，因為當她病情惡化的時候，鄰居代替病人為孩子扮演了母親的角色。這份幫助滿足了她自身的需求，同時是在一種不過度介入且體貼的方式下完成。

社工人員也在後來的醫病關係管理上扮演了重要的角色，他們告知了醫生，病人想要和他多談一談自己病情的心願。

接下來的訪談對象是一個十七歲女孩，患有再生不良性貧血，她要求當著學生們的面講話，隨後我們也立刻和她母親進行了一段訪談，接著是醫學院學生、她的主治醫師，以及她病房的護理人員針對相關議題的討論。

醫師：我想我會讓你覺得輕鬆點，好嗎？如果你覺得太累或疼痛，請一定要告訴我們。你能否告訴大家你病多久了，什麼時候開始生病的呢？

病人：嗯，我就突然患上這個病了。

醫師：怎麼患上的呢？

病人：嗯，我們當時去參加教會聚會，在X小鎮，也就是我們住的地方，我每次聚會都會參加。我們轉往學校用晚餐，我拿了我的盤子之後，一坐下來頓時覺得全身發冷，感到畏寒，開始打哆嗦，身體左側一陣刺痛。他們把我送去牧師家，讓我躺在床上休息，但我卻越來越痛，越來越冷，於是牧師打電話給他的家庭醫生，他過來之後說我得了急性闌尾炎。他們送我進醫院後，疼痛似乎逐漸緩解，好像自己消失了一般。他們做了很多檢查，發現不是闌尾炎，所以就讓我和其他人一起回家了。之後的幾個禮拜，一切都很正常，我又重回學校上課。

學生：你當時覺得那是什麼病呢？

病人：嗯，我不知道，我回學校上了幾個禮拜的課，然後有一天我突然很不舒服，跌下樓梯，全身虛弱無力，眼前一片漆黑。他們打電話給我的家庭醫師，他來了之後告訴我我有貧血。他讓我住進醫院，然後為我輸了三品脫的血。接著我這裡就開始痛，痛得很厲害，他們認為可能是脾臟問題，準備將它切除。他們照了一大堆X光片，也做了其他各種檢查，但我還是一直出問題，他們也束手無策。後來Y醫師加入會診，我便到這裡做檢查，他們又讓我住院了十天。做了許多檢驗後，才發現我罹患再生不良性貧血。

學生：那是什麼時候的事？

病人：大概是五月中旬。

醫師：這對你來說意味著什麼？

病人：嗯，我也想知道到底是什麼毛病，因為我已經缺課很久了。一直痛得滿厲害的，你知道，我想找出是什麼原因。所以我在醫院待了十天，讓他們做各種檢查，然後告訴我到底得了什麼病。他們說這不算太糟糕，但他們也不知道是什麼原因造成的。

醫師：他們對你說這不算太糟糕？

病人：嗯，他們是這麼告訴我父母的。我爸媽問我是不是想知道全部的實情，我說是，我想要知道全部的實情，他們便全部告訴我了。

學生：你是怎麼看這件事的？

病人：嗯，起初我也不知道，後來我似乎明白，我生病是神的旨意，因為它是瞬間突然發生的，我之前從來沒有生病過。我領悟到自己生病是神的旨意，我在祂的照拂之下，祂會照看我，所以我不必擔心。從那之後我一直憑著這個信念繼續過日子，我想，明白這一點，讓我繼續活到了現在。

學生：會不會對此感到沮喪呢？

病人：不會。

學生：你認為其他人會嗎？

病人：喔，一個人有可能病得很嚴重。我覺得，你知道，沒有什麼事是保證的，我想每個生病的人都偶爾會這麼覺得吧。

學生：有時候你會不會希望不是由父母來告訴你病情——你會希望或許是醫生告訴你的，主動對你說的？

病人：不會，我比較想讓父母告訴我。喔，我想由他們告訴我沒有關係，但如果醫生能告訴我……我也會覺得很好，覺得很開心。[15]

學生：你周遭的工作人員，醫生、護理師等，你認為他們有沒有刻意迴避這些問題呢？

病人：他們從沒對我說過什麼，你知道，大多是父母告訴我的。他們必須告訴我。

學生：從你第一次聽到這個消息到現在，你覺得自己對於這個疾病的結果，是否有了不一樣的看法？

病人：沒有，我的看法還是一樣。

學生：你是否思考過這個問題很久？

病人：嗯嗯。

學生：但你的看法仍然沒有改變？

病人：沒有。我遇到各種困難，像現在他們就找不到我的血管。他們會給我其他類似的麻煩，造成這種種問題，但我們現在就是必須堅守信仰。

學生：你認為你在這段時間裡，信仰比以往更堅定了嗎？

病人：嗯嗯，確實如此。

學生：你是否覺得，這就是你的一個轉變呢？你的信仰變成帶領你度過難關的最重要原因。

15 原註：此處，她對由父母告知病情而非醫生這件事，態度顯得模稜兩可。

病人：嗯，我也不知道。他們說我可能過不了這一關，但如果祂想要我好起來，我就一定會好起來。

學生：你的個性變了嗎？你每天有察覺到任何變化嗎？

病人：有，因為我和更多人有不錯的互動，不過我通常是如此。我會到處走走，探訪一些病人，協助他們。我和其他室友也相處融洽，這讓我有人可以說說話。你知道，當你覺得沮喪的時候，和別人聊聊很有用。

醫生：你經常覺得沮喪嗎？這個病房以前有兩個人，現在只剩你一個人嗎？

病人：我想是因為我已經疲憊不堪了吧。我已經一個禮拜沒有去戶外走走了。

醫生：你現在覺得累了嗎？如果太累務必告訴我，我們就結束談話。

病人：不會，一點也不累。

學生：關於家人和朋友對你的態度，你是否注意到有什麼改變呢？

病人：我和家人的關係變得緊密了許多。我們相處很融洽，我和哥哥從小就很親近。你知道，他十八歲，我十七歲，我們的年紀只差了十四個月。我姐姐和我也一直非常親近，所以現在他們和我父母都和我關係更緊密了。你知道，我可以和他們聊更多事，而且他們，嗯，我也不知道，就只是一種彼此更親近的感覺。

學生：與父母的關係更深入、更豐富了？

病人：嗯嗯，和家裡其他孩子也一樣。

學生：這是一種在生病期間獲得支持的感覺嗎？

病人：是的，我覺得若沒有家人和所有那些朋友，我現在應該撐不下去。

學生：他們想盡各種方式幫助你。那麼你呢？你是否也在某種意義上幫助他們？

病人：嗯，我試著……每次他們來的時候，我會盡量讓他們感到自在，讓他們回家時覺得更好過一些，諸如此類的。

學生：你獨自一人的時候，會不會覺得沮喪？

病人：會，我會有點恐慌，因為我喜歡和人相處，喜歡和大家在一起，和什麼人在一起……我也不知道，我一個人獨處的時候，所有的問題都來了。有時身邊沒人可以講話的時候，你會覺得特別沮喪。

學生：你覺得獨自一個人的時候，有沒有什麼特別的東西讓你覺得害怕獨處？

病人：沒有，我只是覺得沒有人在身邊，沒有人可以講話。

醫師：你在生病之前是個什麼樣的女孩？很活潑外向嗎？或者喜歡獨處？

病人：嗯，我滿活潑外向的。我喜歡運動之類的活動，去看比賽、參加聚會等等。

醫師：你生病之前，曾經獨處過一段時間嗎？

病人：沒有。

學生：如果可以重來一遍，你會寧願父母不要那麼早告訴你嗎？

病人：不會，我很高興自己一開始就知道真相。我的意思是，我寧願一開始就知道自己會死，這樣他們就知道如何面對我。

學生：你必須面對的是什麼？在你的想像裡，死亡是什麼樣子？

病人：嗯，我想那是一件美好的事，因為你可以回家，你的另一個家，接近神，我不害怕死亡。

醫師：你對於這「另一個家」有具體的想像畫面嗎？你知道，我們每個人雖然從來不會去談論這件事，但對它都存有一些幻想。你介意說一說嗎？

病人：我覺得有點像是在那裡和每一個人團聚，那是很棒的事，有一些其他人在那裡——特別的人，你知道，好像一切都變得不一樣。

醫師：對於那裡，還有其他想說的嗎？感覺起來怎麼樣？

病人：喔，你會說那是一種美好的感受，不再有需求，只是在那裡，永遠不會再獨自一人。

醫師：事事圓滿？

病人：事事圓滿，嗯。

醫師：不需要食物來維持體力。

病人：不用，我覺得不需要。你會擁有內在力量。

醫師：你不再需要所有這些世俗的東西？

病人：是的。

醫師：了解。嗯，你是怎麼獲得這些力量的，怎樣獲得一開始就面對這件事的勇氣？你知道，很多人都有宗教信仰，但很少有人能在事情發生時像你一樣面對它。你一直是這樣的嗎？

病人：嗯。

醫師：你內心深處從來沒有產生任何敵對的——

病人：沒有。

醫師：或是對那些沒有生病的人生氣。

病人：沒有，我覺得我和父母處得很好，因為他們曾在S當過兩年的傳教士。

醫師：原來如此。

病人：他們一直在教會盡心盡力服務，我們是在一個基督教家庭長大的，那幫助很大。

醫師：你覺得我們當醫生的，應不應該和那些罹患絕症的病人談論他們的未來？如果你的任務是教育我們，讓我們知道該為其他人做些什麼，你能告訴我們，你想教我們什麼事嗎？

病人：嗯，醫生通常會走進來，看看你，然後說：「你今天過得怎麼樣？」或類似這樣的話，真的很假。這讓你痛恨生病這件事，因為他們從來不會和你聊一聊。或者他們進來的時候，態度好像他們跟你是不同類的人，我知道的大部分醫生都是這樣。好吧，他們會過來和我說一會兒話，問我覺得如何，閒聊一下。他們會聊我的頭髮，說我看起來好一些了之類的。他們只是對著你說話，然後問你覺得怎麼樣，有些會盡量為你解釋一些事情。他們也很為難啦，因為我還未成年，所以他們也不該告訴我任何事，他們應該告訴我父母的。我認為和病人談一談是件很重要的事，如果醫生讓人感覺冷冰冰的，你會有點害怕他們進來，怕他又態度冷淡，一副公事公辦的樣子。如果他們進來的時候能表現得溫暖一點，有人情味一點，那對我們絕對幫助很大。

醫師：來這裡和我們談論這些事，是否讓你有過不舒服或不愉快的感覺？

病人：沒有，我不介意談論這件事。

學生：護理師們是怎麼處理這個問題的？

病人：他們大多非常友善，也和我聊很多，大部分的人我都很熟。

醫師：你覺得就某方面而言，護理師在處理這件事的時候，比醫生做得更好？

病人：嗯，是的，因為他們待在這裡的時間比較長，做的事也比醫生多。

醫師：嗯，他們不會讓你覺得那麼不舒服。

病人：這點是肯定的。

學生：不介意的話，我想問問，在你成長過程中，曾經有家人過世嗎？

病人：是的，我爸爸的哥哥，我伯父過世了。我參加了他的葬禮。

學生：你那時有什麼感覺？

病人：嗯，我也不知道。他看起來很古怪，看起來不一樣。但是你知道，那是我第一次見到死人。

醫師：你當時幾歲？

病人：我會說大概十二歲或十三歲。

醫師：你說「他看起來很古怪」，然後你笑了一下。

病人：嗯，他真的看起來不一樣，你知道，他的手完全沒血色，所以看起來很僵硬。後來我祖母過世了，但我沒有參加葬禮。我外婆過世的時候，我也沒有去，我繼續過我的生活，你知道。喔，後來我姨媽過世，我也沒辦法參加她的葬禮，因為那才不久之前，我生病了，所以我們沒去。

醫師：死亡會以不同方式、不同樣貌降臨，不是嗎？

病人：是啊，他是我最喜歡的伯父。有人去世的時候，你其實不需要悲傷哭泣，因為你知道他們上天堂了，知道他們會永遠在天堂裡，反而會為他們感到高興。

醫師：他們之中有任何人跟你談論這件事嗎？

病人：我有位非常非常要好的朋友剛過世，大概一個月以前，他太太和我去參加他的葬禮，那對我來說意義非凡，因為他一直是個那麼棒的人，我生病的時候幫了我很多忙。和他相處，會讓你覺得很舒服、很自在。

醫師：所以，你要說的是希望醫生能多體貼一些，多花一點時間和病人談一談。

接下來是與這位女孩的母親所進行的訪談。我們訪問過她女兒之後，便緊接著訪問她母親。

醫師：很少有父母來和我們談論自己病重的孩子，我知道這樣的安排不常見。

母親：是我要求的。

醫師：我們和你女兒談了她的感受，以及她對死亡的看法。只要她沒落單，她都能保持冷靜，不會焦慮，這樣的態度讓我們印象深刻。

母親：她今天說了很多嗎？

醫師：對。

母親：她今天痛得很厲害，感覺非常、非常糟糕。

醫師：她說了很多，比今天早上多非常多。

母親：喔，我還在擔心她來這裡會什麼都不說呢。

醫師：我們不會耽擱你太久，但如果你願意讓年輕醫生問你幾個問題，我會很感謝。

學生：你剛剛得知女兒的病情，也就是她得了不治之症的時候，有什麼反應？

母親：喔，還好。

學生：你和你先生一起嗎？

母親：我先生當時沒有和我在一起，我得知這件事的方式讓我感覺有點糟。我們只知道她病了，僅此而已。我那天去探望她的時候，我打電話詢問她的狀況。醫生說：「喔，她情況很不樂觀。我有些壞消息要告訴你。」他領著我走到一間小房間，然後便直截了當地說：「嗯，她罹患再生不良性貧血，她不會好起來了，就是這樣。」他說，「沒辦法，我們不知道這個病的原因，也沒有治療方法。」然後我說：「可以請教一個問題嗎？」他說：「請說。」我說：「醫生，她還有多少時間，或許一年？」「喔，不會的，當然不止。」我說：「那麼，我們也算幸運了。」

他就只有這麼說，接著我又問了很多其他問題。

醫師：那是去年五月的時候？

母親：五月，二十六日，嗯嗯。他說：「有很多人得這個病，這個病無藥可醫，就只能這樣了，她只能接受它。」然後他便走出去了。我費了好大的勁才找到走回她病房的路，我想我在某個川堂迷路了，整個人驚慌失措。有很長一段時間，我只是呆站在那裡，心想：「天啊，這表示她活不久了。」我一直走錯，迷失了方向，不知道怎麼回去她那裡。後來我趕緊冷靜下來，終於回到她房間對她說這件事。起初我很害怕走進去告訴她她病得很重，因為我不確定自己會不會情緒失控，忍不住大哭，所以我在進去見她之前，先整理了一下自己的心情。不過，醫生告訴我這件事的方式太讓人措手不及了，而且當時我只有一個人在場。如果他至少能讓我先坐下來，再好好告訴我，我想我會比較容易接受。

學生：確切一點來說的話，你希望他用什麼樣的方式告訴你這件事呢？

母親：嗯，如果他能等一會兒——我先生經常會和我一起來，這是我第一次自己一個人來，如果他能先打電話給我們，可能先知會一聲：「嗯，她得的這種病是治不好的。」他是可以直截了當告訴我們，但起碼多點慈悲心，不需要表現出鐵石心腸的樣子。我的意思是，他的態度好像在說：「好啦，全世界又不是只有你一個。」

醫生：你知道，我碰過很多這種情況，真的很傷人。你有沒有想過，在面對這種情況的時候，對方可能也不知道如何處理自己的情緒？

母親：是的，我想過，但還是很傷人。

醫師：有時候他們傳達這種消息的唯一方式就是保持冷酷和疏離的態度。

母親：你說得也沒錯。醫生不能對這些事表現得太過情緒化，可能也不該如此。我也不曉得，一定還有更好的方式吧。

學生：你對女兒的感覺有什麼改變嗎？

母親：沒有，就只是和她在一起的每一天我都真心感激，但我依然心存希望，而且花更多時間禱告，這是不對的，我知道。不過，從小到大，我們就教育她死亡可以很美好，沒什麼好擔心的。我知道當那一刻真的發生時，她會很勇敢。我只有一次見過她忍不住對著我痛哭失聲，那時她說：「媽媽，你看起來憂心忡忡。」她說：「別擔心，我不害怕。」她說：「我的神在等著我，祂會照顧我的，所以你別怕。」她說：「我有一點點害怕，那會讓你擔心嗎？」我說：「不會，我想每個人都是這樣。」我說：「你只要保持你現在的樣子就行了。」我說：「你想哭嗎？盡情地哭吧，每個人都需要哭。」她說：「不用，沒什麼好哭的。」所以，我的意思是，她已經接受了，我們也接受了。

醫生：那是十個月之前的事，對嗎？

母親：是的。

醫師：就在不久前，你也被告知只剩「二十四小時」了。

母親：上個禮拜四，醫生說我們很幸運，還有十二到二十四小時。他想要給她一點嗎啡，縮短這個過程，減輕她的痛苦。我們要求他給我們幾分鐘的時間，讓我們想一想，他說：「我不明白你為什麼不這麼做，這可以消除她的痛苦。」然後他就走了。因此我們決定了，最好是讓醫生直接這麼做吧。我們告訴那樓層的醫生，請他告訴他我們同意了。那次之後我們便沒有再見過他，他們也一直沒有來幫她打針。然後她的情況時好時壞，但每況愈下，所有我聽說其他病人會出現的情況都出現了。

醫師：從哪裡聽說的？

母親：嗯，我母親住在P市，那裡有兩百個這樣的病人，我母親從他們身上了解到很多事。她說到最後，甚至碰他們一下都會痛，全身都會痛得不得了。然後他們說，甚至只要將他們稍微抬起來，他們骨頭都會碎掉。現在她已經一個禮拜都不想吃東西了，這些現象開始出現。在今年三月一日之前，你知道，她還經常在護理師身邊跟前跟後的，幫他們拿水給其他病人，為他們加油打氣。

醫師：所以最後一個月是最煎熬的。

學生：這對你和其他孩子的關係有沒有造成任何影響？

母親：喔，沒有，他們以前總是吵吵鬧鬧的，她會和他們鬥嘴，然後說：「喔，我只是覺得這樣氣氛會輕鬆一些。」他們偶爾還是會吵架，但我覺得和其他小孩比起來，他們吵得不算凶啦，他們向來不會討厭彼此，但是（笑）他們倒是一直對小孩子非常好。

學生：他們對這件事有何感受？

母親：喔，他們會刻意避免把她當小寶寶一樣呵護，會用像以前一樣的方式對待她。這樣很好，因為不會讓她顧影自憐，他們會和她鬥鬥嘴什麼的。如果他們有別的事要忙，也會直接告訴她：「我這禮拜六不過去看你了，我會在週間的時候過去。你能體諒我的，對嗎？」然後她會說：「好啊，好好去玩吧。」她也贊同這樣的做法，每次他們過來，其實都心裡有數，知道她可能沒辦法再回家了，你知道。所以他們都理解，我們不管去哪裡都會留下自己的聯絡方式，以便可以隨時聯絡上彼此。

醫師：你和其他孩子談過結果可能會如此嗎？

母親：喔，是的。

醫師：你們會開誠布公地談嗎？

母親：是的，我們會。我們一直是個宗教家庭。我們在他們每天早上上學前都會禱告，我想這一直以來都對他們有很大助益。因為一個家庭，尤其是有青少年的家庭，孩子總是往外跑，有很多事情要忙，我們似乎很少有時間能聚在一起，好好坐下來討論一些問題，但他們會趁每天早上這個禱告的機會提出家裡的問題。我們會利用這十分鐘或十五分鐘的時間，把這些問題解決掉，這讓我們的心更加凝聚在一起。我們已經談論過這事好幾次了，事實上，我女兒已經把自己的後事都安排好了。

醫師：你願意跟我們說一說嗎？

母親：好，我們已經討論過。我們社區有個小嬰兒剛出生——其實是在我們教會，她眼睛看不見。我想大概六個月大吧，我女兒還在以前那家醫院的時候，有一天她說：「媽媽，我死後想把我的眼睛捐給她。」我說：「嗯，我們再看看該怎麼進行，我不曉得他們會不會接受。」我說，「你知道，我們真的應該談談這些事，我們每個人都該談一談，因為你永遠不知道爸爸和我什麼時候會走，我們也可能發生一些不幸的事，你們孩子就會孤伶伶的。」然後她說：「是啊，這些身後事，我們應該達成一致的意見。」然後她說：「現在就從你和我開始吧，幫其他人鋪個路。我們可以將自己對身後事的想法寫下來，然後再問問他們對自己的身後事有什麼想法。」她讓我能更輕鬆地做這件事，她說：「我先開始，然後你再告訴我你的想法。」我便將她告訴我的事記下來，讓事情變得容易許多。她一向如此，總是盡量想讓別人輕鬆點。

學生：你獲知她得了不治之症之前，對她的病情有過一絲絲的懷疑嗎？你說自己總是和先生一起去醫院，但在這特定的時間點，你剛好一個人。他是否因為什麼特定的原因而沒有在場呢？

母親：我盡量常常去醫院，但那次他剛好病了。他有空的時間通常比我多，所以多半的時候他都會和我一起去。

學生：你女兒告訴我們，他曾在S市擔任牧師，你們在教會非常活躍。這是她有深厚宗教背景的其中一個原因。他牧師工作的性質是什麼？現在為什麼沒有繼續做了？

母親：嗯，他之前是摩門教徒，教會提供他所有的資金和種種福利等等，所以我們剛結婚的時候，大約有一年的時間我是自己上教堂的，之後他便開始和我一起去，十七年來，他每個禮拜天都和我和孩子們一起上教堂。大概四、五年前吧，他開始加入我們教會，之後就在那裡服事，一直到現在都是教會的一分子。

學生：我想知道，你女兒生的病既找不到病因，也無藥可治，你是不是曾經因為這樣而產生一種莫名其妙的內疚感？

母親：是的，我們有過。我們質疑過自己很多次，為何從來沒有讓他們吃些維生素。我的家庭醫師一直說他們不需要，我一直說他們可能一直、一直有在吃，然後我一直努力思考各種可能，想確認到底是什麼原因。她在東部的時候出過一次意外，他們說那可能引發了這個病，因為骨頭受傷了，他們說骨頭一旦受傷便可能導致這個病。但是這裡的醫生說：「不是，不可能——必須是生病前幾個月內發生的才可能。」她全身痛得不得了，苦不堪言，但她都咬緊牙關忍過去了。我們總是禱告「願祢的旨意得成」，覺得如果祂想帶她走，祂就會帶她走，如果不是的話，祂會讓奇蹟出現。不過我們幾乎對奇蹟出現這件事放棄一半的希望了，但他們總是說永遠不要放棄。我們知道神會有最好的安排。我們問過她——不過這是題外話了。他們要我們絕對不要告訴她。過去這一年來，她成長了很多，她對來自不同背景的女性一直很友善，有人曾自殺過，有些人會和她聊夫妻之間的問題、生孩子的問題等等。沒有什麼事是她不知道的，也沒有什麼人是她沒碰過的。她經受了許多事，唯獨有件事她不喜歡，就是別人對她有所隱瞞。她想要知道所有的事情，所以我們告訴了她實情，也就此事討論了一會兒。她上個禮拜病情惡化的時候，我們以為這就是終點了。醫生在走廊上跟我們說了一些事，她立刻就問我們：「他說什麼？我快死了嗎？」我說：「嗯，我們不確定，他說你情況很糟。」然後她說：「那，他會開什麼藥給我？」

我沒有告訴過她是什麼，我只有說：「止痛藥。」她說：「是麻醉劑嗎？我不想要任何麻醉劑。」我說：「那可以幫你舒緩疼痛。」她說：「不要，我寧願忍耐，我不想要變成癮君子。」我說：「你不會的。」她說：「媽媽，你真是讓我感到意外。」她從來不曾放棄，總是一直盼望自己會好起來。

醫師：你想結束訪談了嗎？我們只剩下幾分鐘的時間了。身為一個臨終孩子的母親，醫院待你如何？你想和聽眾說說你對這方面的感想嗎？你很自然會想要盡可能陪伴女兒，有沒有人幫助你呢？

母親：嗯，之前那間醫院非常好，他們十分友善。在這間新的醫院，每個人看起來匆忙許多，服務也沒那麼好。每當我在場，他們總是讓我覺得自己很礙事，尤其是住院醫師和實習醫師。我好像讓他們感覺礙手礙腳。我甚至會躲在走廊角落，躡手躡腳繞開他。我覺得自己進出都像個小偷似的，因為他們看我的眼神彷彿在說：「你又來了？」他們和我只是匆匆擦肩而過，你知道，不會和我說上一句話。我覺得自己好像入侵了別人的地盤，好像自己不該出現在這裡。但我真的想要待在這裡，而我待在這裡唯一的理由是因為我孩子要求我，她以前從來沒有這樣要求過。我會盡量不妨礙他們。事實上，我不是在自吹自擂，我反倒覺得自己幫了很多忙。他們人手嚴重不足，頭兩、三天的晚上，她很不舒服，但護理師根本沒空理會她和同房的那位老太太。那位老太太有心臟病，甚至連便盆都沒辦法坐上去，所以有幾個晚上都是我扶她坐上去的。我女兒會嘔吐，需要清理、照顧，他們根本沒來處理，總得要有人來做這些事啊。

學生：你睡哪裡呢？

母親：就在那邊的椅子上。第一天晚上我連枕頭、毯子什麼的都沒有。有一個病人睡覺不用枕頭，堅持要我用她的枕頭，我就蓋著大衣睡，隔天我就開始帶自己的用品過來。我想我不應該說出來，但有位清潔人員（咯咯笑）偶爾會帶一杯咖啡來給我。

醫師：真好。

母親：我覺得我好像不應該說這些，但真的是不吐不快。

醫師：我認為這些事確實應該要提出來的，大家好好思考、討論一番，這非常重要，而不是一直拐彎抹角、兜圈子，說一切都很好。

母親：是啊，就像我說過的，醫生和護理師的態度對病人和家屬有很大的影響。

醫師：我希望你也能有一些很好的體驗。

母親：我倒想說說一個在晚班工作的女孩。有好幾個病人都在抱怨有人一直拿走東西，但沒人處理。她還在這兒執勤，所以這些病人現在晚上都不睡覺，等著她進房間，因為他們擔心東西又被偷走。她進來時態度很不客氣，你知道，非常刻薄，她是房務人員。不過，隔天來了一名非常友善，深色皮膚的高個兒男孩，他一進來就說：「晚上好，我希望能讓你們晚上過得更愉快。」他的態度非常好。整個晚上，我一按鈴他就來了，他真的很棒。隔天早上，房裡的兩個病人都心情大好，一整天都愉快多了。

醫師：謝謝你，M太太。

母親：希望我沒說太多。

接下來是C太太的訪談紀錄，她覺得自己無法面對自己的死亡，因為家庭責任帶給她巨大壓力。

醫師：你說自己一個人躺在床上的時候，腦袋就會轉個不停，想很多事，所以我們邀請你一起坐下來一會兒，讓我們好好聽聽你的想法。你最大的一個問題是和孩子有關，對嗎？

病人：是的，我最擔心的是我的小女兒，我還有三個兒子。

醫師：不過他們差不多是成年人了，不是嗎？

病人：是的，但我知道孩子對父母病重會出現一些心理反應，尤其是母親。你知道這些事對孩子影響很大，我不知道她在這種情況下成長會變成什麼樣子，當她長大回過頭來看這些事的時候，不知有何感想。

醫師：什麼樣的事？

病人：嗯，首先是她母親會變得不再活躍，行動不便，和她以往看見的相比，活動力降低很多，包括參加學校和教會活動方面。我現在更害怕的是誰來照顧我的家人，比我在家的時候還要害怕，就算我在家行動不便也沒那麼怕。很多時候，朋友裡面沒有人知情，也沒人想要談這種事。所以我告訴其他人，我以為他們應該會明白，但是我又懷疑這種做法是否正確。我懷疑讓我的小女兒這麼小就知道是對的嗎？我是不是該延後一陣子，晚點再說？

醫師：你怎麼告訴她的？

病人：嗯，孩子的問題問得滿直接的，我也坦白回答她。但我和他們說的時候心裡有種感覺，我總有心存希望的感覺，希望有一天會有新發現，我就還有機會。我不害怕，我覺得她也不應該害怕。如果這個病真的走到絕境，我再也無法自理，整個人實在太痛苦，我也不害怕繼續堅持下去。我希望她能在主日學校好好學習、長大，獲得成長。我只要知道她能繼續好好過日子，不要覺得這是場悲劇就行了。我絕對、絕對不想要她陷入這種感受，我自己也不會這麼想，我是用這種態度跟她說的。大部分的時候，我盡量保持愉快的心情和她相處，她也一直認為他們會把我治好。這次也一樣，她覺得他們會在這裡把我治好！

醫師：你依然心存希望，但顯然不像你的家人有那麼大的信心，這是你想要表達的意思嗎？可能是各自的體認不同，讓事情變得更棘手些。

病人：沒有人知道這場病會拖多久，我當然是一直心存希望的，但這次我覺得希望是最渺茫的。醫生完全沒有對我透露任何訊息，也沒有告訴我手術過程中有什麼發現。不過，就算沒說，誰也都心知肚明吧。我的體重已經掉到生平最低了，胃口也奇差無比。他們說我身上有個地方受到感染，但他們還沒找到在哪裡——當你得了白血病，最怕的就是再發生感染。

醫師：我昨天去探望你的時候，你心煩意亂的，你剛做了結腸的X光檢查，想找個人痛罵一頓。

病人：對。你知道，當你病懨懨、有氣無力的時候，讓你覺得煩躁的通常不是什麼大事，都是些小事。到底是為什麼，他們不能和我談一談？在進行一些檢查程序之前，就不能事先告訴我嗎？為什麼他們不把你當人，把你當成一件物品似的從病房帶走，而且還不讓你先去上廁所？

醫師：昨天早上到底是什麼事讓你那麼煩躁？

病人：說起來真的是非常個人的感覺啦，但我還是要告訴你。去做結腸X光檢查的時候，為什麼就不能多給你一件睡衣呢？檢查做完的時候，你整個人是髒兮兮、狼狽不堪的。然後你應該要坐在椅子上，但你根本完全不想坐上去，你知道你一起來就會到處都是白色粉筆灰，讓人很不舒服。我心想，唉，他們在樓上病房對我那麼好，但一送我下樓做X光檢查的時候，我就覺得自己只是個代號之類的物品，你知道。他們會對你做各種奇奇怪怪的事，回來感覺非常不舒服。我不知道為什麼會這樣，但這種事似乎每天都在發生。我覺得不應該這樣，我認為他們應該事先告知你。我當時已經非常虛弱，也累壞了，帶我上來的護理師以為我還能自己走路，我說：「好吧，如果你認為我還能走，我就試試看吧。」等我做完所有的X光檢查，在檢查桌爬上爬下地折騰之後，我不死也半條命，已經氣力放盡了，不確定是不是還走得到自己的病房。

醫師：這一定讓你覺得很生氣、很氣餒。

病人：我不太常生氣的。我記得沒錯的話，上次生氣是我大兒子出門去，先生又去上班的時候。當時我沒辦法鎖門，當然，屋子的門如果沒鎖好，我去睡覺會覺得不安全。我們的房子就在街角，街角有一盞街燈，我一定要確定門鎖好了才睡得著。我已經和他講過很多次了，他一向都會打電話告訴我何時回來的，但那天晚上他沒打電話。

醫師：你的大兒子是個問題少年，對嗎？你昨天約略提過，他有精神障礙，而且智能不足，是嗎？

病人：對。他過去四年一直住在州立醫院。

醫師：他現在回家了？

病人：他現在在家。

醫師：你是否覺得他應該更受控一些，你有點擔心他沒有足夠能力控制自己，就像你那晚擔心屋子的門沒鎖那樣。

病人：沒錯，我覺得自己是該負責的人——我的責任重大，現在卻有心無力了。

醫師：若你沒辦法再承擔這些責任了，會怎麼樣？

病人：嗯，我們希望這能讓他張大眼睛，讓自己的眼界更開闊一點，因為他對很多事都懵懵懂懂的。他心地很善良，但需要別人的幫助，他自己一個人應付不來的。

醫師：有誰能幫他呢？

病人：嗯，那就是問題所在。

醫師：你能想想嗎？你家裡有誰能幫上忙嗎？

病人：當然，只要我先生還健在，就會一直照顧他，但問題是他每天都必須離家工作好幾個小時。祖父母也能幫點忙，但即便如此，我還是覺得不放心。

醫師：誰的父母？

病人：我先生的父親，還有我母親。

醫師：他們的身體還健康嗎？

病人：他們的身體也不好。我母親有帕金森氏症，我公公也有嚴重的心臟問題。

醫師：所以除了擔心你十二歲的女兒之外，你還擔心所有這些事？你的大兒子有問題，你的母親有帕金森氏症，她如果試著幫別人的忙，可能會開始顫抖。然後你公公有心臟問題，你也生病了。應該有人在家照顧這些人的，我想那是最令你煩惱的事。

病人：沒錯。我們有試著交些朋友，希望能對這種情況有所幫助。我們一直是過一天算一天，每天似乎也都安然無恙，但只要想到未來，你不禁會覺得茫然。你知道，最糟糕的是我生了這個病。你永遠不知道是不是該放聰明點，每天都平靜地接受現狀，還是該做些什麼重大改變。

醫師：改變？

病人：是啊，我先生曾經說：「必須要做些改變了。」老人家得離開。一個必須去我姐姐那裡，另一個必須去安養院。你得學著硬下心來，將家人送到機構去。即使是我的家庭醫生，都認為我應該將兒子送到機構，不過我還是沒辦法接受這種事。最後我對他們說：「不了，如果你們離開，我會感覺更難受，所以你們還是留下吧。除非有一天真的迫不得已，無可奈何的時候，否則你們還是回來吧。如果你們走了，事情反而更糟。」一開始就是我提議他們過來的。

醫師：如果他們去了安養院，你會覺得內疚？

病人：嗯，如果到了他們上下樓梯都有危險的地步，我就不會了——不過我現在倒是覺得讓我媽靠近火爐有點危險了。

醫師：你之前那麼習慣照顧別人，現在要照顧自己，對你來說一定很難適應吧。

病人：的確有點問題。我媽媽一直盡量在幫我，她是個將孩子看成比世界上其他事都重要的人。這樣不一定最好，因為她應該要有其他興趣，你知道的。她將所有心力都放在家庭上。那就是她的人生，做點針線活，幫住在隔壁的姐姐處理些瑣碎的事。這點我很感激，因為我女兒可以過去那邊，我也很高興姐姐住在隔壁。所以嘍，我媽媽就是常往那裡跑，這對她來說是好事，讓生活有點變化。

醫師：這也讓每個人都輕鬆些。C太太，你能多告訴我們一些你自己的事嗎？你說這次是你覺得最虛弱的時候，體重還掉最多。當你臥病在床的時候，你知道，一個人躺在那裡的時候，你會想些什麼事？對你最有幫助的是什麼？

病人：就我自己和我先生出身的那種家庭來說，我們知道，一旦開始一段婚姻，除了自己之外，我們還必須藉助外部力量的支持。他曾擔任童軍領袖，他的父母也有些婚姻問題，最終離異。我父親現在也是處於第二段婚姻，他有三個孩子，他之前娶了一個非常年輕的女服務生，但最後失敗收場。小孩子很可憐，被迫分開兩邊住，你知道，我父親和我母親結婚的時候，那些孩子沒有跟過來一起住。我父親是個脾氣暴躁的人，很容易激動，性子不是很好，現在我都懷疑自己之前怎麼應付得來。所以，我們住在那一區的時候，我在教會認識了我先生，然後就結婚了。

我們知道，要讓婚姻維繫下去，需要外部力量的支持，我們一直這麼覺得。我們也一直熱中參與教會的服事，我從十六歲開始就在主日學校教書。當時他們的托兒所需要人手，我便過去幫忙，覺得樂在其中。我一直教到生了兩個兒子之後才沒再繼續，我真的熱愛這份工作，經常在教會裡靈修，也告訴過他們教會對我的意義是什麼，我的神對我又有何意義，所以我想，一有事情發生的時候，你總不會把這些全丟到水裡吧。你還是會繼續堅持信念，你知道，該來的總是要來。

醫師：這也是現在幫助你的信念嗎？

病人：是的。我和我先生聊天的時候，我們知道彼此都心有靈犀。就像我跟C牧師說的，我們總是樂此不疲地和別人聊著這些事。我告訴他，經過二十九年的婚姻生活，現在我們對彼此的愛依舊和剛結婚時一樣堅定。這是另一件對我意義非凡的事。儘管有種種問題，但我們都能夠一同面對。他是個很好的人，非常非常好的人！

醫師：你們都能勇敢面對問題，而且處理得很好，當中最令人頭痛的可能是你們的兒子？

病人：我們盡力而為。我想不是每個父母都有機會遇到這種事，你真的會不知該如何處理。剛開始你以為他只是固執了點，你實在毫無頭緒。

醫師：你注意到他有問題的時候，他幾歲了？

病人：你發現問題滿明顯的。他們不會騎三輪車，不會做一些其他小孩都會做的事。但事實上，一個母親不會想接受這種事實，剛開始她一定會找各種理由來解釋。

醫師：你花了多久時間才接受？

病人：到我這個年紀吧，但其實從他開始上學，上幼兒園的時候，老師就感到很頭痛了。他常常會把東西塞到嘴巴裡，想引起別人注意。我常常從老師那裡接到通知，那時我就確信他有問題。

醫師：所以你是一步一步地接受全部的事實，就像你面對白血病的診斷一樣。在處理日常問題方面，醫院裡什麼樣的人給你帶來最多幫助？

病人：每當我遇到一個有堅定信仰的護理師，對我都有很大的幫助。如同我說過的，昨天我下樓去做X光檢查的時候，我好像只是一個代號，你知道，沒有人真心關懷你，尤其是我第二次下樓的時候。當時很晚了，那麼晚還得把病人送過去，他們覺得是一種打擾。我知道她帶我下去的時候，會把輪椅丟在一邊，然後就消失了，我會一直坐在那裡枯等，直到有人過來。不過，有個女孩告訴她不應該這樣，她應該進去告訴他們我到了，請他們出來接手。我想那麼晚了還得送病人過去，讓她覺得心浮氣躁吧。他們都快關門了，技術員已經準備回家，時間已經晚了。就是像一些這樣的小事，你知道，護理師若能和藹一點、高興一點，會有很大幫助的。

醫師：你對沒有信仰的人有何看法？

病人：嗯，我也遇過這樣的人。我在這裡遇過這樣的病人。上次我在這裡碰到一位先生，他知道我得的病之後，說：「我不懂，這世界一點也不公平，你怎麼會得白血病呢？你不抽菸，也不喝酒，從來不做那些事啊。」你知道，他說：「像我，一個老頭子，我幹了很多這些不該幹的事。」這沒有差別，從來沒有人說我們永遠不會有任何問題。我們的主耶穌自己也必須面對一些重大的問題，所以嘍，他是我們的導師，我會努力遵循祂的教誨。

醫師：你想過死亡這件事嗎？

病人：我想過嗎？

醫師：對。

病人：是的，我想過。我經常想到死亡這件事。我不喜歡大家來瞻仰我這樣的事，因為我看起來很糟糕。為什麼一定要這樣？為什麼不辦個小小的追思會就好？你知道，我不喜歡葬禮的概念，你知道，我可能很奇怪吧。我就是很排斥，把身體裝在棺材裡。

醫師：我不太懂你的意思。

病人：我不喜歡讓別人不高興，例如我的孩子，還得面對這種事兩、三天，你知道。我想過這個問題，卻什麼也沒做。有一天，我先生過來的時候曾問我，他說我們是不是應該好好考慮一下，將我們的眼睛和大體捐出去？但那天我們沒有著手辦理這件事，一直到現在都還沒處理，因為這種事你就是會一拖再拖，你知道。

醫師：你和任何人談過這件事嗎？那樣當死亡真的逼近的時候，也好有個心理準備？

病人：嗯，就像我跟C牧師說過的，我想，對許多人來說，都有依靠著什麼人、與牧師談一談的需要，而且他們想要從牧師那裡聽到所有的答案。

醫師：他給了他們答案嗎？

病人：我想，如果你真的了解基督教，到了我這個年紀，應該已經有一定的成熟度，知道可以求告神，自己去獲得答案，因為許多時候你都是獨自一個人。你生病的時候是一個人，因為別人不可能時時刻刻陪著你。你也不可能總是有牧師在身邊，總是有丈夫在身邊，總是有人陪你，儘管我先生是那種一有時間就會盡量陪我的人啦。

醫師：有人陪你的時候，是最有幫助的？

病人：喔，是啊，尤其是特定的某些人。

醫師：某些人是指誰？你提過牧師，你的先生。

病人：是的，我教會的牧師若來探望我，我會很開心。我還有個比較年輕的朋友，大約和我一樣年紀，她是個非常好的基督徒。她眼睛失明，已經躺在醫院病床上好幾個月，但她接受了這個事實。她是那種永遠想要為別人做點什麼的人，有人病了，她就會去探視，或是為窮人募集衣物等等，總是在做這類的事。前幾天她才寫了一封很感人的信給我，她在信上引用了〈詩篇〉第139篇的經文，我真的好開心收到這樣的信。她說：「我想要你知道，你是我最知心的好友之一。」所以嘍，你要找的就是這樣的人，這種友誼會讓你覺得很快樂。這就是那些讓你快樂的小事。整體來說，我覺得這裡的人十分友善，不過老是聽到人們在病房裡受盡折磨，讓我感到有點厭煩了。每次聽到這些事，我心裡就會想，唉，他們為什麼不幫幫那個人，你知道的。這種情況已經持續好一陣子了，你聽到他們哭喊、大叫，會擔心他們是不是自己一個人。你沒權力進入他們的病房和他們說話，你就只能聽著他們哀號，你知道，這類的事很困擾我。我第一次來這裡的時候就睡不太安穩，於是我就在思考這件事，我想，唉，不能再這樣下去，你還是得睡覺啊，所以我還是安心睡覺了。不過，那天晚上我聽到兩個病人在哀號。我希望自己永遠不會變成那樣。我有個表姐不久前得了癌症，她年紀比我大，是個非常好的人。她一出生就跛腳了，但她非常優雅地面對一切。她住院住了好幾個月，但從來不會大哭大叫。上次我探望她的時候，是她過世前一個禮拜。她真的是個非常鼓舞人心的榜樣，真的是啊，因為我去看她的時候，她甚至更在意我專程去看她，而不是擔心她自己。

醫師：你也想要成為那種女性，是嗎？

病人：嗯，她幫助了我。我希望我辦得到。

醫師：我相信你可以的。你今天在這裡的表現一直是如此。

病人：還有一件事讓我擔心——人永遠不會知道自己什麼時候會陷入無意識，到時會有何反應。有時他們會有不同的反應，我想重要的是你必須對自己的醫生有信心，知道他會在你身邊。E醫生十分忙碌，所以沒有太多機會和他好好說話。除非他主動問你，否則你不會對他提起自己家裡的問題或其他事，但我一直覺得這些心事對我的健康影響很大。我自己很清楚，這些問題對身體健康真的會造成很大的影響。

牧師：那也是你前幾天暗示過的，你懷疑是不是自己家庭的壓力和各種問題影響了你的健康。

病人：對，因為真的是這樣，我們兒子在聖誕節的時候情況很差，事實上他爸爸把他帶回州立醫院了。他自願要走的，他說：「從教會回家以後，我會自己打包好。」但是他到那裡之後又改變主意，想要回家。他爸爸說，他告訴他說自己想回家，所以他只好帶他回家了。通常，這孩子回家後會來回踱步，甚至坐也坐不住，有時他真的很躁動不安。

醫師：他幾歲了？

病人：他二十二歲。如果還能應付或做點什麼，那就還好，但是如果你沒辦法給他答案或幫不了他的忙，就算只是和他說話，情況也會變得很可怕。不久前，我試著向他解釋他出生時發生了什麼事，他好像可以理解。我說：「你得了一種病，就像我得了一種病一樣，所以你有時會覺得很難受。我知道你受了很多苦，也知道這有多麼辛苦。其實，能撐過這些辛苦的日子，再次安定下來，我真的要稱讚你。」你知道，能夠繼續走下去已經萬幸。我想他也更努力了，但他的精神問題確實存在，你真的不知道該怎麼辦才好。

牧師：這對你來說一直是個壓力，你一定覺得很累。

病人：對啊，他一直是最讓我憂心的問題。

醫師：你父親和第一任妻子的那三個小孩，後來必須彼此分開，而現在你自己也面臨同樣的問題。他們以後會怎麼樣呢？

病人：我最大的矛盾就是如何讓他們在一起，如何才能不需要將他們送往各種不同的機構！嗯，我覺得自然會有辦法的。如果一個人真的臥床不起了，那問題又完全不一樣了。我可能會再次臥床不起，我對我先生說，隨著時間一年一年過去，事情自然會解決的，但其實沒有解決。我的公公經歷過一次嚴重的心臟病發，我們其實都沒料到他的狀況會恢復得這麼好，真的很不可思議。他現在過得很開心，有時我不禁想，如果他能和其他同齡的老先生們在一塊兒生活，或許會開心得不得了呢。

醫師：那麼你就能送他去安養院嘍？

病人：是啊，情況不會像他想像的那麼辛苦。不過和兒子、媳婦一起住，他覺得很驕傲。他在這個鎮長大的，一輩子都住在鎮上。

牧師：他幾歲了？

病人：他八十一歲。

醫師：他八十一歲，你母親七十六歲？C太太，我想我們差不多該結束了，因為我答應過你不會超過四十五分鐘的。昨天你說沒人和你討論過那些對自己影響很大的家庭問題，以及你對死亡的看法。你覺得，如果病人有意願談談這些事的話，醫院裡的醫生或護理師或其他人應該和病人談談嗎？

病人：那會很有幫助，非常有幫助。

醫師：誰應該來做這件事呢？

病人：嗯，如果你夠幸運，會遇到那樣的醫生，但這種醫生很少，你知道的，很少有醫生有興趣聽你講生活的這一面，他們多半只對病人的醫療部分感興趣。M醫師就是個十分善解人意的人，我來這裡之後他已經來看過我兩次了，這點我十分感激。

醫師：你覺得為何很多人都不願意做這件事呢？

病人：唉，現在外面的世界也是如出一轍，為何沒有更多人去做那些應該做的事呢？

醫師：我想我們該結束了，好嗎？C太太，你還有其他問題想問我們嗎？我們會再來看你的。

病人：沒有問題了，我只希望能現身在更多人面前，告訴他們這些事，讓他們知道有些人需要幫忙。我的兒子不是唯一的一個，世界上還有很多像他一樣的人，你只希望盡量多吸引一些人的關注，或許他們能為他做點什麼。

C太太和S太太很類似，都是中年女性，死亡都是在她們肩負人生重大責任時漸漸迫近，心中不斷掛念著那些依賴她的人。她有個八十一歲的公公，最近才經歷一場心臟病發，一位七十六歲、患有帕金森氏症的母親，一個還需要母親照顧的十二歲的女兒，爸媽擔心她可能不得不「太快」長大，她還有個二十二歲、頻繁進出州立醫院的失能兒子，她對這個兒子是既憂心又憐惜。她自己的父親在前一段婚姻留下三個年幼的孩子，這位病人擔心自己也必須在他們最需要她的時候，離開這些對她深深依賴的人。

可以理解，如此沉重的家庭負擔，若沒有提出來討論並找到解決辦法，病人著實難以安心離去。如果這樣的病人沒有機會說出她的憂慮，她會變得滿腔怨憤、沮喪不已。而她對醫院工作人員氣憤填膺的態度，或許就是她憤怒情緒的最好寫照。醫護人員覺得她可以自己走去X光檢驗室，沒有顧慮到她的需求，只關心是否能準時結束一天工作，而非好好照顧一位虛弱又疲憊的病患，遑論這位病患已經是那種會盡可能自理、即使在不順心的環境下都想要保有尊嚴的人，但即使她已經盡量凡事自理，在超出能力範圍時仍需要協助啊。

她充分向我們描述了病人有多麼需要醫護人員的敏銳觀察力與體貼的心，這些品質對病患的受苦程度能發揮顯著的影響力。她讓家中的長者繼續住在自己家裡，盡可能自理生活，而非強制將他們送往安養院，也為我們樹立了很好的榜樣。至於她兒子，儘管狀態幾乎令人無法忍受，但他希望留在家裡，而不願回去州立醫院，她也讓他留在了家裡，並讓他在能力範圍內盡可能參與家務。在她煞費苦心、勞心勞力照顧家中每個人的同時，她也表達出希望能待在家中、盡可能打理家務的願望，即便是臥床不起，她的存在也是大家所容許的。她在最後的一段話裡表示，希望能在越來越多人面前挺身而出，讓他們知道病患的需求，而這個研討班或許也在某種程度上滿足了她的這個願望。

C太太這位病人樂於分享並以感謝的態度接受幫助，與L太太形成鮮明的對比，後者接受了邀請，卻無法說出她心中的憂慮，一直到很後來，她過世前不久要求我們探視她的時候才說出心裡話。

C太太在解決精神障礙兒子的問題之前，一直盡可能嘗試做許多事。她體貼的丈夫和宗教信仰對她助益良多，也給予了她力量去承受最後一段日子的病痛折磨。她最後的心願是不希望在棺材裡看起來「很醜」，她是這麼告訴她先生的，他也能夠理解，因為C太太一直是個為別人著想的人。我想，害怕自己看起來很醜的想法，在她聽見其他病患大哭大叫時便透露出來了，「恐怕會喪失尊嚴」，還有她擔心自己失去意識的時候會怎麼樣，當時她便說「人永遠不會知道自己什麼時候會陷入無意識……會有何反應。重要的是你必須對自己的醫生有信心，知道他會在你身邊……E醫生十分忙碌，所以沒有太多機會和他好好說話。」

這並不盡然是為別人著想，因為她也許是害怕失去控制權，或是因家庭問題的不堪負荷，自己的力量又太渺小，而變得太過憤慨。

在後續的探訪裡，她承認，希望自己「有時可以尖叫」——「請接手吧，我不能再繼續為每個人擔心了。」當牧師和社工人員介入，精神科醫師也為她尋求一個安置兒子的辦法時，她才卸下肩上的重擔。唯有當這些事情獲得妥善的照顧與安排，C太太才能感到心安並不再擔心自己是否會在棺材裡被眾人瞻仰。那個畫面也從「看起來很醜」轉變為平靜、安詳與尊嚴，呼應著她最終的接受與「撤投注」狀態。

接下來與L太太的訪談不需要太多解釋，它會收錄在本書是因為她代表了一種最令我們感到挫折的病人，她對是否願意接受幫助搖擺不定，也不時地否認自己需要任何幫助。對於這樣的病人，很重要的一點是不能將我們的工作強加在他們身上，並要在他們需要的時候隨時派上用場。

醫師：L太太，你住院多久了？

病人：我是八月六日住進醫院的。

醫師：這不是你第一次來，對嗎？

病人：對，不是，我來這裡大概將近二十次或更多次了。

醫師：第一次是什麼時候？

病人：嗯，第一次是一九三三年，我生第一個孩子的時候，但我第一次住進醫院是一九五五年。

醫師：是什麼緣故呢？

病人：那次是做腎上腺切除術。

醫師：你為何要做腎上腺切除術？

病人：因為我的脊椎底部長了惡性腫瘤。

醫師：是一九五五年嗎？

病人：是的。

醫師：那麼，你罹癌到現在已經十一年了？

病人：不是，比十一年還長的時間。我在一九五一年切除了一邊的乳房，一九五四年又切除了另外一邊，腎上腺和卵巢是一九五五年在這裡切除的。

醫師：你現在多大年紀呢？

病人：我五十四歲，快五十五了。

醫師：五十四。而且就你所知，你從一九五一年開始就幾乎一直在生病。

病人：沒錯。

醫師：你能告訴我們最開始是什麼情況嗎？

病人：嗯，一九五一年的時候，我們舉辦了一個家庭聚會，我先生的所有親戚都從外地過來。我到樓上打掃完洗澡的時候，注意到胸部上有個腫塊。我將小姑找來，問她這種情形是否該擔心。她說是的，趕緊打電話給醫生預約看診，我照辦了。那天是禮拜五，我在隔週的禮拜二去看醫生，又在禮拜三照X光，然後他們告訴我是惡性腫瘤。於是我在隔週的禮拜一就接受了手術，切除了乳房。

醫師：你是怎麼面對這一切的？你當時大概多大年紀？

病人：我當時大約三十——嗯，快要四十歲吧，我不知道，每個人都以為我會崩潰，他們都不能理解我為何還能這麼鎮定。事實上，我還拿這件事開玩笑呢。我發現腫塊的時候，就發表意見說可能是惡性腫瘤，然後我小姑因為這樣還打了我的手和嘴巴好幾次呢。我輕鬆看待這件事，倒是我大兒子把它看得很嚴重。

醫師：他幾歲？

病人：他當時十七歲，其實還不到十七歲，還有幾個月才滿十七歲。他一直待在家裡，直到我手術結束。然後他便入伍了，因為他擔心我生病或臥床不起，或者會發生一些什麼其他的事，所以他去從軍。但除此之外，這病沒有帶給我太多困擾——唯一困擾我的是我之後做的放射治療。

醫師：你其他孩子幾歲？聽起來你好像不止一個孩子。

病人：對，我還有另一個二十八歲的兒子。

醫師：現在嗎？

病人：現在。當時他在讀小學。

醫師：你有兩個兒子？

病人：兩個兒子。

醫師：你兒子真的很擔心你會死。

病人：我想是的。

醫師：所以他離開了。

病人：他離開了。

醫師：後來他怎麼面對這件事？

病人：嗯，他有所謂的「醫院恐懼症」，我常嘲笑他這一點，因為他真的無法來醫院，眼睜睜看著我躺在病床上。他唯一一次過來的時候，他們正在為我輸血。他爸爸偶爾會要他帶點東西回家，或拿些他自己覺得太重拿不動的東西來給我。

醫師：你是怎麼被告知有惡性腫瘤的？

病人：非常直截了當。

醫師：這樣是好還是壞呢？

病人：我不介意。我不知道其他人是怎麼想的，但我寧願知道真相，我的作風就是這樣。我寧願被直接告知，也不要等到其他每個人都知道以後才後知後覺。我想如果每個人都對你過度關注，你會更加心神不定，覺得有什麼事不對勁，我是這麼覺得的。

醫師：不管怎樣都會引起你的懷疑。

病人：沒錯。

醫師：當時是一九五一年，現在是一九六六年，所以這期間你在醫院進進出出，大約有二十次了。

病人：我想是這樣沒錯。

醫師：你覺得你能教我們一些什麼呢？

病人：（笑）我不知道，我也還有很多東西要學習。

醫師：現在你的身體狀況如何？我看你穿著背架，你的脊椎還有什麼問題嗎？

病人：我的脊椎就是這樣。我去年六月做了脊椎融合術，一年前，六月十五日的時候，醫生說我必須一直穿著背架。現在我又住院是因為右腿有點問題，但這家醫院的醫生很優秀，有了他們的幫助，哎呀，我想他們會幫我克服這個問題的。

我之前覺得麻麻的，有點沒辦法活動了，腿上有麻刺感，像是被許多針扎一樣。昨天這種感覺又突然消失，現在我可以自由活動我的腳，感覺它又恢復正常了。

醫師：你的惡性腫瘤有復發過嗎？

病人：沒有，醫生說沒什麼好擔心的，現在它處於休眠狀態。

醫師：休眠狀態多久了？

病人：嗯，我想應該是做了腎上腺切除術之後就一直是休眠狀態，當然，我也不是很清楚。如果醫生告訴我的是好消息，我就不會再管它了。

醫師：你喜歡聽到好消息。

病人：每次我走出醫院大門，都會跟我先生說，這是我最後一次回來這裡，我再也不要回來了。我去年五月七日出院的時候，他替我說了這些話，所以我就不用說了。但好景不常，八月六日的時候，我又回來了。

醫師：雖然你經常面帶微笑，但內心深處其實充滿憂愁和哀傷。

病人：嗯，我想人有時候都會這樣的。

醫師：你是怎麼看待這一切的？包括惡性腫瘤、住院二十次、切除乳房，以及切除腎上腺等這些事。

病人：還有脊椎融合術——

醫師：脊椎融合術。你怎麼面對這一切呢？你從哪裡獲得力量？你最擔心的事情是什麼？

病人：我不知道，我想是對神的信心吧，還有醫生也幫了我的忙。

醫師：哪個排在前面？

病人：神。

牧師：我們曾經談過這件事，儘管你有信仰的支持，偶爾你還是會覺得鬱鬱寡歡。

病人：喔，是啊。

牧師：這種事很難避免，偶爾都會沮喪、憂鬱。

病人：是啊。我會感到沮喪，我想，尤其是只要一獨處就會這樣。我會不斷想到過去，然後又覺得光是躺在這裡想那些事也沒什麼用，都過去了，我應該多想想未來。我剛進來醫院，知道醫生要做癌症手術的時候，啊，我還有兩個孩子在家等我呢，我祈禱自己的命能被救活，活到讓我將孩子養育成人。

醫師：他們現在已經是小伙子了，不是嗎？所以祈禱真的管用。（病人哭泣）

病人：我所求莫過於此，抱歉，我需要好好痛哭一場。

醫師：沒關係。我不知道你為什麼說要避免沮喪和憂鬱，為什麼要避免呢？

牧師：嗯，我措辭不當。L太太和我針對如何處理沮喪的問題談了很多。它確實不是要去避免的一件事，碰到了就要面對它，然後克服它。

病人：有時我就是忍不住會哭，抱歉——

醫師：不用，不用，我鼓勵你哭。

病人：喔，是嗎——

醫師：是的，我想刻意避免反而讓人更難過，不是嗎？

病人：嗯，不會，我不會。我覺得放縱自己宣洩情緒之後，反而感覺更糟糕，對我來說是如此啦。因為任何住院的日子和我一樣久的人，我想應該都對過去的一切心存感激，你已經擁有許多人沒有機會擁有的。

醫師：你是指多出來的時間嗎？

病人：多出來的時間只是其中之一。過去幾個月，我在自己家族裡有過親身經驗，我覺得自己非常幸運，這些事沒有發生在我身上。

牧師：你是指你大伯的事？

病人：是的。

牧師：他是在這裡過世的。

病人：對，五月五日的時候。

醫師：是什麼樣的經驗？

病人：嗯，他的病沒有拖很久，沒有機會像我一樣住院那麼久。我認為他還不算是老人。他的那種病，如果一開始就好好照顧自己的話——我想，會這樣完全是因為他自己疏忽了，不過他很快就離開了。

醫師：他離開時幾歲？

病人：六十三歲。

醫師：他生了什麼病？

病人：他罹癌。

醫師：嗯，他沒留意，還是其他原因？

病人：他之前就已經病了六個月了，每個人都勸他要去看醫生，去找個地方好好治療。他一直不予理會，直到無法再照顧自己，他才決定來這家醫院尋求幫助。他太太心裡七上八下的，深怕醫生無法像救我那樣救他的命。如同我說過的，他是一直拖到再也受不了才來就醫的。

醫師：這段多出來的時間算是一段特殊時間嗎？和其他時間不一樣嗎？

病人：不是，我也不能說它不一樣。我不能這麼說是因為我覺得自己的生命和你的、牧師的生命都一樣平常。我不覺得自己是在用借來的時間，也不覺得自己必須更加充分利用剩下的時間。我覺得我的時間和你們的都一樣。

醫師：有些人會覺得他們在那段時間活得更充實、更有意義。

病人：沒有。

醫師：你知道，不是每個人都會那樣想，所以你並沒有這種感覺？

病人：沒有，沒有，我確定沒有。我知道我們每個人都有離開的時候，而我的時候未到，僅此而已。

醫師：你是否曾試想，或說認真思考過，這段時間可以讓你更充分地為死亡做好準備？

病人：沒有，我就只是像以前一樣，一天一天過日子。

醫師：哦，你從來沒有想過死亡是何模樣，以及它意味著什麼嗎？

病人：沒有，我從來沒想過這個問題。

醫師：你認為人們應該想想嗎？既然我們總有一天都會死。

病人：嗯，我從未想過要讓自己為死亡做好準備。我想如果時候到了，你內心應該有個聲音會告訴你。我不覺得自己準備好了，我認為我還有很多時間。

醫師：是的，沒人知道。

病人：對，但我的意思是，我都將兩個兒子養那麼大了，我還要幫他們照顧孫子呢。

醫師：你有孫子？

病人：有七個。

醫師：所以你要等他們長大。

病人：現在我要等他們長大，我還要見曾孫呢。

醫師：你在醫院的時候，什麼樣的事對你最有幫助？

病人：喔，如果可以的話，我肯定想要隨時和醫生待在一起。

牧師：我想我知道其中一個答案，就是你總是對未來有憧憬，有個想要達成的目標。你一直說你最渴望能夠回家，到處走動。

病人：沒錯。我想要重新能夠走路。我非常肯定自己可以辦到，就像幾年前那樣。這是決心的問題。

醫師：你認為是什麼幫助你堅持下去沒有鬆手，沒有放棄？

病人：我只是覺得，現在被我丟在家裡的只剩下我先生了，而他是比所有小孩子加起來還需要人照顧的大孩子。他有糖尿病，那影響了他的視力，讓他看不太清楚。我們有領取殘障補助金。

醫師：他能做些什麼？

病人：嗯，他能做的不多。他的視力很糟糕，連街上的紅綠燈都看不見。上次我在醫院的時候，他和S太太講話時，她坐在床的一側，問他可否看得見她。他說自己看得見，但是她的身影很模糊，從這點我就知道他的視力很糟了。他可以看見報紙上的大標題，但字級再小一點的次標題和所有比那更小的字，他就要拿放大鏡才看得到了。

醫師：在家是誰在照顧誰？

病人：我去年十月出院的時候，他答應過我，如果我願意當他的眼睛的話，他會當我的腳，我們的計畫是這樣。

醫師：那很好啊，結果進行得如何？

病人：嗯，進行得很不錯。他有時會不小心把桌子弄得一團亂，然後我也會故意這麼做，這樣他就不會以為是自己視力太差造成的。如果他發生什麼事，例如絆倒或什麼的，唉，我會告訴他，我也常常這樣啊，我甚至兩隻眼睛都視力正常呢，所以他不該覺得難過。

牧師：他有時會覺得難過？

病人：喔，是啊，有時他會很介意。

醫師：他有沒有申請——或考慮申請一隻導盲犬或申請接受訓練，例如靈活度訓練之類的？

病人：我們有「救世軍」[16]派來的一名家政助手，一直有來家裡幫忙家務。她告訴他，她會再查查看還有什麼可以協助他的資源。

醫師：「盲人光明之家」（Lighthouse for the Blind）可以評估他的需求，如果需要的話，他們可以提供靈活度訓練和拐杖。

病人：嗯，那很不錯。

醫師：聽起來在家裡你們彼此互補、互相支持，各自負責對方沒辦法做的事。那麼，你住院的時候一定很擔心他過得如何吧。

病人：沒錯，我確實很擔心。

醫師：他過得怎麼樣？

病人：嗯，孩子們會接他過去吃晚餐，家政助手一個禮拜會過去三次，打掃房子、燙衣服等等。他自己可以洗衣服。無論他做什麼，我都不會去潑冷水，讓他覺得氣餒。我發現他在很多事情上犯了很多錯，但我都告訴他看起來很好，讓他繼續去做，也讓他自己主導。

醫師：你好像不斷說一些讓他聽起來覺得好過一點的話。

16 譯註：Salvation Army，國際性的教會與慈善機構，參與許多社會服務。

病人：我盡量。

醫師：你也是那樣告訴自己的嗎？

病人：我不會去抱怨自己的感受。每當他問我覺得如何時，我總是告訴他我感覺很好，直到我告訴他我必須住院，他們要我住進去。嗯，那也是他第一次聽說我的病。

醫師：為什麼呢？他之前從來沒有問過你要不要進醫院嗎？

病人：沒有，我自己要這麼做的，因為我有個朋友，一直信誓旦旦覺得自己真的生病，結果她讓自己坐上輪椅。從那時起我就下定決心，除非情況糟糕到萬不得已，否則我絕不輕易抱怨。我想我就是從她身上學到教訓的吧。她看遍整座城市的醫生，非要他們承認她罹患了多發性硬化症（multiple sclerosis）不可，但醫生根本找不出她有何毛病。結果現在她真的必須坐輪椅了，而且還無法走路。她有沒有得這個病我真的不知道，但她一直這樣已經十七年了。

醫師：不過那是另一種極端案例。

病人：是啊，但我的意思是，她不斷抱怨的行為——還有，我有個小姑，她的指甲會傷到自己，剝個腿毛也有怨言，我實在受不了這兩個人一直在抱怨，所以決定除非情況非常嚴重，否則我絕不隨便抱怨。

醫師：家裡有誰像你這樣？你父母也是像這樣的戰士嗎？

病人：我母親在一九四九年過世，在我記憶中她僅有兩次真的生病。最後一次是她得了白血病的時候，後來她就過世了。至於我父親，我記得的事不是很多，我只知道，在我記憶中，他是在一九一八年流感大流行的時候染上流感過世的。所以關於我父親，我能說的也不多。

醫師：所以，抱怨和過世被畫上了等號，因為他們都只有在過世前抱怨。

病人：沒錯，沒錯！

醫師：但是，你知道，有很多人把自己的疼痛和痛苦表達出來，也沒有因此過世。

病人：我知道。我小姑就是這樣，牧師也認識她。

牧師：話說L太太住院的另一面，其他病人經常仰賴她，她發現自己有點像是別人的安慰者。

病人：喔，我不知道——

牧師：我有時候會想，難道你不希望自己有個人可以說說心裡話，安慰你，而不是老是別人在依賴你嗎？

病人：我不覺得自己需要安慰，牧師。我肯定不想要別人的同情或什麼的，因為我不覺得自己應該博取同情。我覺得沒什麼事情糟糕到要抱怨。我唯一要抱怨的事就是我那些可憐的醫生吧。

醫師：你為他們感到難過？你也不該同情他們，因為他們也不想要別人同情，不是嗎？

病人：我知道他們不想要別人同情，但我覺得，唉，當他們走過病房，聽見每個人抱怨這裡很痛、那裡不舒服的，我打賭他們一定想要趕快逃到別的地方吧。護理師也一樣。

醫師：有時他們的確會想。

病人：嗯，如果他們這麼想，我也不怪他們。

醫師：你說你很配合他們，那麼你是否曾經因為不想造成他們的負擔而隱瞞什麼訊息呢？

病人：不，沒有。我想我會告訴他們真實的情況，只有那樣他們才能對症下藥。如果你不告訴他們哪裡有問題，他們怎麼醫治病人呢？

醫師：你身體有哪裡覺得不舒服嗎？

病人：我覺得很好，但我真的希望能自由自在地做我想做的事。

醫師：你想要做什麼？

病人：起來，走路，直接走回家，一路走回去。

醫師：接著呢？

病人：嗯，我也不曉得到家後會做什麼，可能是上床睡覺吧。（笑聲）但我真的感覺很好，現在我完全沒有什麼地方會痛或不舒服。

醫師：從昨天開始就這樣嗎？

病人：嗯，一直到昨天之前，我的腿都還有刺麻的感覺，後來刺麻感消失了。情況還不至於太糟，但我在家時有點擔心，因為過去幾個禮拜我都無法像之前那樣走路。我知道我這是在逼自己，如果我一開始就承認不舒服，就尋求幫助、積極治療，情況也不會發展到這個地步。不過我總是認為隔天情況就會好轉。

醫師：所以你等了一陣子，希望它自己消失。

病人：我等了又等，後來發現情況沒有好轉，我才打電話。

醫師：你被迫面對它。

病人：我被迫面對現實。

醫師：如果你來到生命的最後階段，會是什麼情況？你會用同樣的態度面對它嗎？

病人：我會一直等到那天到來。希望如此。就我在母親住院前照顧她的經驗來看，我會說她就是事情發生了才面對。

醫師：她知道實情嗎？

病人：她不知道自己罹患白血病。

醫師：不知道？

病人：醫生說我不該告訴她。

醫師：你是怎麼想的？你對這件事有什麼感覺？

病人：嗯，我很難過她不知情，因為她一直告訴醫生自己哪裡不舒服。而我想她因為不知情，便做了一些對治療不利的事，因為她告訴醫生自己有膽囊問題，她自己診斷的，而且還吃藥，但那些藥對她這種身體狀況的人很不好。

醫師：你覺得他們為什麼不告訴她？

病人：嗯，我不知道，我也不懂。醫生對我說的時候，我問過他，如果她知道了會怎麼樣，他說不行，她不應該知道。

醫師：你當時幾歲？

病人：喔，當時我已經結婚了，大概三十七歲吧。

醫師：但你還是照醫生的話做了。

病人：我照醫生的話做了。

醫師：所以，她過世的時候都還不知道實情，也沒有好好談過這件事。

病人：沒錯。

醫師：那就很難知道她如何面對的。

病人：沒錯。

醫師：你覺得對病人來說，什麼樣的做法會比較輕鬆？

病人：喔，我覺得因人而異。就我自己而言，我很高興知道自己生什麼病。

醫師：嗯嗯。那你父親——

病人：我父親，他知道自己生什麼病。他得了流感。我看過許多不同病患，他們都不知道自己得的是什麼病。上一個病人牧師也認識，她知道自己生什麼病，但是不知道自己即將離世。那位是J太太，她真的拚命在戰鬥，她決心要和先生一起回家，但她的家人沒有告訴她真相，隱瞞了病情的嚴重性，她也一直沒有懷疑。或許對她來說，那是離開的更好方式吧，我也不知道。我認為因人而異。我想醫生是最知道如何處理這種事的。我認為，一個人會如何面對這件事，醫生可以做出最好的判斷。

醫師：然後他們的做法也會因人而異？

病人：我想是的。

醫師：不能一概而論。不行的，我們都一致認為不能那樣做。那就是我們在此要做的工作，去深入了解每個人，然後看看能怎樣幫助各種類型的人。我想你是那種會盡一切努力奮鬥到最後一天的鬥士。

病人：我會的。

醫師：所以當你必須面對時，你也會好好面對。你的信仰對你幫助很大，讓你能夠始終面帶微笑看待一切。

病人：希望如此。

醫師：你屬於哪種信仰？

病人：嗯，路德教派。

醫師：信仰裡幫助你最大的是什麼？

病人：我不知道。確切是什麼我也說不上來，和牧師說話能讓我獲得很大的慰藉。我甚至會打電話給他，跟他說說話。

醫師：當你真的感到憂鬱，覺得孤單，沒人在身邊的時候，你會做些什麼樣的事？

病人：嗯，我不知道。任何想到的事吧，我想，任何需要去做的事。

醫師：例如？

病人：嗯，過去幾個月，我一直開著電視看一個猜謎節目，讓自己不再心心念念想著自己的事。就只有做這件事。就是看看其他東西，或打電話給我的媳婦，和她及孩子們聊聊天。

醫師：電話上聊嗎？

病人：電話上聊，讓自己保持忙碌。

醫師：忙著做一些事？

病人：只是做些事，讓自己轉移注意力。我偶爾會打電話給牧師，從他那裡獲得一些精神支持。我其實不會對任何人談論我的情況。我媳婦通常會有概念，我只要打電話去就可能是心情抑鬱，或情緒低落，她會讓一個孫兒來和我講電話，或告訴我他們做了什麼事，像這樣講講話，我的情緒低潮也就過了。

醫師：我很欽佩你有勇氣接受訪談。你知道為什麼嗎？

病人：不知道。

醫師：我們每個禮拜都會訪問一位病人，每週都在訪談，但我現在發現，你是真的不想談論這件事，而且你也知道我們會談這件事，儘管如此，你還是願意來。

病人：嗯，如果我能多少對別人有所助益，我就願意去做。就像我說過的，就我的身體或健康狀況來看，我覺得自己像你和牧師一樣健康。我沒有生病。

醫師：我只是覺得L太太能自願前來，非常了不起。你一定能在某種程度上為他人帶來一些幫助的，或者幫助我們。

病人：但願如此。如果我能對別人有幫助，我很樂意這麼做，雖然我沒辦法出去做些什麼事。嗯——我還會在這裡很長一段時間，或許我可以再接受幾次訪談（笑聲）。

L太太接受了我們的訪談邀請，訴說了自己的一些憂慮，但是卻表現出一種奇怪的矛盾態度，在面對疾病和否認它之間搖擺不定。在這次訪談之後，我們才對這種分裂態度有了一些了解。她答應前來研討班的原因並非因為她想談論自己的病情或談論死亡這件事，而是想要在自己行動受限、在病床外無法發揮作用的情況下對別人有所幫助。她曾說：「只要還有作用，我就還活著。」她會安慰其他病人，但是對於自己沒有一個可以依靠的肩膀而感到憤慨不滿。她會打電話給牧師，私下告解，而且幾乎是祕密進行，但在訪談期間僅輕描淡寫地承認自己偶爾會感到憂鬱，需要與人聊聊。最後訪談結束時，她說：「我覺得自己像你和牧師一樣健康。」這番話意味著：「我已經掀開面紗了，現在我要再次把臉遮起來。」

她在訪談裡顯然將抱怨與死亡畫上了等號。她的父母都從來不抱怨，只有在過世之前承認自己生病。L太太如果想要繼續活下去，就必須讓自己發揮作用、保持忙碌。她必須成為視障丈夫的眼睛，幫助他否認自己逐漸喪失視力。當他因為視力不良而出了點差錯，她也會仿造一個類似的差錯，以此強調丈夫的出錯和他的病無關。她沮喪的時候，必須和某人說說話，但不應該抱怨：「喜歡抱怨的人，已經坐在輪椅上十七年了！」

可以理解的是，慢性疾病及其伴隨的種種症狀，對於一個強烈認為抱怨必將帶來終生殘疾或死亡的病人來說，是非常難以承受的。

這位病人也獲得了一些支援，例如親人讓她打電話聊聊「其他事情」，在房間裡看電視以轉移注意力，後來也會做一些小小的藝術創作或手工藝，讓她覺得自己「還能發揮作用」。當這些訪談強調的是教育面向時，或許L太太這樣的病人便能盡情宣洩自己的委屈和不滿，而不會覺得自己會被貼上愛抱怨的標籤。

CHAPTER

11

死亡與臨終研討班獲得的迴響

昨夜的風暴為今晨戴上一頂寧靜的金冠。

——泰戈爾《漂鳥集》第 293 首

醫院工作人員的反應

如稍早前描述過的，醫院工作人員的反應是強烈抗拒，有時候是對我們研討班流露出明顯的敵意。剛開始的時候，要從主治醫師那裡獲得允許，讓我們訪問他們的病人，幾乎是不可能的事。住院醫師比實習醫師更難接近，而後者又比見習生（externs）或醫學院學生更抗拒。似乎醫生接受過越多訓練，就越不願意參與這一類型的工作。有其他作者曾研究過醫師對死亡與臨終病人的態度，我們並未對這種抗拒心態的個別原因加以研究，但曾多次觀察到這個現象。

我們也注意到，研討班成立後，參加的醫師在聽取同事或前來上課的病人的意見後，態度會隨之轉變。學生和駐院牧師兩者都發揮了很大的影響力，讓醫院工作人員更熟悉我們的工作內容，而護理師或許是對我們幫助最大的得力助手。

以對臨終病患的整體關懷而聞名的醫師西西里・桑德斯（Cicely Saunders），其工作就是從護理師開始的，這可能並非偶然，她現在在一家專為臨終病患打造的醫院擔任醫師。她已證實，無論病人是否被告知實情，他們大部分都知道死亡即將到來。她在和他們討論這個議題時覺得很自在，因為她不需要否認什麼，所以也不太可能在病人身上見到太多否認情況。如果他們不想談論這件事，她當然會尊重他們閉口不談的意願。她認為，能夠靜靜坐著傾聽的醫生十分重要，她並且證實，她的多數病人會把握機會告訴她（這比反過來的情況更常發生！）說自己對實際情況心裡有數，而最終怨恨和恐懼的情緒幾乎不存在。「但是更重要的是，」她說，「選擇投入這份工作的醫務人員應該要有機會深入思考這件事，在醫院的一般目標與活動領域之外找到滿足感。如果他們自己能相信並真正熱愛這樣的工作，那麼比起他們所說的話，他們的態度本身將對病人帶來更多幫助。」

臨終病人的洞見與覺察，以及面對幾乎總是悄無聲息降臨的死亡時所展現的勇氣，也同樣讓辛頓（Hinton）感到印象深刻。我提出這兩人作為例子，是因為他們既反映出這些作者的態度，也充分說明了病人的反應。

在我們的工作人員中，我們發現有兩小群的醫師能夠傾聽並冷靜地談論癌症、迫近的死亡，或不治之症的確診。他們是醫療專業領域中非常年輕的一群，要不就是曾經歷過至親死亡、經歷過喪親之痛，要不就是已經參加研討班好幾個月的時間。而另外一小群人人數較少，是年紀較大的醫師，成長於前一個世代，據我們推測，在當時的環境裡，人們較不擅長使用防衛機制，也不用委婉的說辭，如實面對死亡的現實，而且會在照顧末期病患的過程中讓醫生獲得良好的訓練。他們接受的是老派的人道主義訓練，如今在較注重科學的醫療領域也獲得成功。他們是那種會如實告訴病人病情嚴重性的醫生，卻也不會剝奪他們所有的希望。這類醫生對他們的病人和我們的研討班一直給予很大的援助與支持。我們和他們的接觸較少，不單因為他們是少數特例，也因為他們的病人通常心情較為舒坦，極少需要轉診。

當我們徵求醫生的同意，詢問是否願意讓我們與他們的病人談話時，大約十個醫生裡面有九個會有不自在、厭煩、明顯或隱約表現出敵意的反應。有些人會以病人的身體或精神狀況不佳為理由來拒絕，有些則是直截了當地否認自己正在照料末期病人。有些醫生在其病人要求與我們談話時，會變得憤怒不已，彷彿這麼做是在凸顯他們沒能力應付這種病人。雖然只有少數醫生會斷然拒絕，但大部分的醫生在最終允許我們訪談時，會將其視為對我們施予特別的恩惠。這段時間以來，情況慢慢有了一點改變，他們現在會來要求我們見見他們的病人。

P太太的例子說明了研討班可能會為醫師帶來怎樣的混亂局面。她在住院期間一直被各式各樣的問題所困擾。她非常需要傾訴自己的憂慮，而且急切地想知道自己的醫生是哪位。她剛好在六月底時入院，當時醫院正經歷一場人事大變動，她還沒來得及認識她的醫療「團隊」，他們便離開了，由一群年輕醫生接手。這群新來的醫生當中，有一位曾參加過我們研討班，而且注意到了她的困境，但他因為忙著認識新主管、熟悉新病房和新職務，所以撥不出時間來和她聊聊。我找到這位醫生，要求與P太太進行訪談，他立刻答應了。研討班進行了幾個小時之後，他的新主管，一位住院醫師，在人來人往的繁忙走廊上突然把我拉到牆角，怒氣沖沖地大聲斥責我，說我不該見這位女士，還說「這是你連續從我病房帶走的第四個病人。」他在眾多訪客和病人面前如此高聲控訴，自己倒是沒有半點尷尬的表情，甚至以如此不尊重的態度對一位資深醫護人員咆哮，他也不以為意。顯然，讓他氣急敗壞的是這件事背後的意義，以及自己團隊的成員竟然沒有事先徵詢他的意見，便擅自答應了我的請求。

他沒有質疑為何自己有那麼多病人無法應付自己的病，為何他的團隊成員會避免徵詢他的意見，以及他的病人為何不可能有機會道出心中的擔憂。這同一位醫生後來告訴他的實習醫生，以後不准他們對任何一位病人討論病情的嚴重性，也不准他們讓病人和我們談話。在同一場會議裡，他提到自己對這場研討會與我們針對末期病人所做的努力抱持尊重與欽佩的態度——但是他自己卻一點也不想參與，包括他的病人，而他多數的病人都患有不治之症。

另一位醫師在我剛結束一段特別動人的訪談，剛要走進辦公室的時候打電話給我。當時我的辦公室剛好有大約六名來訪的神職人員和護理主管在場，話筒裡卻傳來一陣叫嚷聲，大意是：「你好大的膽子，竟敢和K太太說起臨終的事，她根本不知道自己病得有多重，還以為自己可以再次回家呢！」我回過神來之後，向他解釋我們訪談的內容，也就是這位女士自己要求要和治療無關的人談一談，她想要找個醫院裡的人傾吐心聲，因為她知道自己時日不多了。她還沒有準備好承認這個事實所代表的全部意義，但是她要求我們向她保證，她的醫生（就是和我講電話的那個人！）能在她生命接近終點時給她提示，而且不會和她玩捉迷藏的遊戲，導致一切都為時已晚的憾事。她對他相當有信心，但是儘管自己已經清楚意識到病情的嚴重性，卻無法與他溝通，這讓她覺得非常不安。

當這位醫師聽見我們實際在做些什麼事的時候（與他的想像有著極大落差！），他也變得好奇，不再生氣了，最終同意聽一聽K太太的訪談錄音，而那些話正是他自己的病人對他發出的懇求。

這位憤怒醫生的中途來電，為來訪的神職人員提供了一個十分寶貴的學習經驗，示範了這類研討班可能引發的轉移效應。

在我早期與臨終病人共事的經驗裡，我觀察到醫院工作人員迫切需要否認自己病房裡有末期病人的存在。我曾在另一間醫院耗費好幾個小時的時間尋找一個能接受訪問的病人，卻被告知沒有罹患不治之症的人可以和我談話。我走過病房時看見一名正在讀報紙的老人，報上斗大的標題寫著〈老兵不死〉。他看起來病得很重，於是我問他，「讀到這樣的內容」會不會讓他感到害怕。他用滿是憤怒與厭惡的表情瞪著我，說我一定是那種只在病人健康的時候關心他們，一但他們快死了就避之唯恐不及的醫生。這就是我要找的人！我向他說明我主持的死亡與臨終研討班[17]，以及我希望能在學生面前訪問一些人，以教育他們不要迴避這些病人。他興致勃勃地答應前來，並帶給我們一段我經驗中最難忘的訪談。

一般來說，醫師是最不願意加入我們這項工作的人，一開始是不願意轉介病人給我們，接著又不願意參與研討班。只要是願意做其中任何一件事的人，都對這項工作貢獻良多，而一旦他們願意參與，通常就會持續下去，而且參與程度還會越來越高。要靜靜地坐在研討班裡需要勇氣，也需要一顆謙卑的心，因為與會者不僅包括他們慣常共事的護理師、學生、社工人員，他們還很可能會聽見來自病人直言不諱的意見，述說他們在現實或想像中扮演了何種角色。那些害怕聽見別人說出對自己真正看法的人，自然不願意參與這樣的會議——何況我們所談的主題通常是不會和病人及工作人員公開談論的禁忌。那些前來參與研討班的人，總是對自己從病人身上學習到那麼多，也對他人精闢的見解與觀察感到大為驚訝，因而感謝自己能有此不尋常的學習經驗，這不僅為他們帶來寶貴的洞見，也賦予他們勇氣繼續從事他們的工作。

對醫師來說，踏出第一步總是最困難的，一旦他們推開那道門，仔細傾聽並了解我們實際在做的事（而不是揣測我們可能在做什麼），或實際參加一場研討會，之後他們幾乎一定都會繼續參與我們的工作。在一段將近三年的時間裡，我們進行了兩百多次的訪談，這期間，我們有來自國外、來自歐洲，以及來自美國東、西兩岸的醫師，不遠千里前來芝加哥參加我們的研討會，但我們自己的大學卻只有兩位教職員曾賞光出席過。我想，若是別人的病人，談論死亡與臨終會比較容易，我們可以像是在觀看舞臺劇一樣來看待它，而不需要在這齣戲裡實際擔綱演出。

護理人員的反應是最不一致的。剛開始的時候，他們見到我們也很生氣，而且講話很不客氣。有些人稱我們是禿鷹，指責我們未經授權便擅自出現在他們的病房，但是也有些人看到我們彷彿如釋重負，期待著我們的到來。他們的動機涵蓋許多方面，有的人會因為醫生告知病人其病情嚴重的方式感到氣憤，有的則對醫生逃避問題並刻意在巡房時跳過那些病人的做法感到不滿。

17 原註：在現在的工作開始之前，我曾將這個研討班作為精神病學的引導課程，本書之前的內容曾述及。

他們感到氣憤的是，醫生會下令做許多不必要的檢查，以此取代應該花在病人身上的溝通時間。他們深刻感受自己在面對死亡時的無能為力，而當他們察覺到醫生也有類似感受時，他們的怒氣更是會在頃刻間爆發。他們會責怪醫生不想承認病人已經病入膏肓、藥石罔效，下令做各種檢查完全只是為了證明有人還在努力為病人做些什麼。這些病人家屬惶惶不安的心與缺少章法的做事方式也讓他們倍感困擾，而且他們當然不像醫生一樣可以去避開這些事。他們覺得自己與病患接觸越多，就越能夠對他們感同身受，但同樣地，他們的挫折感和力不從心的感覺也更深。

許多護理師覺得自己在這一領域極度缺乏訓練，在面對這樣的危機時，對於他們該如何扮演好自己的角色也缺乏相關的指導。他們比醫生更願意承認自己內心的衝突矛盾，而且經常超乎預期地更願意超越自我，願意在他們同事留守病房時前來參加至少一部分的研討會。他們在態度上的轉變比醫生還要快，而且一旦他們了解到以直言不諱、誠實坦率的態度對待病人、家屬或治療團隊成員，比盡說些社會所期待的客套話要更有意義後，他們會毫不遲疑地在討論中暢所欲言。有一次，有位醫生說有個病人讓他感動到快要掉眼淚，護理師們馬上承認他們會避免進入該女士的病房，只為了避免見到她床頭櫃上年幼孩子的相片。

如果他們所說的話能被用來理解某個衝突情境，而非用來批判他們，他們很快便能夠表達出自己內心的擔憂、矛盾，以及自己的處理機制為何。同樣地，他們也能夠自由地支持一個有勇氣傾聽病人述說自己對病情有何意見的醫生，而且他們很快學會了在醫生開始採取防衛態度時就指出這一點，也會反省自己是否有防衛機制。

醫院裡有一個病房，裡面的末期病人多半的時間似乎都獨自一人，於是護理部門的主管召集護理師們開了一個會，想了解這種特殊情況到底是怎麼回事。我們在一個小小的會議室裡集合，每位護理師都被問到自己面對末期病人時，對護理師這個角色的想法。一位年紀較大的護理師率先打破沉默，表達出她對「浪費時間在這些病人身上」感到沮喪。她指出了護理人員人手短缺的現實面，以及「浪費寶貴的時間在那些已經無藥可救的人身上，是件愚蠢至極的事」。

一位年輕護理師接著說，「這些人在我面前死去」的時候，她總是覺得非常難受，而另一位護理師說「當他們的親屬在場」，或是她「剛剛抖過枕頭，他們就在我面前死去」，會讓她感到特別氣惱。十二位護理師裡面只有一位覺得臨終的病人也需要他們照料，雖然他們能做的已經不多，但至少能讓他們的身體舒服一些。參與會議的人，都勇敢表達出他們對這份工作的厭惡，而且夾雜著憤怒情緒，彷彿這些病人在他們面前死去是一個對他們表示憤怒的行為。

同樣是這些護理師，後來都能理解自己生起那些感受的原因了，現在他們對待末期病人時能將他們視為正在受苦的人類同胞，而且了解他們比同房相對健康的室友更需要品質良好的照護。

漸漸地，他們的態度轉變了，其中有許多人已經接手扮演我們過去在研討會上扮演的角色。現在，許多人在病人詢問他們關於未來的問題時，已經能夠從容應對，較不畏懼花時間與末期病人相處，遇到特別難應付的病人與棘手的人際關係時，也會毫不遲疑地來找我們，提出他們的問題。有時候，他們會帶著病人家屬來我們或牧師的辦公室，也會籌辦護理師會議，召集大家討論病人全面照護領域的各個面向。他們既是我們的學生，也是我們的老師，對研討班貢獻卓著。最為勞苦功高的是行政人員與督導人員，他們從一開始就全力支持這個研討班，他們甚至要費心安排各樓層的護理人手，好讓一些人有時間參加訪談或討論。

社工人員、職能治療師、呼吸治療師等，儘管人數較少，但也同樣貢獻良多，讓這個工作坊真正成為跨領域的探討園地。後來，有人自願前來探視病人，並為無法打開書本的殘疾病人朗讀書籍。我們的職能治療師利用小型藝術創作和手工藝幫助病人，讓他們知道自己在某種程度上依然能發揮作用。在參與此項計畫的所有工作人員中，社工人員在處理這個危機方面似乎是最不憂不懼的一群，可能是因為社工人員忙著照顧生者，以至於不需要實際與臨終者有太多接觸吧，他們通常關心的是孩子的照料、財務方面的協助，或許還包括安養院的安排等等，最後同樣重要的是，他們也會處理親屬間的衝突矛盾，因此死亡對他們來說較不具威脅性。不像其他參與協助的專業人員，必須直接面對末期病人，而且他們的照護活動會在病人死亡後隨即終止。

一部探討末期病人照護的跨學科著作若不提及駐院牧師的角色，這本書就不算完整。當病人陷入危機，當他踏上臨終階段，當他的家人無法接受噩耗，或是當醫療團隊希望能有個居間協調的角色時，牧師就是那位最常被召喚前來的人。我從事這項工作的第一年，沒有任何神職人員的協助，因此他們的加入大大改變了研討班的面貌。第一年的工作艱難曲折，原因有很多。當時認識我並知道我在做什麼的人不多，因此除了這個任務本身原本就有難度之外，可以理解的是，也遭到了他人的抗拒和拒絕。當時我缺乏資源，對工作人員也不夠熟稔，不知道該接觸誰、該避開誰。我在醫院來來回回走了加起來數百英里的路程，經過無數次的嘗試並犯了許多錯之後，才知道誰適合接觸，誰不適合。若不是病人的反應熱烈，好評不斷，我可能老早便放棄了。

有一天晚上，在一次徒勞無功的尋覓之後，我筋疲力竭，灰心氣餒，於是前往牧師辦公室求助。駐院牧師隨即與我分享他面對病人遇到的困難、他自己遭遇的挫敗，以及需要協助的心情，就是從那時起，我們開始攜手合作。他有一張病危病患的名單，之前也曾接觸過許多重症患者，因此我不需要再尋尋覓覓了，我的任務轉而變成挑出最需要幫助的病人。

在許多參加過我們研討班的駐院牧師、教士、拉比、神父等神職人員中，我幾乎不曾見過有人逃避死亡議題，或像其他提供協助的專業人員一樣懷抱著那麼大的敵意或做出遷怒行為。然而，讓我驚訝的是，有為數眾多的神職人員使用祈禱書或《聖經》裡的一段章節作為自己與病人唯一的溝通方式，以此避免聆聽他們的需求，或避免讓自己曝露在無法回答或不願回答的問題之中，而且不覺得這種做法有任何不妥。

他們之中有許多人已經探訪過無數的重症患者，卻是在研討班才第一次真正面對死亡與臨終的議題。他們一般都忙於葬禮的程序，以及自己在葬禮期間和之後所扮演的角色，在實際面對臨終病人時反而會遭遇不少難題。

他們經常會聽從醫師的囑咐「不要說」，或以家屬總是在場為理由，避免與末期病人真正溝通。經過不斷的會面交流，他們才開始理解自己不願面對衝突，以及利用《聖經》、病人家屬或醫囑作為合理化的藉口，讓自己避免涉入其中的心態。

我們有位神學院學生在態度上的轉變，也許是最令人感動、最具教育意義的。他定期出席研討班，而且似乎十分投入這項工作。有一天下午，他到我的辦公室來，要求單獨會面。他剛度過了相當痛苦難熬的一週，更可能面臨自己的死亡，因為他淋巴腺腫大的情況越來越嚴重，醫生要求做切片檢查以進一步評估是否為惡性腫瘤。他來參加下一次的研討班時，和同學分享自己所經歷的震驚、沮喪、不敢置信等階段——他這些日子以來感受到的憤怒、氣餒與希望，夾雜著極度焦慮和恐懼的心情，他還將自己努力應付這場危機的過程，與他在病人身上看見的自尊自重做出鮮明的對照。他描述自己妻子的善解人意如何為他帶來安慰，也和我們分享他年幼的孩子在旁邊聽到他們的談話內容時有何反應。他以真誠而實際的態度談論他的親身體會，讓我們充分意識到身為觀察者和病人本身的差別。

此人往後與末期病人會面時，絕不會再說一些空洞的話了。他的態度之所以轉變，不是因為這個研討班，而是因為他才剛開始學習如何幫助他所關懷的患者面對死亡，自己就面臨了死亡威脅。

我們從工作人員身上感受到他們對這項任務的強烈抗拒，他們因遷怒而流露出莫名其妙的敵意與憤恨，有時著實令人難以接受，但這些態度都是會改變的。一旦這群人了解到自己的防衛態度從何而來，學會去面對、分析這種矛盾情緒後，他們不但能對病人的幸福有所貢獻，還能協助其他參與者獲得成長與了解。有巨大障礙和恐懼之處，也同樣存在著巨大的需求。或許是因為這個原因，今天我們工作的果實才會嘗起來這般甜美，因為我們一路篳路藍縷、辛勤耕耘才有今天的收穫。

學生的反應

大多數參與這個課程的學生都不知道確切的課程內容到底是什麼，或只有聽別人說過一些他們感興趣的內容。多數人都覺得自己在承擔起照顧病人的職責之前，有必要先面對「真正的病人」。他們知道訪談是在單面鏡前進行的，這讓許多學生在與實際的病人面對面坐下之前，能夠先「習慣」這個程序。

有為數不少的學生（我們之後在討論中得知的）之所以報名參加這堂課，是因為自己生命中曾經歷至親或定位矛盾的角色死亡，而在內心留下未解的衝突，另外有少數人是因為想要學習訪談技巧。多數人都說，他們之所以來上課是想要對臨終這個複雜的問題有更多了解，但是真的這麼想的人少之又少。許多學生參加第一次訪談時都自信滿滿，但是連訪談都還沒結束就離席了。許多學生嘗試了許多次，才能從頭到尾好好坐著，直到訪談和討論結束，但接下來當病人要求和聽眾共處一室而非躲在單面鏡後面時，他們又瑟瑟發抖、擔心害怕了。

要參加過三次以上的研討會，他們才能很自在地在眾人面前討論自己的反應和感受，而且有許多人是在當天結束後，過了很久才開始討論他們的反應。有個學生不斷挑出一些訪談的瑣碎細節，挑戰眾人的論點，讓其他參與者不禁懷疑他是否想藉此逃避真正的議題——病人迫近的死亡。有些人只能談論醫療與技術上的問題，以及管理問題，在社工人員提及年輕丈夫與年幼孩子的痛苦心情時，就會變得侷促不安。當一位護理師對某些程序和檢查的合理性提出質疑，醫學院學生會立刻與吩咐他們這麼做的醫生站在一致的立場，為他辯護。但有另一名醫學院學生質疑，如果病人是他自己的父親，而他是那位能下令的醫生，他不知道自己是否會有同樣的反應。突然之間，橫跨不同領域的學生們開始了解到一些醫生面臨的問題有多麼重要，讓他們不僅對病人的角色有了更多領會，也對醫療團隊成員所面臨的矛盾與責任有了更深的理解。學生們很快能對彼此的角色生起相互尊重、彼此感謝的心情，讓這個群體真正能夠在跨領域的層面上針對問題展開交流。

學生們對自己在這場心理劇中的角色，從最初感到無助、無能或純粹的恐懼，漸漸發展出更敏銳的覺察能力，也培養出集體解決問題的能力。每個人都被迫面對相關的問題，自己也必須參與其中，否則團體中就會有人指出他的逃避心態。因此，每個人都以自己的方式努力正視自己對死亡的態度，讓自己和團體漸漸熟悉這個議題。由於團體中的每個人都同樣經歷了痛苦又收穫滿滿的過程，因此會讓個別成員覺得輕鬆一些，就像團體治療，一個人的問題解決方案也能幫助其他人面對自己的衝突並學習如何處理它。若能以放開胸懷，以誠實坦率與接受的態度來參與，便能體會到其他成員在團體中分享的想法與貢獻。

病人的反應

病人和工作人員的態度完全相反，他們對我們的探視十分歡迎，態度極其正面。在我們詢問意願的病人中，只有不到百分之二的人斷然拒絕參加研討會，兩百位病人當中只有百分之一的人完全沒有談到自己病情的嚴重性、自身末期疾病導致的問題，以及對死亡的恐懼。關於這類病人，我們在前文有詳細的描述（詳見第三章，否認）。

其他的病人都樂於和關心他們的人交談。他們大部分都會在一開始用某種方式測試我們，確認我們是否真的願意談論他們生命最後的時光或臨終關懷的議題。多數病人都樂於卸除自己的心防，而且當他們不再需要演戲，不需要再說些敷衍的表面話，內心深處卻遭受各種虛虛實實的恐懼所煩擾時，都會感到長吁了一口氣。有許多人在第一次會面時的反應彷彿我們將防洪閘門瞬間開啟：讓他們積壓已久的情緒暢快淋漓地宣洩出來，在會談之後如釋重負。

有些病人會將這場會面延期一陣子，不過僅僅隔天或隔週便又要求我們前去和他們坐下來談談。從事這份工作的人最好記得，這類病人的「拒絕」其實並不表示「不，我不想要談這件事」，只是表示「我還沒準備好敞開心胸，對你們說出我的憂慮」。如果遭到這類的拒絕，我們的探視不會中斷，反而會繼續，而病人會在他準備好開口時給予暗示。只要病人知道，當他們準備好時有人隨時願意和他們談談，他們就會在適當的時機打電話來。很多這樣的病人後來都對我們的耐心等候表示感謝，並和我們訴說自己內心經歷了幾番掙扎才得以說出這些難以啟齒的話。

有很多病人從來不曾使用死亡或臨終這樣的字眼，但一直用變相的方式談論這件事。一個敏銳的治療師不需要說出這些病人避用的字眼，也能對他們的問題或憂慮做出回應，如此依然對他們有所裨益。之前描述過的A太太和K太太便是這樣的例子（詳見第二章和第三章）。

如果我們問自己，有如此高比率的末期病患願意與我們分享他們的經驗，對我們最有助益或說最有意義的是什麼，我們就必須看看，當我們問他們接受訪談的理由為何時，他們做何回答。許多病人在這個階段都感到自己渺無希望、一無是處，找不到任何存在的意義。他們只能痴痴等著醫生來巡房，或等著做X光檢查，等著護理師拿藥過來，每日每夜千篇一律，看不到盡頭。在這單調乏味又沉重的步調之中，有個訪客意外到來，吹皺了一池春水，他有著人性化的好奇心，想要知道他們的情緒反應、他們擁有的力量、他們的希望與挫折。有人真的拉了一把椅子過來坐下，有人真的願意傾聽而且不趕時間，有人不會委婉地說些避重就輕的話，而是用具體、直接又簡單的語言來談論他們心中最重要的事——對於這些事，他們偶爾能將它壓抑下來，但總是一再浮上心頭。

有人來了，打破了這份單調沉悶、孤獨而又無意義的痛苦等待。

另一個或許更為重要的面向是，他們覺得自己所傳達的訊息可能很重要，至少對其他人可能意義匪淺。當這些病人覺得自己在世間對任何人都已經沒有用處的時候，一種服務的心願油然而生。不止一位病人如此表示：「我想要對別人有點用處，或許捐出我的眼睛或腎臟，但訪談似乎更棒，因為我可以在我還活著的時候就著手。」

有些病人利用這個研討班，以奇特的方式測試自己的勇氣。他們用它來向我們傳道，告訴我們自己對神的信仰有多麼堅定，說自己已經準備好接受上帝的旨意，然而恐懼卻清清楚楚寫在他們臉上。還有一些人擁有真正的信仰，這讓他們平靜安詳地迎接生命的最終章，並很驕傲地和一群年輕人分享，希望自己能發揮一點影響力。我們有一位臉部長了惡性腫瘤的歌劇演唱家，要求來到我們課堂進行最後一次表演，在她必須回到病房，為放射治療而拔除牙齒之前，她提出了為我們演唱的最後要求。

我想說的是，這些回應皆是正面的，只是個人的動機和理由各有不同。有些病人可能想要拒絕，但是擔心拒絕後會影響他們日後的照護。顯然有很高比例的人將研討班作為對醫院、工作人員、家人、整個世界宣洩憤怒情緒的管道，發洩自己遭到隔絕孤立的鬱悶心情。

活在借來的時間裡，痴痴等待醫生來巡房，在每次探視前後的空檔念念不忘，茫然凝視著窗外，希望護理師能多花點時間和他們聊一聊……這些都是末期病人消磨時光的方式。那麼，當一位陌生訪客到來，說想讓他聊一聊自己的感受、談談自己對當前處境的種種反應，病人會對此感興趣又有什麼好令人驚訝的呢？誰想要坐下來談談他們在這段孤寂的時光裡，內心有些什麼樣的恐懼、幻想和願望呢？或許就只是這個原因，這一點點的關注，一點點的「職能治療」，從沉悶單調的短暫解脫，在醫院蒼白的牆壁添上幾抹色彩——就是這個研討班帶給病人的東西。突然間，他們都梳妝打扮好了，坐在輪椅上，有人來詢問可否將回答錄音，他們覺察到有一群對自己感興趣的人正在注意他們。或許就是這份來自他人的關注，為這些末期病人的生命灑下一些陽光、一些意義，或許還有一些希望。

病人對我們這種工作的接受和感謝，最好的證明或許是他們在剩餘的住院期間仍一樣歡迎我們，而且繼續和我們保持對話。在出院的病人之中，大多數人都會在危機時刻或重要事件發生時，主動以電話和我們保持聯絡。W太太便曾打電話給我抒發心情，告訴我她的醫生K醫師和P醫師打電話給她，問候她是否無恙，讓她感到十分欣慰。她想要和我們分享好消息的願望，代表了這種關係雖非正式，卻是極具意義而親密的。她說：「如果我行將就木的時候還能見到他們其中一人，我相信我會含笑而死！」這顯示出我們的關係可以變得多麼意義重大，一句關懷的問候可以是多麼重要的交流。

E先生曾用類似的話形容過B醫師，他說：「我對醫院缺乏人性關懷這部分感到絕望，原本已經準備要走人了。這個實習醫生整天一來就拿著針筒往我的血管扎，根本不在乎我的床鋪、睡衣是否還一團亂。然後有一天B醫師來了，我還沒回過神來，他就把針抽出來了。我甚至一點感覺都沒有，因為他的動作很溫柔。接著他幫我貼了個小繃帶——從來沒人這麼做過，然後還告訴我要從哪個方向撕下來才不會痛！」E先生（一位罹患急性白血病、育有三個幼子的年輕父親）說，這是他在這場病痛的磨難裡，發生過的最有意義的事。

病人常常會對一個願意付出關懷、撥出一點時間在他們身上的人，報以幾近誇張的感激之情。在一個充斥冰冷設備與數字的忙碌世界裡，他們不曾擁有這樣親切關懷的對待，所以，一點點的人性光輝便激起他們如此熱烈的反應也不足為奇了。

在這不確定的年代，一個發明了氫彈，凡事追求迅速與規模的年代，個人的一個小禮物可能就會顯得意義非凡。這份禮物是雙方面的：來自病人的是他為類似處境的人帶來的幫助、啟發與鼓勵，而來自我們的是付出的關懷、時間，以及我們希望能將病人臨終之際教給我們的東西與他人分享的心願。

病人之所以給予熱烈回應的最後一個理由，也許是臨終者想要留下些什麼、想要贈予一份小禮物的需要，或是藉此創造出一個不朽的幻相吧。對於他們願意與我們分享自己對這一禁忌議題的想法，我們心存感激，我們告訴他們，他們的角色是「教導」我們並幫助隨後將踏上同樣旅程的人，藉此創造出人死後有些東西或許會繼續活下去的觀念，也成就了一個研討班，讓他們的忠告、想像與想法能繼續存在，供後人討論，並在某種程度上化為不朽。

縱然臨終病人已明確表達出希望讓自己從人際關係抽離，以最沒有羈絆的方式面對最後的離別，但若缺少能同理他內心衝突的局外人幫助他，他獨木難支。

我們談論的是死亡——這是一個受到社會壓抑的主題，而我們採取的是直言不諱、簡單不複雜的方式，因此敞開大門歡迎多樣化的討論，如果有必要，我們允許病人完全否認，倘若病人選擇傾訴他的恐懼與擔憂，我們也開放討論。「我們」不會去否認，而且我們願意使用「死亡」與「臨終」這樣的字眼，這或許是許多病人最樂見的溝通方式。

如果我們試圖總結這些病人教導我們的事，在我的看法裡，最引人注目的一件事就是他們全都意識到一己病情的嚴重性，無論是否曾被告知。他們不一定會將自己的認知告訴他們的醫生或親近的家人，理由是一想到這個殘酷的現實，著實太痛苦，而任何避免談論這件事的明示或暗示訊息，病人也通常都能察覺到並在當下暫時接受。然而，總有一天，所有的病人都需要傾吐他們的擔憂，需要摘掉面具、面對現實，並在仍為時不晚時處理重要事務。他們會樂於卸除自己的心防，也會感謝我們願意與他們聊聊逼近的死亡與未竟事宜。他們希望和了解他們的人分享自身感受，尤其是憤怒、怨恨、嫉妒、內疚與孤立的感覺。他們都清楚指出，如果醫生或家人期待他否認，他就會採取否認態度，因為病人對他們有所依賴，需要維持一份良好關係。

工作人員若沒有當他們的面直接告知實情，他們其實不會太在意，但他們非常痛恨被當成小孩子，也痛恨自己在必須做出重要決定時被排除在外。他們惡性腫瘤的診斷一旦確立，都能察覺到周遭的人在態度與行為上的轉變，也因此意識到自己病情的嚴重性。換句話說，那些沒有被明白告知實情的病人，其實也能從一些蛛絲馬跡或親人、工作人員態度上的轉變而知悉。而那些被明白告知實情的病人，幾乎都一致對這個得知真相的機會感激在心，除了那些在醫院走廊上被匆促地粗魯告知，病人完全沒有心理準備或後續追蹤慰問的情況，或是沒有為病人留下一絲希望的情況。

所有的病人聽到壞消息時幾乎都出現相同的反應，這不僅是聽到罹患不治之症的典型反應，也似乎是人類對重大事件與面臨意外壓力時會出現的人性反應，也就是：震驚、不敢相信。多數病人都會採取否認的態度，一如書中收錄的部分訪談案例顯示，這種態度持續的時間從幾秒鐘到數月之久都有。這種否認絕非一種全盤的否認。病人否認之後，生氣、憤怒的情緒會盤踞心頭，心中對那些健康活著、正常生活的人嫉妒不已，並以各種方式表現出來。工作人員和家屬的反應是讓這樣的憤怒情緒合理化並得到強化的一部分原因，有時幾乎變成一種不理性反應和早期經驗的重複，如修女I的例子。若周遭的人能夠容忍這樣的憤怒，不將其視為針對個人，便能在很大程度上幫助病人過渡至暫時討價還價的階段，以及隨後的沮喪階段，而那是走向最終接受的踏腳石。以下的圖表顯示出這些階段並非以互相取代的形式存在，而是緊接著彼此，並時而重疊。許多病人都在沒有外在協助的情況下，達到最終的接受階段，有些病人則需要協助才能順利度過這幾個不同階段，在安詳而有尊嚴的狀態下離世。

無論病人處於何種疾病階段，或採用何種處理機制，我們所有的病人在最後一刻來臨前，都仍心存著某種希望。那些被告知自己罹患不治之症、毫無治癒機會，沒有半點希望的病人，他們的情緒反應最激烈，而且對那個以如此殘酷的方式告知他們這一消息的人，始終心存芥蒂、無法釋懷。對我們的病人而言，他們所有人都依然多多少少心存希望，而我們最好能記住這一點！這份希望可能會以新發現、實驗室裡的新研究成果、新藥物或血清等各種形式出現，也可能以神的奇蹟出現，或是發現X光片或病理切片報告其實是屬於另一名病人的。也可能病情自然而然緩解，如同J先生的生動描述（見第八章），但無論我們對希望出現的形式是否贊同，都應該永遠保有這樣的希望。

儘管我們病人都很感激自己能對我們傾吐心中的憂慮，對死亡與臨終的議題暢所欲言，但是他們也會在該轉移話題，改聊些較開心的事情時發出信號。他們都承認宣洩情緒是件好事，但也必須選擇適當的時機和持續時間。

早期的衝突和防衛機制，讓我們能在某種程度上預測病人會在這危機時刻大量使用哪種防衛

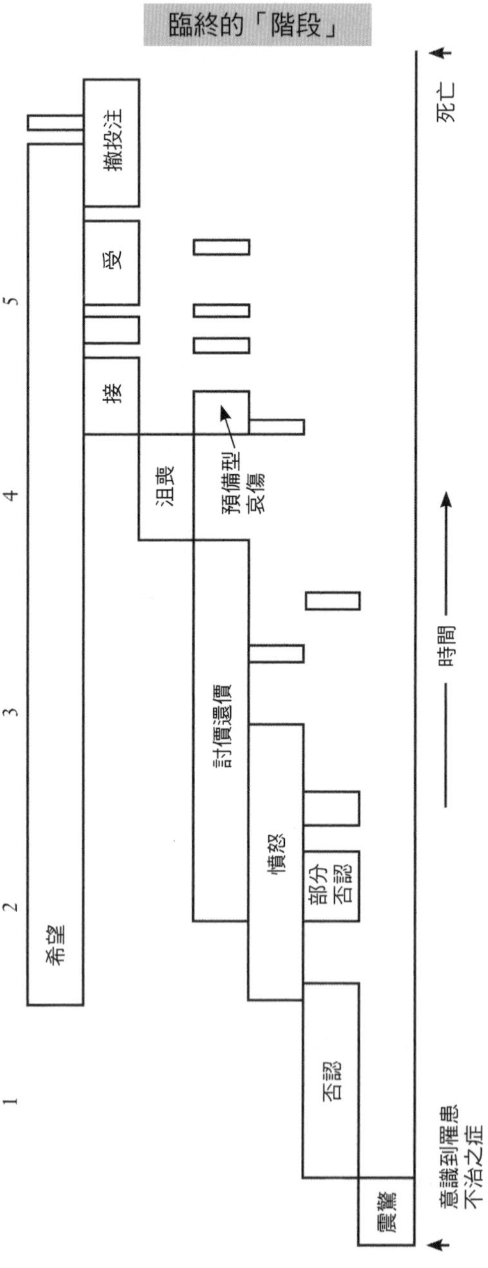
臨終的「階段」
死亡
時間
意識到罹患
不治之症
震驚
否認
部分
否認
憤怒
討價還價
沮喪
預備型
哀傷
接
受
撤投注
希望
1
2
3
4
5

機制。一般來說，教育程度低、見識不廣、社會關係單純、工作責任較小等較為簡單的人，在面對這場最終危機時，比起那些生活富裕，因擁有豐富的物質享受、舒適生活與廣闊的交友圈而將失去更多的人，能夠以更從容的態度來面對。似乎那些在人生中經歷過磨難、艱苦工作、將子女養育成人並對自己的工作感到滿足的人，能夠較從容地以平靜而有尊嚴的態度接受死亡；相較之下，有些人野心勃勃地控制周遭一切，汲汲營營於累積物質財富，雖擁有豐富的社會關係，生前有意義的人際關係寥寥無幾，可能只能在人生最終階段獲得，這樣的人情況則相反。這個現象我們曾在第四章談論憤怒階段時，在相關案例中詳細描述過。

有宗教信仰的病人似乎和沒有宗教信仰的病人沒太大不同。其中的差別可能很難判斷，因為我們並未明確定義何謂有宗教信仰的人。然而，我們可以說，我們發現內在信心具足、真正宗教虔誠的人極少，這些人從他們的信仰獲得了很大幫助，與少數真正的無神論者形成鮮明的對比。大多數的病人是介於這兩者之間的狀態，也就是擁有某種形式的宗教信仰，卻不足以讓他們從衝突與恐懼中解脫。

當我們的病人進入接受階段與最終的「撤投注」階段，外來的干擾會被視為最大障礙，因而阻礙了好幾位病人平靜而有尊嚴地離去。這個階段是死亡將至的信號，也讓我們得以在數名從醫學角度來看幾乎沒有任何死亡跡象的病人身上，預測到即將來臨的死亡。病人內在的信號系統告訴他死亡已迫近，他會對這個信號做出回應。即使無法真正知道病人接收到什麼樣的心理與生理信號，我們也能從一些線索窺見一二。當病人被問到這一問題時，他通常能夠承認自己的覺察，也會將此覺察傳達給我們，要求我們「現在」就坐下來和他談，因為他知道，等到明天也許就太遲了。我們應敏銳地覺察到病人為何如此堅持，否則很可能會在時間還來得及的時候，錯過了這僅有一次的傾聽機會。

我們這一研究末期病人的跨領域研討班，已經成了人們普遍接受的知名教學方法，每個禮拜有最多五十個學員前來參加，各自有著不同的背景、專精領域和動機。這或許是少數幾個能讓醫院人員在非正式場合聚在一起，從不同角度探討病人的全面性需求與照護的課程。儘管參加的學生越來越多，這個研討班經常扮演類似團體治療的角色，參與者可以自由暢談自己面對病人時的情緒反應與各種想像，藉此對自己的動機與行為有更深的認識。

醫學院與神學院的學生能從這堂課獲得學分，並針對此一主題寫出有意義的相關論文。簡言之，這堂課已經成為眾多學生的必修課程之一，他們在生涯早期能有此機會接觸末期病人，在日後必須承擔起照顧他們的責任時，將有更充分的準備，亦較能卸除心防。較老一輩的家庭醫師和專科醫師也曾前來研討班訪問，在醫院之外的場合貢獻自己的實務經驗。護理師、社工人員、行政人員，以及職能治療師等也加入了這場跨領域的對話，各領域的專業人員都盡力讓在座的其他人更了解自己所扮演的角色與內心糾結。與會者對彼此都能有更深的了解，也更能彼此欣賞與認同，不僅僅是因為我們對共同的責任交換意見，更是因為我們都接受彼此直言不諱地表達出自己的種種情緒反應、恐懼與想像。如果一位醫生能承認他在傾聽某個病人訴說時會起雞皮疙瘩，那麼他的護理師將能更自在地分享自己內心對該情境的真實感受。

有一位病人對周遭氛圍的變化做出了最生動的描述。她在這之前的住院期間曾打電話給我們，傾訴她在某個病房區感到孤立無援而覺得十分氣餒與憤怒。後來她的病情緩解，所以第二次打電話給我們是她再度入院的時候。這次她又住在和前一次一樣的病房區，並希望能再度參加研討班，和我們分享她驚訝地發現周遭氛圍變得截然不同這件事。「想想看！」她說，「現在會有護理師進來我的房間，待上一會兒，然後說：『想聊聊嗎？』」我們無法證明這是因為研討班和護理師感到更舒坦的心態而造成的改變，但我們也注意到這個特定病房區的變化，在這裡，我們獲得越來越多來自醫生、護理師和其他末期病人的轉介。

最大的改變或許是我們會收到醫院工作人員的諮詢要求，這個跡象顯示他們已逐漸意識到自己內在的衝突矛盾可能會妨礙他們的病人管理工作，導致無法做出最佳判斷。最近，我們也收到來自醫院外的末期病患及其家屬的諮詢要求，他們想要在研討班的架構下承擔一些任務，除了為自己的生命增添意義，也希望能對其他類似處境的人有所助益。

或許我們該打造的不是一個「發展生物冷凍技術」的社會，而是一個能夠處理死亡與臨終問題的社會，能夠鼓勵針對此一主題的對話，並幫助人們在臨終前能更加無懼地活著。

有一名學生在論文裡寫道，這個研討班最不可思議的面向也許是我們很少談論死亡本身。是不是法國哲學家蒙田曾說過，死亡只是臨終過程結束的一瞬間？我們學到的是，對病人而言，死亡本身不是問題，他們懼怕的是臨終過程，因為伴隨這過程的是一種絕望、無助與孤立的感受。

那些參加研討班並深入思考這些問題的人，在班上盡情抒發自己的感受，並體認到自己原來可以做些什麼，除了能讓自己在面對這類病人時不再如此焦慮，也更坦然地接受一己死亡的可能性。

CHAPTER

12

末期病人的治療

死亡屬於生命，一如誕生。
行走在於起腳，一如在於落腳。
—— 泰戈爾《漂鳥集》第 267 首

從前面所述，我們可以清楚看到，末期病人有其特殊需求，如果我們肯花些時間好好坐下來傾聽他們的心聲，就能發現這些需求並滿足它們。最重要的溝通或許是讓他們知道我們已經準備好了，願意聆聽他們所憂慮的一些事。與臨終病人相處需要一定程度的成熟心智，而這只能從經驗中累積。我們必須慎重地審視我們自己對待死亡與臨終的態度，才能消除心中焦慮，安靜地坐在末期病人身旁，好好傾聽。

我們首開先例的門戶開放式訪談，是讓會面雙方能在毫無恐懼和焦慮的情況下溝通與交流。治療師，包括醫師、牧師或任何擔任這類角色的人，都會試著用自己的言行讓病人知道，提及癌症或臨終等字眼的時候，他不會逃避。病人接收到這樣的提示後也許會敞開心胸，暢所欲言，抑或是讓提問者知道他感謝這樣的訊息，只是時候未到。病人會讓對方知道他何時準備好訴說心中的顧慮，而治療師也會向他保證，自己會在適當的時機回來。我們有許多病人都做過不止一次這樣的開放式訪談。有時候，他們會因為一些未竟之事而對生命緊抓不放，譬如他們負責照顧心智不全的姐妹，擔心死後沒有人接手照顧她，或他們無法妥善安排一些孩子的照顧事宜，因而需要和某人傾吐這些憂慮。有些人則是對一些真實或想像的「罪惡」充滿罪疚感，在我們提供機會讓他說出來之後，終於鬆了一大口氣，尤其是有牧師在場的時候。這些病人都在自己的「告解」或妥善安排親人的照顧事宜後，感到舒坦很多，而且通常會在未竟之事完成後很快撒手人寰。

鮮少會有不切實際的恐懼阻礙病人離世，就像之前提過的案例裡那位因為無法想像自己「被蟲子活生生吃掉」而「不敢死」的老婦人（第九章）。她對蟲子有恐懼症，同時又很清楚這種心態有多麼愚蠢。因為連她自己也認為實在太可笑，所以她始終無法和花光積蓄讓她住院的家人開口說這件事。在一次訪談之後，這位老婦人終於向我們透露她心中的恐懼，讓女兒為她安排火葬事宜。這位病人在徹底抒發自己的恐懼之後，很快便離世了。

一場訪談就能讓病人卸除沉重無比的心理負擔，讓我們總是覺得驚訝不已，也納悶為何醫院工作人員和家屬如此難以引導他們表達出自己的需求，因為這通常只需要一個開放式的問題，其他什麼都不需要。

雖然E先生不是末期病人，我們還是利用他的案例作為開放式訪談的典型例子。這個例子之所以切題，是因為E先生對自己的認知就是個臨終之人，因為之前有個令他愛恨交織的人物過世了，在他心中留下了懸而未決的衝突，導致他覺得自己也奄奄一息。

八十三歲的猶太人E先生因為體重嚴重下滑、厭食症與便祕而住進一間私人醫院。他抱怨腹部疼痛難當，整個人形容枯槁，滿臉倦容。他總是意志消沉，很容易落淚。經過徹底的全身檢查後，並未發現特定疾病，住院醫師最後不得不求助精神科醫師，諮詢他們的意見。

他進行了一次診斷治療性質的訪談，現場還有幾名學生和他同處一室。他不介意有人作陪，覺得能藉此機會聊一聊個人問題，心中暢快多了。他說住院前四個月的時候，他突然變成一個

「又老又病的孤單老人」，而此前他身體一直很不錯。進一步追問之後，我們發現這一連串毛病出現之前的幾個星期，他的兒媳婦過世了，而在病痛出現之前的兩個星期，和他感情交惡的妻子在他出城度假的時候也突然離世。

親人們沒有一如他期待前來探望他，他覺得相當氣惱。他抱怨護理師的服務不好，無論是任何人的照料，他都覺得不滿意。他確信，如果他承諾「死後送給那些親人幾千塊美金」，他們肯定立刻來探望他。他又長篇大論地描述自己和其他老人同住的一個住宿計畫，以及他們全受邀去旅行度假的事。後來我們很快發現，原來他的憤怒和自己的沒錢有關，因為沒錢，就必須參加他的住宿處安排的旅行，換句話說，他別無選擇。進一步詢問之後，我們發現原來他一直因為妻子送醫時他人不在場而責怪自己，遂將這份內疚感轉嫁到籌劃這場度假旅行的人身上。

我們問他是否並非覺得妻子拋棄他，只是無法承認自己對她的滿腔怒火，這時他突然情緒崩潰，告訴我們自己無法理解為何她會拋棄他，搭上他的好兄弟（他稱他為納粹），而且沒有遵照猶太人的傳統養育他們唯一的兒子，最後還在他最需要她的時候丟下他，讓他孤單一人！由於他對逝者充滿負面情緒，對此深感內疚與羞恥，因而將這些情緒發洩在親人和護理師身上。他相信自己會因為這些負面念頭而遭到懲罰，還相信他必須經受許多痛苦蹂躪，才能減輕自己的罪疚感。

我們只是告訴他，我們能體會他心中這些複雜的情緒，因為那都是人性的一部分，每個人都有情緒。我們還直截了當地告訴他，我們懷疑他是否仍無法承認自己對妻子的怨恨，是否能再做幾次簡短的訪談，將它們表達出來。他回答：「如果這份痛苦還是無法消除，我就得從窗戶跳下去了。」我們的回答是：「你的痛苦來源可能是太過壓抑那些憤怒和挫折感。將這些情緒丟出你的身體系統吧，不要再覺得羞恥，這樣可能就能消除你的痛苦。」他離開時顯然心中五味雜陳，但確實提出了讓我們再次探視他的要求。

陪他回房間的住院醫師當時對他彎腰駝背的頹喪姿態印象很深刻，他便將自己在訪談裡說過的話再次強調了一遍，向他保證他的情緒反應其實很正常，他聽了之後才挺直腰桿子，抬頭挺胸地走回自己的房間。

我們隔天前往探視他，發現他很少待在房間裡。他一天之中大半的時間都在從事社交活動，待在食堂享受美食。他的便祕和疼痛問題消失了。訪談那天的晚上，他兩次大量排便之後，覺得「從來沒那麼舒暢過」，於是開始計劃出院，恢復往日的一些活動。

出院那天，他面帶微笑，提到過去與妻子相處時的一些美好時光，還提到自己對工作人員和親人的態度轉變，以前自己「常讓他們不好過」，特別是他兒子，他特別打電話給他，感覺彼此又更親近了一些，他說，「因為我們倆可能會感到寂寞好一陣子。」

我們向他保證，如果他還有任何問題，無論是身體還是情緒方面，隨時可以來找我們，他滿臉笑容地說自己上了一堂很棒的課，以後也許能以更平靜的心情面對自己的死亡。

E先生的例子顯示，這樣的訪談也能對並非真的生病卻受盡情緒折磨的人有所裨益，那些人只是因為年紀大了，或無法獨自應付一個矛盾角色的死亡，便以身體或心理不適的方式，減輕自己因對亡者潛藏敵意而產生的罪疚感。他們並非那麼害怕自己會死去，他們擔心的是，自己還沒因為對亡者的惡念而付出代價，在亡者尚未給他們一個「彌補」的機會之前就死了。他們承受著痛苦，以此作為減輕自己對遭到報應的擔憂，並將自己的敵意與怒氣轉嫁到護理人員和親人身上，而絲毫沒有覺察到自己的怨恨情緒。令人驚訝的是，一個簡單的訪談竟能揭露出那麼多訊息，而且只要幾句解釋的話，並向對方保證這些愛恨交織的人類情感都是可以理解的，不需要為此付出可怕的代價，其實就能大大緩解這些身心症狀。

對於那些並非有單一的簡單問題要解決的人，短期的治療會很有幫助，而且不一定需要求助精神科醫師，只要有個善解人意的人願意花點時間坐下來好好傾聽就夠了。我想到了像I修女那樣的患者，她曾在多個場合接受他人探視，其實她從其他病患那裡獲得的治療效果和我們提供的一樣多。像這樣的病人是幸運的，在患病期間有機會處理自己的內在衝突，進而獲得更深刻的理解，或許也對自己依然能享有一些事物心生感激。這些治療效果其實和其他末期病人所做的簡短心理治療療程一樣，都是舉行場合與時間長短不固定。這些療程會依照病人的身體狀況、體力，以及想要在特定時間談話的意願而個別安排，通常會包括幾分鐘的探視，藉此讓他們感受到我們在場而較為安心，就算他們不想說話也沒有關係。即使病患在身體不太舒服或疼痛加劇的階段，這樣的治療仍會持續進行，甚至更為頻繁，只是改為默默陪伴的形式，而不再是言語溝通。

我們經常會想，不知道挑選一群末期病人做團體治療是否合適，因為他們大多感到同樣孤單與孤立無援。那些在末期病房工作的人，對病人之間的互動十分清楚，也知道重症病人之間對彼此說過什麼有幫助的話。我們常覺得驚訝的是，研討班的經驗竟然會在臨終病人之間口耳相傳，我們甚至會獲得病人的「推介」而接觸到其他病人。我們注意到，有些曾參加研討班訪談的病人常會一起坐在醫院大廳，繼續他們的非正式聚會，就像兄弟會一樣。到目前為止，我們都讓病人自己決定要與他人分享多少心裡話，但我們目前正在調查他們是否有參加正式會談的動機和意願，因為似乎有一小群病患很渴望舉辦，這些病患也包括罹患慢性病與需要多次入院治療的人，他們彼此已經認識一段時間了，彼此不但罹患相同的病，過去住院期間也擁有共同的回憶。當他們的其中一位「病友」過世，我們都對他們近乎喜悅的反應感到印象深刻，這證明了他們的潛意識仍存著「它會發生在你身上，但不會發生在我身上」的信念。這或許也可以解釋為何有那麼多病人及其家屬，好比G太太（第七章），會藉由探視其他病得更重的病人獲得一些希望。I修女便是利用這樣的探視作為宣洩敵意的管道，也就是誘導病人提出需求來證明護理人員缺乏效率（第四章）。她以護理師之姿幫助他們，不僅暫時否認了自己身體機能無法正常運作的事實，還能趁機對那些健健康康卻無法更有效率地為病人服務的人大發脾氣。這樣的病人若置身團體治療的環境裡，有助於讓他們更了解自己的行為，同時也有助於讓護理人員更容易接受他們的需求。

F太太是另一位值得追憶的女士，她剛開始是參加非正式的團體治療，成員除了她自己之外還有其他病得非常重的年輕病患，所有人都是因為白血病或何杰金氏症而入院，她自己也被這種病折磨了二十多年。過去幾年來，她每年平均要入院六次，最後她終於完全接受了自己的病況。

有一天，有位名叫安的十九歲女孩住進醫院，她被自己的病情和這種病的最終結果嚇壞了，卻無法和任何人傾吐內心的恐懼。她的父母拒絕談論這件事，於是F太太變成了她的非正式心理顧問。她與她分享關於兒子、丈夫和自家的事，儘管多年來她頻繁入院，仍悉心照顧著那個家，最後安也逐漸打開心扉，傾訴自己的憂慮，並詢問她一些關於自己的問題。安出院後，介紹了另一位年輕病人給F太太認識，從而口耳相傳，開啟了一連串推薦的連鎖反應，這和團裡治療裡一個病患取代另一個病患的現象非常相似。團體治療的小組成員極少超過兩、三位，而且只要成員還在醫院裡，就會持續交流。

無聲勝有聲

在病人生命中，會有一個時刻來到，這時痛苦止息，頭腦遁入無夢狀態，對事物的需求降至最低，對環境的覺知也消失殆盡，沒入無邊的黑暗。在這樣的時刻，親人只能在醫院走廊來回踱步，忍受等待的煎熬，不知是否該離開去照顧其他在世的人，還是該留下迎接死亡的瞬間。在這樣的時刻，所有的話都已來不及說，卻是親人大聲痛哭、呼求幫助的時候——無論是以有聲或無聲的方式。所有的醫療介入都為時已晚（若將搶救算進去，儘管出於善意，也太過殘忍），但是對臨終者的最後離去來說仍為時過早。對最親近的家屬而言，這是一段最難熬的時光，他要不就是希望離開這裡，從這個難關走出來，要不就是拚命想抓住一個他即將永遠失去的東西。在這個時刻，最需要的是對病人的無聲治療與親人的隨侍在側。

醫生、護理師、社工人員或牧師若能了解家人的矛盾心情，協助他們選出一個對陪伴臨終者感到最舒坦的人選，便能在這最後階段發揮很大的作用。此人實際上成了病人的治療師，而那些心中忐忑不安的人，也可透過他們的協助來減輕心中的罪疚感，讓他們知道有人會陪伴在臨終者身旁，直到死亡來臨。知道病人並非孤單離世後，他們便能放心回家，而不會因為自己逃避這樣的時刻而感到羞恥或內疚，畢竟對許多人而言，要面對這個時刻是如此艱難。

那些懷抱著勇氣與愛，能夠以「無聲勝有聲」的方式陪伴在臨終者身旁的人會明白，這個時刻既不可怕也不痛苦，只是身體靜靜地停止了運作。注視著一個人平靜安詳地離世，會讓我們聯想到一顆星辰的隕落，好似繁星密布的浩瀚天空中一道絢爛而短暫的火花，最終永遠消失在無邊的黑夜裡。身為臨終者的治療師，讓我們意識到茫茫人海中的每個個體都是獨一無二的，也讓我們覺知到人生終有盡頭、壽命何其有限。只有少數人的歲數能超過古稀之年，然而在這段短暫的時光裡，我們大多數人都為自己創作出一部精彩且獨一無二的生命傳記，將自己交匯在人類的歷史長河中。

杯中水閃閃發光，海之水深沉幽暗。
小道方可言明，大道入於至靜。
——泰戈爾《漂鳥集》第176首

參考書目

- Abrams, R. D., and Finesinger, J. E. "Guilt Reactions in Patients with Cancer,"*Cancer*, Vol. VI (1953), pp. 474–482.
- Aldrich, C. Knight. "The Dying Patient's Grief," *Journal of the American Medical Association*, Vol. 184, No. 5 (May 4, 1963), pp. 329–331.
- Alexander, G. H. "An Unexplained Death Coexistent with Death Wishes,"*Psychosomatic Medicine*, Vol. V (1943), p. 188.
- Alexander, Irving E., and Alderstein, Arthur M. "Affective Responses to the Concept of Death in a Population of Children and Early Adolescents," in *Death and Identity*, ed. Robert Fulton. New York, John Wiley & Sons, Inc., 1965.
- Allport, Gordon. *The Individual and His Religion*. New York, The Macmillan Company, 1950.
- Anderson, George Christian. "Death and Responsibility: Does Religion Help?" *Psychiatric Opinion*, Vol. III, No. 5 (October, 1966), pp. 40–42.
- Anthony, Sylvia. *The Child's Discovery of Death*. New York, Harcourt, Brace & Co., 1940.
- Aponte, Gonzaol E., M.D. "The Enigma of 'Bangungut,'" *Annals of Internal Medicine*, Vol. 52 (June, 1960), No. 6, pp. 1258–1263.
- Aring, Charles D., M.D. "A Letter from the Clinical Clerk," *Omega*, Vol. I, No. 4 (December, 1966), pp. 33–34.
- Aronson, G. J. "Treatment of the Dying Person," in *The Meaning of Death*, ed. Herman Feifel. New York, McGraw-Hill Book Co., 1959.

- "Aspects of Death and Dying." Report, *Journal of the American Medical Woman's Association*, Vol. 19, No. 4 (June, 1964).
- Ayd, Frank J., Jr. "The Hopeless Case," *Journal of the American Medical Association*, Vol. 181, No. 13 (September 29, 1962), pp. 1099–1102.
- Bach, Susan R. von. "Spontanes Malen Schwerkranker Patienten," *Acta Psychosomatica* (Basle) (1966).
- Bakan, David. *The Duality of Human Existence*. Chicago, Rand, McNally & Co., 1966.
- ———. *Disease, Pain and Sacrifice*. Chicago, The University of Chicago Press, 1968.
- Barber, T. X. "Death by Suggestion, a Critical Note," *Psychosomatic Medicine*, Vol. XXIII (1961), pp. 153–155.
- Beach, Kenneth, M.D., and Strehlin, John S., Jr., M.D. "Enlisting Relatives in Cancer Management," *Medical World News* (March 10, 1967), pp. 112–113.
- Beecher, Henry K., M.D. "Nonspecific Forces Surrounding Disease and the Treatment of Disease," *Journal of the American Medical Association*, Vol. 179, No. 6 (1962), pp. 437–440.
- Beigner, Jerome S. "Anxiety as an Aid in the Prognostication of Impending Death," *American Medical Association Archives of Neurology and Psychiatry*, Vol. LXXVII (1957), pp. 171–177.
- Bell, Bertrand M., M.D. "Pseudo-Terminal Patients Make Comeback." *Medical World News* (August 12, 1966), pp. 108–109.
- Bell, Thomas. *In the Midst of Life*. New York, Atheneum Publishers, 1961.
- Bettelheim, Bruno. *The Empty Fortress*. New York, Free Press, 1967.
- Binswanger, Ludwig. *Grundformen und Erkenntnis des Menschlichen Daseins*. 2d Ausgabe Zurich, Max Niehaus, 1953.
- Bluestone, Harvey, M.D., and McGahee, Carl L., M.D. "Reaction to Extreme Stress: Death by Execution," *American Journal of Psychiatry*, Vol. 119, No. 5 (1962), pp. 393–396.
- Bowers, Margaretta K. *Counseling the Dying*. New York, Thomas Nelson & Sons, 1964.
- Brodsky, Bernard, M.D. "Liebestod Fantasies in a Patient Faced with a Fatal Illness," *International Journal of Psychoanalysis*,

Vol. 40, No. 1 (January–February, 1959), pp. 13–16.

- ———. "The Self-Representation, Anality, and the Fear of Dying," *Journal of the American Psychoanalytic Association*, Vol. VII, No. 1 (January, 1959), pp. 95–108.
- Brody, Matthew, M.D. "Compassion for Life and Death," *Medical Opinion and Review*, Vol. 3, No. 1 (January, 1967), pp. 108–113.
- Cannon, Walter B. "Voodoo Death," *American Anthropology*, Vol. XLIV (1942), p. 169.
- Cappon, Daniel. "Attitudes Of and Towards the Dying," *Canadian Medical Association Journal*, Vol. 87 (1962), pp. 693–700.
- Casberg, Melvin A., M.D. "Toward Human Values in Medical Practice," *Medical Opinion and Review*, Vol. III, No. 5 (May, 1967), pp. 22–25.
- Chadwick, Mary. "Notes Upon Fear of Death," *International Journal of Psychoanalysis*, Vol. 10 (1929), pp. 321–334.
- Chernus, Jack, M.D. "Let Them Die with Dignity," *Riss*, Vol. 7, No. 6 (June, 1964), pp. 73–86.
- Choron, Jacques. *Death and Western Thought*. New York, Collier Books, 1963.
- ———. *Modern Man and Mortality*. New York, The Macmillan Company, 1964.
- Cohen, Sidney, M.D. "LSD and the Anguish of Dying," *Harper's Magazine* (September, 1965), pp. 69–78.
- Comfort, Alex, M.D., D.Sc. "On Gerontophobia," *Medical Opinion and Review*, Vol. III, No. 9 (September, 1967), pp. 30–37.
- Conference on the Care of Patients with Fatal Illness, The New York Academy of Sciences, February 15–17, 1967.
- Cooper, Philip. "The Fabric We Weave," *Medical Opinion and Review*, Vol. III, No. 1 (January, 1967), p. 36.
- Cutler, Donald R., Ph.D. "Death and Responsibility: A Minister's View,"*Psychiatric Opinion*, Vol. III, No. 4 (August, 1966), pp. 8–12.
- Deutsch, Felix. "Euthanasia: A Clinical Study," *The Psychoanalytic Quarterly*, Vol. V (1936), pp. 347–368.
- ———, ed. *The Psychosomatic Concepts in Psychoanalysis*. New York, International Universities Press, 1953.

- Deutsch, Helene. *The Psychology of Women*. 2 vols. New York, Grune & Stratton, 1944–45.
- Dobzhansky, Theodosius. "An Essay on Religion, Death, and Evolutionary Adaptation," *Zygon—Journal of Religion and Science*, Vol. I, No. 4 (December, 1966), pp. 317–331.
- Draper, Edgar. *Psychiatry and Pastoral Care*. Englewood Cliffs, N.J., Prentice-Hall, Inc., 1965.
- Easson, Eric C., M.D. "Cancer and the Problem of Pessimism," *Ca—a Cancer Journal for Clinicians*, American Cancer Society, Inc., Vol. 17 No. 1 (January–February, 1967), pp. 7–14.
- Eaton, Joseph W., Ph.D. "The Art of Aging and Dying," *The Gerontologist*, Vol. IV, No. 2 (1964), pp. 94–100.
- Eissler, K. R. *The Psychiatrist and the Dying Patient*. New York, International Universities Press, 1955.
- Evans, Audrey E., M.D. "If a Child Must Die . . ." *New England Journal of Medicine*, Vol. 278 (January, 1968), pp. 138–142.
- Farberow, Norman L., ed. *Taboo Topics*. New York, Atherton Press, 1963.
- Feifel, Herman. "Attitudes Toward Death in Some Normal and Mentally Ill Populations," in *The Meaning of Death*, ed. Herman Feifel. New York, McGraw-Hill Book Co., 1959, pp. 114–130.
- ———. "Is Death's Sting Sharper for the Doctor ? " *Medical World News* (October 6, 1967), p. 77.
- Feifel, Herman, Ph.D. and Heller, Joseph, M.D. "Normality, Illness, and Death." Paper, Third World Congress of Psychiatry, Montreal, Canada, June, 1961, pp. 1–6.
- Feinstein, Alvan R. *Clinical Judgment*. Baltimore, Williams & Wilkins Co., 1967.
- Fenichel, Otto. *The Psychoanalytic Theory of Neurosis*. New York, W. W. Norton & Co., 1945.
- Finesinger, Jacob E., Shands, Harley C., and Abrams, Ruth D. "Managing the Emotional Problems of the Cancer Patient," *Clinical Problems in Cancer Research*, Sloan-Kettering Institute for Cancer Research (1952), pp. 106–121.
- Fischer, Roland, Ph.D. "The Unity of Life and Time," *Omega*, Vol. II, No. 1 (March, 1967), pp. 4–10.
- Fletcher, Joseph. *Morals and Medicine*. Boston, Beacon Press, 1960.

- Foster, Zelda P. L. "How Social Work Can Influence Hospital Management of Fatal Illness," *Social Work* (Journal of the National Association of Social Workers), Vol. 10, No. 4 (October, 1965), pp. 30–35.
- Freud, Sigmund. *Beyond the Pleasure Principle.* New York, Liveright Publishing Corp., 1950.
- ———. *Civilization and Its Discontents.* (1930). *The Complete Psychological Works of Sigmund Freud,* Standard Edition, ed. James Strechy. London, Hogarth Press, 1961, Vol. XXI, pp. 59–145.
- ———. *Inhibitions, Symptoms, and Anxiety.* (1926). *The Complete Psychological Works of Sigmund Freud,* Standard Edition, ed. James Strechy. London, Hogarth Press, 1961, Vol. XX, pp. 77–175.
- ———. *On Transcience.* (1916). *The Complete Psychological Works of Sigmund Freud,* Standard Edition, ed. James Strechy. London, Hogarth Press, 1961, Vol. XIV, pp. 303–308.
- ———. *Thoughts for the Times on War and Death.* (1915). *The Complete Psychological Works of Sigmund Freud,* ed. James Strechy. London, Hogarth Press, 1961, Vol. XIV, pp. 273–302.
- Fromm, Erich. *Escape From Freedom.* New York, Henry Holt & Co., 1941.
- ———. *Man For Himself.* New York, Henry Holt & Co., 1947.
- Fulton, Robert, ed. *Death and Identity.* New York, John Wiley & Sons, Inc., 1966.
- Gaines, Renford G. *Death, Denial, and Religious Commitment.* D. Min. thesis, Meadville Theological School (Chicago), 1968.
- Garner, Fradley. "Doctors' Need to Care More for the Dying," *American Journal of Mental Hygiene.*
- Garner, H. H., M.D. *Psychosomatic Management of the Patient with Malignancy.* Springfield, Ill., Charles C. Thomas.
- Gartley, W., and Bernasconi, M. "The Concept of Death in Children," *Journal of Genetic Psychology,* Vol. 110 (March, 1967), pp. 71–85.
- Ginsberg, R. "Should the Elderly Cancer Patient Be Told ? " *Geriatrics,* Vol. IV (1949), pp. 101–107.
- Ginsparg, Sylvia, Moriarty, Alice, and Murphy, Lois B. "Young Teenagers' Responses to the Assassination of President Kennedy:

Relation to Previous Life Experiences," in *Children and the Death of a President*, ed. Martha Wolfenstein and Gilbert Kliman. Garden City, N.Y., Doubleday & Company, Inc., Anchor Books, 1966.

- Glaser, Barney G. "The Physician and the Dying Patient," *Medical Opinion and Review* (December, 1965), pp. 108–114.
- Glaser, Barney G., and Strauss, Anselm L. *Awareness of Dying*. Chicago, Aldine Publishing Co., 1965.
- Green, M., and Solnit, A. J. "Psychologic Considerations in the Management of Deaths on Pediatric Hospital Services," Part 1, "The Doctor and the Child's Family," *Pediatrics*, Vol. XXIV (1959), pp. 106–112.
- ——— "The Pediatric Management of the Dying Child," Part 2, "The Child's Reaction (vica) Fear of Dying," in *Modern Perspectives in Child Development*. New York, International Universities Press, Inc., pp. 217–228.
- Grollman, Rabbi Earl A., D.D. "Death and Responsibility," *Psychiatric Opinion*, Vol. III, No. 6 (December, 1966), pp. 36–38.
- Hackett, T. P., and Weisman, A. D. "Predilection to Death: Death and Dying as a Psychiatric Problem," *Psychosomatic Medicine*, Vol. 23 (May–June, 1961), pp. 232–256.
- ———. "The Treatment of the Dying." Unpublished paper, Department of Psychiatry, Harvard University Medical School, 1962.
- Hamovich, Maurice B. "Parental Reactions to the Death of a Child." Unpublished paper, University of Southern California, September 19, 1962.
- Haroutunia, Joseph. "Life and Death Among Fellowman," in *The Modern Vision of Death*, ed. Nathan A. Scott, Jr. Richmond, Va., John Knox Press, 1967.
- Hicks, William, M.D. and Robert S. Daniels, M.D. "The Dying Patient, His Physician and the Psychiatric Consultant," *Psychosomatics*, Vol. IX (January–February, 1968), p. 47–52.
- Hinton, J. M. "Facing Death," *Journal of Psychosomatic Research*, Vol. 10 (1966), pp. 22–28.
- ———. *Dying*. Baltimore, Penguin Books, 1967.

- Hofling, Charles K., M.D. "Terminal Decisions," *Medical Opinion and Review*, Vol. II, No. 1 (October, 1966), pp. 40–49.
- Howland, Elihu S., M.D. "Psychiatric Aspects of Preparation for Death."Paper read at meeting of the Wisconsin State Medical Society, Milwaukee, Wisconsin, May, 1963.
- Irwin, Robert, and Weston, Donald L., M.D. "Preschool Child's Response to Death of Infant Sibling," *American Journal of Diseases of Children*, Vol. 106, No. 6 (December, 1963), pp. 564–567.
- Jackson, Edgar Newman. *Understanding Grief: Its Roots, Dynamics and Treatment*. New York, Abingdon Press, 1957.
- Jonas, Hans. *The Phenomenon of Life*. New York, Harper & Row, Inc., 1966.
- Jones, Ernest. "Dying Together," in *Essays in Applied Psychoanalysis*, Vol. I, London, Hogarth Press, 1951.
- ———. "The Psychology of Religion," in *Essays in Applied Psychoanalysis*, Vol. II. London, Hogarth Press, 1951.
- Kalish, Richard A., Ph.D. "Death and Responsibility: A Social-Psychological View." *Psychiatric Opinion*, Vol. 3, No. 4 (August, 1966), pp. 14–19.
- Kast, Eric, M.D. "LSD and the Dying Patient," *Chicago Medical School Quarterly*, Vol. 26 (Summer, 1966), pp. 80–87.
- Kastenbaum, Robert, Ph.D. "Death and Responsibility: Introduction" and "A Critical Review," *Psychiatric Opinion*, Vol. 3, No. 4 (August, 1966), pp. 5–6, 35–41.
- Katz, Alfred H., D.S.W. "Who Shall Survive? " *Medical Opinion and Review*, Vol. III, No. 3 (March, 1967), pp. 52–61.
- Klein, Melanie. "A Contribution to the Theory of Anxiety and Guilt," *International Journal of Psychoanalysis*, Vol. 29, No. 114 (1948), pp. 114–123.
- Knudson, Alfred G., Jr., M.D., Ph.D., and Natterson, Joseph M., M.D."Observations Concerning Fear of Death in Fatally Ill Children and Their Mothers," *Psychosomatic Medicine*, Vol. XXII, No. 6 (November–December, 1960), pp. 456–465.
- ———. "Practice of Pediatrics—Participation of Parents in the Hospital Care of Fatally Ill Children," *Pediatrics*, Vol. 26, No. 3, Part 1 (September, 1960), pp. 482–490.

- Kramer, Charles H., and Dunlop, Hope E., R.N., "The Dying Patient,"*Geriatric Nursing* (September–October, 1966).
- LeShan, L., and LeShan, E. "Psychotherapy in the Patient with a Limited Life Span," *Psychiatry*, Vol. 24 (November, 1961), p. 4.
- Lieberman, Morton A., Ph.D. "Psychological Correlates of Impending Death: Some Preliminary Observations," *Journal of Gerontology*, Vol. 20, No. 2 (April, 1965), pp. 181–190.
- "Life in Death." Editorial, *New England Journal of Medicine*, Vol. 256, No. 16 (April 18, 1957), pp. 760–761.
- Lifton, Robert J. *Challenges of Humanistic Psychology*, 2 vols., ed. James F. T. Bugental. New York, McGraw-Hill Book Co., 1967.
- Malino, Jerome R. "Coping with Death in Western Religious Civilization,"*Zygon—Journal of Religion and Science*, Vol. I, No. 4 (December, 1966), pp. 354–365.
- "Management of the Patient with Cancerphobia and Cancer," *Psychosomatics*, Vol. V, No. 3 (1964), pp. 147–152.
- Mathis, James L., M.D. "A Sophisticated Version of Voodoo Death," *Psychosomatic Medicine*, Vol. 26, No. 2 (1964), pp. 104–107.
- McGann, Leona M. "The Cancer Patient's Needs: How Can We Meet Them ? " *Journal of Rehabilitation*, Vol. XXX, No. 6 (November–December, 1964), p. 19.
- Meerloo, Joost, A.M. "Psychological Implications of Malignant Growth: A Survey of Hypothesis," *British Journal of Medical Psychology*, Vol. XXVII (1954), pp. 210–215.
- ———. "Tragic Paradox of the Nuclear Death Wish," Abbott Pharmaceutic Co., pp. 29–32.
- Menninger, Karl. *Man Against Himself*. New York, Harcourt, Brace & Co., 1938.
- Moellendorf, Fritz. "Ideas of Children About Death," *Bulletin of the Menninger Clinic*, Vol. III, No. 148 (1939).
- Morgenthau, Hans. "Death in the Nuclear Age," in *The Modern Vision of Death*, ed. Nathan A. Scott, Jr. Richmond, Va., John Knox Press, 1967.
- Moritz, Alan R., M.D. "Sudden Deaths," *New England Journal of Medicine*, Vol. 223, No. 20 (November 14, 1940), pp. 798–801.

- Mueller, Ludwig. *Ueber die Seelenverfassung der Sterbenden*. Berlin, Springerverlag, 1931.
- Nagy, Maria H. *The Meaning of Death*. New York, McGraw-Hill Book Co., 1965.
- Natanson, Maurice, Ph.D. "Death and Mundanity," *Omega*, Vol. I, No. 3 (September, 1966), pp. 20–22.
- Negovskii, V. A. "The Last Frontier," in *Resuscitation and Artificial Hypothermia*, trans. from Russian by Basil Haigh, Hospital Focus (December, 1962).
- Norton, Janice, M.D. "Treatment of the Dying Patient," *The Psychoanalytic Study of the Child*, Vol. XVIII (1963), pp. 541–560.
- O'Connell, Walter, Ph.D. "The Humor of the Gallows," *Omega*, Vol. I, No. 4 (December, 1966), pp. 31–33.
- Ostrow, Mortimer, M.D. "The Death Instincts: A Contribution to the Study of Instincts," *International Journal of Psychoanalysis*, Vol. XXXIX, Part 1 (1958), pp. 5–16. Parkes, C. Murray, M.D. "Grief as an Illness," *New Society*, Vol. IX (April 9, 1964).
- ———. "Effects of Bereavement on Physical and Mental Health: A Study of the Medical Records of Widows," *British Medical Journal*, Vol. II (August 1, 1964), pp. 274–279.
- Patton, Kenneth. "Science, Religion and Death," *Zygon—Journal of Religion and Science*, Vol. 1, No. 4 (December, 1966), pp. 332–346.
- Peabody, Francis Weld, M.D. "The Care of the Patient," *Journal of the American Medical Association* (1927).
- Pfister, Oskar. "Schockenden und Schockphantasien bei Hoechster Lebensgefahr,"*Internationale Zeiting fuer Psychoanalyse*, Vol. 16 (1930), p. 430.
- Piaget, Jean. *The Language and Thought of the Child*. 3rd edition. London, Routledge and Kegan Paul, 1959.
- "Prognosis in Psychiatric Disorders of the Elderly: An Attempt to Define Indicators of Early Death and Early Recovery," *Journal of Mental Science*, Vol. 102 (1956), pp. 129–140.

- "Progress Against Cancer, 1966," in *Care of the Leukemia Patient*. Washington, D.C., National Advisory Council, U.S. Department of Health, Education, and Welfare, 1966, p. 33.
- Rheingold, Joseph C. *The Fear of Being a Woman*. New York, Grune & Stratton, 1964.
- ———. *The Mother, Anxiety, and Death: The Catastrophic Death Complex*. Boston, Little, Brown & Co., 1967.
- Richmond, Julius B., and Waisman, Harry A. "Psychological Aspects of Management of Children with Malignant Diseases," *American Journal of Diseases of Children*, Vol. 89, No. 1 (January, 1955), pp. 42–47.
- Richter, Curt P., Ph.D. "On the Phenomenon of Sudden Death in Animals and Man," *Psychosomatic Medicine*, Vol. XIX, No. 103 (1957), pp. 191–198.
- Rosenblum, J., Ph.D. *How to Explain Death to a Child*. International Order of the Golden Rule, 1963.
- Ross, Elisabeth K., M.D. "The Dying Patient as Teacher: An Experiment and An Experience," *Chicago Theological Seminary Register*, Vol. LVII, No. 3 (December, 1966).
- ———. "Psychotherapy with the Least Expected," *Rehabilitation Literature*, Vol. 29, No. 3 (March, 1968), pp. 73–76.
- Rothenberg, Albert, M.D. "Psychological Problems in Terminally Cancer Management," *Cancer*, Vol. XIV (1961), pp. 1063–1073.
- Rydberg, Wayne D. "The Role of Religious Belief in the Suicidal Crisis."Unpublished B.D. dissertation, Chicago Theological Seminary, June, 1966.
- Sandford, B. "Some Notes on a Dying Patient," *International Journal of Psychiatry*, Vol. 38 (1957).
- Saul, Leon J., M.D. "Reactions of a Man to Natural Death," *Psychoanalytic Quarterly*, Vol. 28 (1959), pp. 383–386.
- Saunders, Cicely, M.D., O.B.E. *Care of the Dying*. London, Macmillan & Co., Ltd., 1959.
- ———. "Death and Responsibility: A Medical Director's View," *Psychiatric Opinion*, Vol. III, No. 4 (August, 1966), pp. 28–34.
- ———. "The Management of Terminal Illness," *Hospital Medicine* Part I, December, 1966, pp. 225–228; Part II, January,

1967, pp. 317–320; Part III, February, 1967, pp. 433–436.

- ———. "The Need for Institutional Care for the Patient with Advanced Cancer," in *Anniversary Volume*. Madras, Cancer Institute, 1964, pp. 1–8.
- ———. "A Patient," *Nursing Times* (March 31, 1961).
- ———. "The Treatment of Intractable Pain in Terminal Cancer," *Proceedings of the Royal Society of Medicine*, Vol. 56, No. 3 (March, 1963), pp. 191–197.
- ———. "Watch With Me," *Nursing Times* (November 25, 1965).
- Scherzer, Carl J. *Ministering to the Dying*. Englewood Cliffs, N.J., Prentice-Hall, Inc., 1963.
- Shands, Harley C. "Psychological Mechanisms in Cancer Patients," *Cancer*, Vol. IV (1951), pp. 1159–1170.
- Shepherd, J. Barrie. "Ministering to the Dying Patient," *The Pulpit* (July–August, 1966), pp. 9–12.
- Simmons, Leo W. "Aging in Primitive Societies: A Comparative Survey of Family Life and Relationships," *Law and Contemporary Problems* (Duke University School of Law), Vol. 27, No. 1 (Winter, 1962).
- ———. "Attitudes Toward Aging and the Aged: Primitive Societies," *Journal of Gerontology*, Vol. I, No. 1 (January, 1946), pp. 72–95.
- Sperry, Roger. "Mind, Brain and Humanist Values," in *New Views of the Nature of Man*, ed. John R. Platt. Chicago, University of Chicago Press, 1965.
- Spitz, Rene. *The First Year of Life*. New York, International Universities Press, 1965.
- Stinnette, Charles R. *Anxiety and Faith*. Greenwich, Conn., Seabury Press, Inc., 1955.
- Stokes, A. "On Resignation," *International Journal of Psychosomatics* Vol.XLIII (1962), pp. 175–181.
- Strauss, Richard H., M.D. "I Think, Therefore:" *Perspectives in Biology and Medicine* (University of Chicago), Vol. VIII, No. 4 (Summer, 1965), pp. 516–519.

- Sudnow, David. *Passing On*. Englewood Cliffs, N.J., Prentice-Hall, Inc., 1967.
- "Telling the Relatives," *Hospital Medicine*, I (April, 1967).
- Tichauer, Ruth W., M.D. "Attitudes Toward Death and Dying among the Aymara Indians of Bolivia," *Journal of the American Medical Women's Association*, Vol. 19, No. 6 (June, 1964), pp. 463–466.
- Tillich, Paul. *The Courage To Be*. New Haven, Conn., Yale University Press, 1952.
- "Time, Perspective, and Bereavement." *Omega*, Vol. I, No. 2 (June, 1966).
- Treloar, Alan E., Ph.D. "The Enigma of Cause of Death," *Journal of the American Medical Association*, Vol. 162, No. 15 (December 8, 1956), pp. 1376–1379.
- Verwoerdt, Adriaan, M.D. "Comments on: 'Communication with the Fatally Ill,'" *Omega*, Vol. II, No. 1 (March, 1967), pp. 10–11.
- ———. "Death and the Family," *Medical Opinion and Review*, Vol. I, No. 12 (September, 1966), pp. 38–43.
- Verwoerdt, Adriaan, M.D., and Wilson, Ruby. "Communication with Fatally Ill Patients," *American Journal of Nursing*, Vol. 67, No. 11 (November, 1967), pp. 2307–2309.
- Von Lerchenthal, E. "Death from Psychic Causes," *Bulletin of the Menninger Clinic*, Vol. XII, No. 31 (1948).
- Wahl, Charles W. "The Fear of Death," *ibid.*, Vol. XXII, No. 214 (1958), pp. 214–223.
- ———, ed. *Management of Death and the Dying Patient Book: Dimensions in Psychosomatic Medicine*. Boston, Little, Brown & Co., 1964, pp. 241–255.
- Walters, M. "Psychic Death: Report of a Possible Case," *Archives of Neurology and Psychiatry*, Vol. 52, No. 1 (1944), p. 84.
- Warbasse, James Peter. "On Life and Death and Immortality," *Zygon—Journal of Religion and Science*, Vol. I, No. 4 (December, 1966), pp. 366–372.
- Warner, W. Lloyd. *The Living and the Dead: A Study of the Symbolic Life of Americans*, Vol. V of The Yankee City Series, ed.

Cornelius Crane. New Haven, Conn., Yale University Press, 1959.

- Weisman, Avery D. "Birth of the Death-People," *Omega*, Vol. I, No. 1 (March, 1966), pp. 3–4. (Newsletter distributed by Cushing Hospital, Framingham, Mass.)
- ———. "Death and Responsibility: A Psychiatrist's View," *Psychiatric Opinion*, Vol. 3, No. 4 (August, 1966), pp. 22–26.
- Weisman, Avery D., and Hackett, Thomas P. "Denial as a Social Act," in *Psychodynamic Studies on Aging: Creativity, Reminiscing, and Dying*, ed. Sidney Levin and Ralph J. Kahana. New York, International Universities Press, 1967.
- Weiss, Soma, M.D. "Instantaneous 'Physiologic' Death," *New England Journal of Medicine*, Vol. 223, No. 20 (November 4, 1940), pp. 793–797.
- Wentz, Walter Yeeling Evans. *Das Tibetanische Totenbuch*. Zurich, Rascher Verlag, 1953.
- Westburg, Granger E. *Good Grief.* Rock Island, Ill., Augustana Book Concern, 1961.
- Wieman, Henry N. *The Source of Human Good*. Carbondale, Ill., Southern Illinois University Press, 1946.
- Wolf, Stewart F., Jr., M.D. "Once Lifesaving 'Dive Reflex' Said to Cause Sudden Death." Report, 19th Annual Meeting of the California Academy of General Practice, *Hospital Tribune* (January 15, 1968), p. 18.
- Woolf, Kurt, M.D. "Fear of Death Must Be Overcome in Psychotherapy of the Aged." Report delivered at meeting of Gerontological Society. *Frontiers of Hospital Psychiatry* (1966), p. 3.
- Zilboorg, Gregory. "Differential Diagnostic Types of Suicide," *Archives of Neurology and Psychiatry*, Vol. 35, No. 2 (February 1936), pp. 270–291.
- ———. "Fear of Death," *Psychoanalytic Quarterly*, Vol. 12 (1943), pp. 465–475.

BOOK CLUB FAVORITES
READER'S GUIDE
讀書會精選

論死亡與臨終

伊莉莎白・庫伯勒—羅斯醫師

導讀引言

伊莉莎白・庫伯勒—羅斯醫師探討臨終與哀傷的研究工作，一直以來都為許多人帶來莫大的裨益與慰藉。根據庫伯勒—羅斯探討末期疾病的論述而建立、最早出現在其經典作品《論死亡與臨終》裡的「庫伯勒—羅斯模型」，或稱「悲傷五階段」，不僅能應用在逐漸接受死亡的過程，也適用於許多人生重要的失落經歷（loss），例如他人的死亡、分手、面對父母親離婚，或與上癮症苦苦搏鬥的經驗。這篇讀書會導讀包含了一些能豐富本書討論內容的問題，以及來自庫伯勒—羅斯研究工作的精彩洞見與建議。

主題與討論問題

1．在《論死亡與臨終》一書中，庫伯勒—羅斯醫師回憶起童年時期經歷過一名農夫的死亡。他從樹上摔下來，被帶回家，在親友圍繞下過世（第22頁）。她指出現代醫療意味著人們匆匆忙忙趕赴醫院，因為在那裡什麼治療方式都有，這種做法有時反而剝奪了人們在心靈與情感上的需求。這是正確的評估嗎？對於如何處理死亡，有更多文化與世代上的差異嗎？

2．庫伯勒—羅斯醫師的悲傷五階段是否認、憤怒、討價還價、沮喪以及接受。這是放諸四海皆準的嗎？應該增加其他階段嗎？哪一個階段是最重要的？

3．在《論死亡與臨終》一書中，庫伯勒—羅斯醫師在一個探討死亡與臨終的跨學科研討班裡向學生描述了她所使用的訪談過程（第39頁），他們會與臨終病人一同坐下，然後詢問他是否有什麼想法想要分享並回答問題。如果你是其中一個病人，你會想要談論自己的人生與臨終嗎？病人開口談論這些事的動機是什麼？

4．在本書第186頁描述的訪談裡，J先生提到自己面對蕈狀肉芽腫的經驗，這是一種令人痛苦不堪的淋巴瘤類型。他表達出自己的一些挫折與憤怒心情，說：「在某些情況下，如果每個人能別理會你——就只是暫時在那段時間這樣，你反而會覺得好過一些。」然而，他依然心存希望並宣稱：「你肯定很幸運」（第189，190頁）。是什麼讓J

先生做出如此矛盾的反應？他所謂的幸運是什麼意思？

5．庫伯勒—羅斯醫師的假設是，「對病人而言，死亡本身不是問題，他們懼怕的是臨終過程，因為伴隨這過程的是一種絕望、無助與孤立的感受。」臨終與死亡真的是分開的嗎？人們能否藉由面對死亡，而在臨終時變得更泰然自若？

6．「通常會在所有階段持續存在的一件事就是希望。」（第178頁）為何希望能堅持存在？人們如何在這樣的逆境裡找到希望？

提升讀書會層次

1．庫伯勒—羅斯醫師在本書的每一章都引用了泰戈爾的詩句，泰戈爾一向以其靈性主義與人道主義的觀點而聞名。可以考慮挑選一些泰戈爾的詩或短篇小說來閱讀並討論，作為本書的補充。

2．如果你想要對生命的終點這件事有更多認識或感到更坦然，或你想幫助那些本身即將面臨死亡的人，可以考慮前往鄰近的醫院、安養院或安寧照護機構擔任志工。如果你正經歷失去一位至親的過程，可以加入處理哀傷的工作坊或針對喪親的協助團體。

3．如果你曾經歷過喪親，或即將失去某位至親，可以寫一封信或寫日記，表達出自己的種種恐懼、希望、懊悔、反應或回憶，這會是個很好的抒發管道。你可以寫一封信給一位至親或好友，或是單純地寫日記，記錄自己的想法和感受。

進階討論指南

在庫伯勒—羅斯醫師所著的《論死亡與臨終》，以及庫伯勒—羅斯醫師與大衛・凱思樂（David Kessler）所著的《論哀傷》與《用心去活》等作品中，作者為喪親與失落的共通經歷建立起一份探討與理解的架構，包括自身的死亡、至親的死亡或是個人重要的失落經驗。他們強調，度過哀傷與死亡是人生中很自然的一部分，而在經歷這些變化時，很重要的是要善待自己、善待彼此。以下是這三部經典作品所提供的一些想法與指引，希望能幫助你面對並處理人生中的喪親或失落經驗。

人必有一死

「我相信，我們應該養成習慣，偶爾思考死亡與臨終這件事，而且最好是在我們人生真正面臨到這件事之前……因此……若能利用病人生病期間好好為自己思考死亡與臨終這件事，都是一種福分。」（《論死亡與臨終》第47頁）

試著擁抱臨終與死亡，視其為生命自然的一部分，那麼當那個時刻來臨，你會更坦然地面對他人或自己的死亡。如果你能在一個人生命的最後時刻敞開胸懷，想想你們雙方能有多大的收穫。若能克服閃避此議題的人性本能，它將為你帶來意義非凡的洞見與安慰，你也不再需要如此恐懼了。

以照護者的身分溝通

．「我是否要告訴病人實情？」這樣的問題不該問，而應將措辭改為「我該如何和病人分享這個訊息？」（《論死亡與臨終》第46頁）

傾聽。如果你要從本書學到一件事，那麼就是傾聽，而不是投射你自己的恐懼、需求與信念。

誠實。人們有權知道真正的實情，也應獲得說明的機會。

審視自己的態度。抒解自己的焦慮，說話時才能更坦然、更從容。

留意話中的提示。確認對方是否已經準備好面對現實。

讓事情保持簡單。態度明確、開誠布公、直言不諱。

在私密與個人層面上進行。

表達同理心——讓他們知道他們的身心都是受到支持的。

家人如何處理病痛或喪親

「如果沒有將病人家屬納入考量，我們便無法以具有實際意義的方式幫助末期病人。」

（《論死亡與臨終》第200頁）

家人的支持十分重要。家人的反應對病人自己會做何反應與後續的展望扮演了相當重要的角色。這樣的角色會變化，也必須調整，這是很自然的事——挫折、憤怒、疲倦等情緒，都是自然的反應。

花些時間為自己充電。沒有人可以每日每夜連續不斷地面對絕症的病痛或艱難的現實處境。暫時退開休息一下，真正需要你在場的時候，才能更從容地面對問題。

尋求幫助。能夠提供支持、個人又不受影響的朋友或專業人士能為你減輕做決定與陪伴至親的壓力，並能在你情緒激動的時候幫助你保持客觀冷靜。

坦誠分享感受，但不予評斷。家屬也會經歷哀傷的五個階段——彼此坦率表達感受，有助於幫助每個人進一步邁向接受階段。

哀傷

「哀傷沒有正確的方式或時間。」（《論哀傷》）

慢慢來，前方沒有終點線，也沒有人在評斷。

務必讓自己好好度過哀傷的所有階段，記住，有些階段可能會重疊或再次出現，一切都是過程與學習的一部分。

新的哀傷可能會觸發舊有哀傷的記憶，新的喪親事件發生時，過去的喪親之痛可能再次湧上心頭，這種現象十分常見，尤其是當你過去並未充分探索自身感受時。

不要害怕充分去感受哀傷情緒，並明白一己喪親之痛的重要性。避免比較並貶低自身感受的意義與重要性。

思考如何述說你的故事——對象可以是朋友、家人、另一半或諮商師。這有助於讓你充分理解發生的一切，幫助你繼續往前走。

未竟之事

「未竟之事是人生的最大問題……我們學會的功課越多，完成的事也越多，越能盡情生活，

就越能享受生命。」（《用心去活》）

恐懼無法阻止死亡，但會阻礙你盡情活出豐富人生——記得要活在當下，盡量將恐懼拋開。玩樂不僅對孩子很重要，對成人也一樣很重要，花點時間為你的生活增添一些玩樂與喜悅的氣息吧。

尋求支援

「哀傷在分擔以後就減輕了。」（《論哀傷》）

無論是朋友、家人、另一半、治療師、哀傷工作坊、喪親支援團體或牧師都好——找一個你能傾訴心裡話的人吧。

RESOURCES

- The Elisabeth Kübler-Ross Foundation:
  www.ekrfoundation.org
- American Academy of Hospice and Palliative Medicine:
  www.aahpm.org
- Center to Advance Palliative Care:
  www.capc.org
- Dying Matters:
  www.dyingmatters.org
- Family Caregiver Alliance:
  www.caregiver.org
- Grief.com:
  www.grief.com
- GriefShare:
  www.griefshare.org
- National Association of Social Workers:
  www.helpstartshere.org
- Navigating Grief:
  www.navigatinggrief.com
- Open to Hope:
  www.opentohope.com
- The Compassionate Friends:
  www.compassionatefriends.org
- The Dougy Center:
  www.dougy.org
- MISS Foundation:
  www.missfoundation.org

※伊莉莎白·庫伯勒—羅斯的家人將羅斯博士的研究資料捐贈給史丹佛大學圖書館。該典藏目前作為研究目的使用，向大眾開放。

以下是一九七二年八月七日，「老人事務委員會」（Special Committee on Aging）[18]召開前，庫伯勒—羅斯醫師針對「有尊嚴的死亡」這一主題在美國國會聽證會所做的證詞摘錄。庫伯勒—羅斯醫師的《論死亡與臨終》一書及其後續為提倡末期病患及其家屬之照護所做的努力成果斐然，這份歷史記錄更進一步奠定了她在安寧療護運動（hospice movement）的發展過程所扮演的中心要角。希望她的這份證詞能讓你擁有更豐富的閱讀經驗。

有尊嚴的死亡——相關公共議題探討

一九七二年八月七日，星期一

美國參議院（U.S.Senate）

老人事務委員會，華盛頓特區

本會定於上午十點召開，地點為新參議院大樓1224室，由參議員法蘭克・丘奇（Frank Church，委員會主席）主持。

出席成員：參議員丘奇、馮（Fong）與波西（Percy）

出席職員：幕僚長威廉・歐瑞爾（William E. Oriol），專業幕僚派翠西亞・卡拉漢（Patricia

---

18 譯註：此中譯採用外交部所用的詞彙，另可譯為：美國參議院老齡化特別委員會。

Callahan）；少數黨事務主任約翰・米勒（John G. Miller）；印刷助理傑洛德・史崔克羅（Gerald D. Strickler）；書記官潘・菲利普（Pam Phillips）

委員會主席法蘭克・丘奇開場致辭

丘奇參議員：聽證會正式開始。

今天，老人事務委員會將開誠布公地探討一個公共議題，這個議題經常稱為「有尊嚴的死亡」或「死亡的權利」或有其他標題，而標題主旨通常是質疑當患者康復無望或是在一些案例是毫無恢復意識或清醒希望的情況下，醫護人員是否有權利以特殊手段延長病人生命。

聽證會開始前，我想特別提出幾個要點。

第一，委員會沒有任何先入為主的結論，也不是在為任何關於政府施政的提議拋出風向球。我們明白，如果這樣的改變證明為值得推動，即使只是將改變相關公共政策納入考量，我們都還有很長一段路要走。

第二，這次的質詢不是一場關於安樂死（euthanasia）的聽證會。我們其中一位證人將會清楚說明，她與其他人眼中的「有尊嚴的死亡」，與別人所謂的「安樂死」（mercy death）有著極大的差異。

容我再次強調，這場聽證會與安樂死完全無關。

第三，我們有數名證人將必須面對倫理甚至精神方面的提問，但委員會同樣必須將重心放在公共議題的處理上。我們不會侵犯那些應屬於家屬、神職人員與醫師專有領域的事務。

第四，委員會的聽證紀錄會保持公開，直到完成有效的意見與資料蒐集為止。

綜合以上說明，各位應該清楚，委員會對此一主題應採取謹慎——我希望還必須是得體的處理方式。

我們關切此一議題的其中一個理由，從我們委員會的名稱便可一窺端倪：「參院老人事務委員會」。這個委員會的每一個成員，都在盡自己最大的努力讓美國老人的生活盡可能獲得安全與滿足。我們絕不會將任何人視為可犧牲的，無論對方是一歲抑或是一百歲都沒有差別。

然而我們必須面對的事實是，「死亡的權利」這一議題對我們的高齡族群影響至深。隨著美國的高齡與超高齡人口持續增加，慢性疾病與末期疾病也會持續增加。今天，與此議題相關之尚未解決的問題，很可能會加劇，除非我們最終能與這些問題正面對決。

那麼，這些議題有哪些呢？我已經說過，聽證會的功用之一應是定義這些議題，這點應該很清楚，它們無法在開場介紹的致辭裡詳細說明。

但它們至少應以大綱的方式加以描述。這份大綱首先應提出一個事實：這個國家中，至少有百分之八十的人口死在機構裡，包括醫院、療養院，以及其他各種類似的機構場所。

然而，不久之前，美國仍有很高比例的人口是在自己家裡過世的，同住或鄰近的家族後代經常陪伴在側。久病纏身的情況時有所聞，這是當然，但是當病人無法再與周遭世界清醒地互動時，往往沒有切實可行的辦法來維持他們的生命。

今天，那些戰勝許多疾病的機構與醫療專家們，同樣因為其對待末期病人或貌似末期病人的方式，而遭受了許多批評。

對經典著作《論死亡與臨終》一書的作者而言，現代醫療機構的運作體系有時似乎摧毀了病人的尊嚴與安適，即使它的作為是為了拯救病人性命亦難辭其咎。

她的基本論點是，病人可能被當成一個物品來看待，而非一個有血有淚的人。做決定時，他的意見經常被排除在外，即使是與治療有關的重要問題也是如此。如同書上所說，他成為「一個獲得大量關注、需投注大量財力的物體。」

此外：

「他可能會懇求獲得休息、平靜與尊嚴，但他只會被輸液、輸血、裝上人工心肺機，必要的話還會被施以氣管切開術（氣切）。他可能只想要有一個人停下來一分鐘就好，好讓他可以問個問題——但只有一群人全天候圍繞著他，所有人全忙著留意他的心跳、脈搏、心電圖或肺功能、他的分泌或排泄，卻沒有注意到他是一個有血有淚的人。

「他可能想要反抗，但由於這一切都是為了搶救他的性命，所以反抗無用，一切都要等他們把他這條命救起來，才能去理會他這個人。那些真的把他當『人』看的人，可能是在浪費拯救他性命的寶貴時間啊！」

撰述這本書的伊莉莎白・庫伯勒—羅斯醫師是我們今天早上的證人之一，我們期待聽到更多她與末期病人訪談後得到的結論。我們也會邀請其他人前來作證，對於我們的機構如何運作方面，他們可能會做出和她不同的結論。

伊莉莎白・庫伯勒—羅斯醫師的證詞，伊利諾州，弗羅斯穆爾（Flossmoor）

羅斯醫師：丘奇參議員、諸位議員，我受邀前來分享自己在臨終病患照護上的經驗，特別是有尊嚴的死亡這個議題。

我不喜歡談論有尊嚴的死亡這件事，但我想要談談有尊嚴的活著這件事，我想這就是其中的差別。

我訪談過五百多位末期病人，請他們與我們分享臨終經驗是何模樣，這些病人有什麼樣的需求、恐懼與想像，最重要的是，這些訪談告訴了我們，我們可以做哪些事來幫助病人，所謂的我們是指包括家人與所有參與協助的專業人員。

這個計畫一開始並不是個研究計畫，也不是任何經過縝密規劃的事，而是偶然發生的。我想，有個很重要的因素是我在瑞士出生、長大。在那個古老的國家，我想在這個國家的舊時代也是一樣，死亡如同誕生，都是生命的一部分。

我還是個孩子的時候，人們習慣在家裡出生，也經常在家過世。臨終病人很少會被送去機構。對臨終病人而言，這種做法並不會讓死亡變得更輕鬆，但我想最重要的是，這幫助了他的孩子與孫子學習到死亡是生命的一部分。

我來到這個國家之後，令我訝異的是人們不准孩子前往醫院或精神病院探視病人，在療養院，孩子的笑聲少之又少，我也在這個國家見過數百人從未經歷過家人的死亡。我們已經與超過五百位臨終病患進行訪談，而且指的不是臨終孩童──順便一提，孩童的死亡過程比成年人更容易──其中大多數的病患都十分渴望能在家中過世。然而，我們訪談的病患當中有將近百分之八十的人都是在醫院或機構裡過世的。那些能待在熟悉舒適的環境中為迫近的死亡提早做準備的人，更有能力在他們度過拙作《論死亡與臨終》所述的臨終各階段時，妥善完成他們的未竟之事，並將家中事務安排好。

家屬至今仍相信，對病人最好的做法是「不要說」，而我們發現事實正好相反。如果我們傾聽病人心聲，與他們聊一聊他們的病，他們會更快進入接受階段，但這不是放棄。我們有百分之八十待在療養院的病人非常想要盡快離世，但他們並不是處於接受階段，他們是處於放棄的階段，這是一種挫敗的感受，「有什麼用呢？我已經厭倦了活著。」

病人需要保有希望

當病人被告知自己可能罹患不治之症時，他們有兩個最基本的需求：最大的需求是永遠保有希望。這裡所謂的希望不等同於希望治癒疾病或延長生命。當病人進入臨終階段，這份希望會轉變為另外一件與治癒疾病或延長生命無關的事。

在此提供一個實際的例子，說明希望如何轉變，像是從在世者的希望轉變為臨終者的希望。我曾探望過一位育有兩名年幼孩子的年輕媽媽，每次我見到她，她總是說：「我希望那些負責研究的實驗室能加把勁，讓我獲得製造奇蹟的新藥物，把病治好。」很自然地，我也和她一同存著這樣的希望，雖然我知道機率十分渺茫。

有一天我前往探視她的時候，她的神情看起來和以往不同。她說：「羅斯醫師，奇蹟發生了。」我說：「你拿到新藥了嗎？」她說：「不是，我知道這些新藥不會出現，但我已經不再害怕了。」我問她：「你現在的希望是什麼？」她說：「我希望我的孩子能安然度過這一切。」

如果我們不再害怕去面對並談論死亡，那麼我們會說：「你想要談一談嗎？」

只要病人還活著，他就需要希望，但那並非我們一己希望的投射，也就是一般的延長生命。

除了希望的需要，病人也需要確認自己不會遭到遺棄，然而我們多數已經無藥可醫的病人都覺得自己被遺棄。

這裡提供一個臨床上的例子，說明我所謂的臨終孤獨感是什麼。我有位病人是罹患肝病的二十八歲母親，育有三個年幼的孩子。由於肝病的緣故，她時而會陷入肝昏迷，經常變得迷迷糊糊的，精神狀態也變得異常。

她的丈夫再也受不了，他已經將所有的積蓄都花在尋找醫生和醫院的治療費用上，而且他還有三個幼子要養。沒有人幫他料理家務，沒有任何幫手。他負債累累，永遠不知道當他下班回家時妻子是否還能正常生活。

有一天，他說：「你若可以活著一天，當個稱職的家庭主婦和母親，都好過繼續拖延著這份痛苦。」

遺憾的是，沒有人對這位努力養家活口卻力不從心的絕望丈夫與父親伸出援手。病人自己渴望尋求一絲希望，卻也沒有人給她。她進了醫院，一位年輕的住院醫師對她說：「我已經愛莫能助。」

於是她回家了，在絕望之中去求助一位信仰治療師，治療師告訴她說她已經治癒了。她相信了他，便不再服藥，也不再遵從飲食規範，於是她再度陷入昏迷。

沒有人對這個家庭伸出援手，她再度入院，此時此刻，這一家人已經精力耗盡，他們再也無力應付這樣的事。

在醫院，同樣的悲劇再度發生：內科病房想要將她轉到精神病房，但後者不願意接受臨終病人，堅持讓她繼續待在內科樓層。他們實在無法忍受她整天在走廊晃來晃去，嘴裡喃喃自語，嘀咕著信仰治療師治好她的神蹟。

這儼然成了一場你來我往的乒乓球大戰，這是一場悲劇，住院病人讓我們內心充滿焦慮，我們完全手足無措，不知道該對他們說些什麼、做些什麼。

我告訴這位女子，我絕對不會和她談論她的病或面對死亡的事，我更不會拋棄她。「讓我們來聊一聊現在就好。」她成了我所有病人當中最配合的一個，然而她卻被安排在長長走廊的盡頭，離護理站最遠的一間病房。

關閉的不僅是一道門，而是兩道門。從來沒有人來探望她。

有一天我前去探視這位女子，她坐在床沿，手上拿著沒掛上的電話。我說：「你在幹什麼呢？」她說：「喔，只是想聽一些聲音！」這就是我要說的，臨終病人的孤獨。

還有一次，她躺在病床上，面露微笑，手臂僵硬地放在身體兩側。我問她：「到底是什麼讓你笑成這樣？」她看了我一眼說：「你沒看到那些圍繞在我身邊、我先生送我的美麗花朵嗎？」不用說，那裡根本沒有花。

我花了一點時間才學會欣賞這位女子的態度，她心裡明白，若沒有人對她表達愛與關懷，她便無法活下去，當然，她盼望著愛與關懷能出自她先生。為了活下去，她必須製造一個丈夫在她死後送她滿滿一圈鮮花的幻覺。

家事助手的支援

這就是我所謂的孤獨。如果我們沒有將所有這些病患送進醫院住院，可能就能預防這類事情發生，當我們若一開始就對這家人伸出援手，偶爾利用家事助手來為他們紓解壓力，如果我們能派醫師和社工人員前往他們的家，好讓她不需要在最後再度住院，那麼起碼這位臨終病人可以在自己家裡過世，身旁有孩子圍繞，那裡是她熟悉的生活環境，是一個家人彼此關愛的所在。但是要做到這一點，除了為臨終病人提供幫助，我們還必須幫助那位勉力維持生計、蠟燭兩頭燒的丈夫，因為他根本無法獨自應付這一切。

一個否認死亡的社會

我們活在一個非常奇怪、否認死亡的社會。我們會孤立臨終者與老年人，我想，這是有其目的的，因為他們正是提醒我們人終將一死的人。

各位如果容我繼續說下去，我想朗讀一段約瑟夫．馬修（Joseph Matthew）描述自己父親死亡的段落，那是對一個否認死亡的社會的典型描繪。

「話說我的父親，已經九十二歲。在他生前的最後幾年裡，臉上美好地刻著深深的皺紋，它們會在那裡，我也有一份功勞。他的臉頰凹陷，嘴唇蒼白。他是個老人了。老人臉上有一種特別的光輝，但躺在這裡的這位陌生人卻沒有。他們讓我老爸看起來像五十二歲，他們用棉花塞在他的臉頰，還抹去了最棒的皺紋。化妝的撲粉與胭脂厚厚地塗抹在他臉上，覆蓋了從髮際到整個頸部、耳朵的範圍。他的嘴唇也被上色了，他看起來彷彿準備好踏上舞臺，展開一齣日間場的表演。

我情緒激動地想要拔出那些棉花，但是感到害怕，至少那些濃妝能擦掉吧。我要來了酒精和紗布，一名非常不情願的殯葬業者將它們遞給我，我便著手展開修復工作。那些妝粉、胭脂、口紅消失後，這位陌生人變老了。他不曾恢復到他九十二歲的容貌，但是最後，躺在棺材裡的這個人變回了我老爸。」

不僅那些需要關懷的孤單老人被孤立，不僅臨終病人的嘴唇被塗上口紅，好讓他們看起來年輕一些，年輕病人或許是最飽受磨難的一群，因為他們若不英勇地奮鬥來延續生命，幾乎不被允許死去，而這通常導致病人受折磨的時間拖得更長。

我想到用一位病人做例子，讓你們一些人記得她，她是一個罹患急性白血病的二十一歲女孩。她是個年輕又充滿活力的人，我們在醫院訪問她的時候，她以斬釘截鐵的口氣大聲地說，雖然機會很渺茫，但她的夢想依然是希望自己能在六月畢業，然後在七月結婚。

她討價還價的方式是答應自己五年內不會生小孩，如果她到那時候還活著，她就會生很多很多小孩，從此過著幸福快樂的日子。然而她說她知道，這種事只有百萬分之一的機率。

五個禮拜以後，她再度回到醫院，因為她家人找不到居家照護的幫手。她最大的夢想就是能住在家裡，盡可能在家裡過世。

後來她被送進了加護病房。我在除夕的時候去探望她，她完全孤立無援，顯得落寞又焦慮。我走進加護病房，她躺在那裡，一根管子懸在嘴巴外面，嘴唇割傷，點滴輸液持續著，氣切、人工呼吸器一樣沒少，她絕望地緊緊握著我的手。

我幫她蓋上一條被單（她甚至沒有蓋任何東西）。一位護理師過來說：「不用麻煩了，反正她會把它撥掉。」我走向她，她抓住我的手，手指指向天花板。我往上看了一眼，說：「蘇西，我想燈光一定很刺眼吧，你臉朝上躺著，直接注視著那盞燈。」她抓了抓我的手，親了一下，顯然是在說：「你懂了我的意思。」我跑去詢問工作人員是否可以將燈光調暗一些，結果只聽到對方長篇大論地說明加護病房的種種規定與規矩。

我又要求在病人附近放兩張椅子，讓她的爸媽前來探視時可以坐一坐，因為我實在無法理解為何病人必須要孤伶伶地在加護病房死去，同時讓他們的家人自己在等候室枯坐。結果我被告知，母親不能有椅子，因為她上次在這裡待的時間超過五分鐘。

需要的改變

這些事都是發生在我的醫院裡，我在那裡教臨終照護已經四年半的時間了。我之所以舉這些例子不是為了要批評，而是因為我們必須共同面對這個問題，然後採取行動！對癌症病房或加護病房的護理師來說，他們的工作性質極為耗費心力，任何投入這份工作的人都會十分辛苦、疲憊不堪。

我的身分應該是個專家，但無論何時，我都無法做這份工作超過四小時，超過之後我便要轉換一下環境，改做別的事或去充電一會兒。然而護理師們卻每天要做這樣的工作八到九個小時。這實在是不人道，而且情緒上是不可能負荷得了的。

如果我能改變管理方式，我會要這些人一天工作四小時，好讓他們可以把病人真正當人看，不需要抹去他們的人性，如此他們才能真正投入。你只能在一段有限的時間裡做到這件事。如果你對他們要求太多，他們就必須抹去病患的人性，將照護程序機械化，而在這過程中，這樣的照護方式一定會變成不人道的。

醫生們檢視了這個女孩，在晚上七點的時候召集了她的父母，告訴他們女孩離開只剩時間的問題了，然後他們便回家了。醫生通知了父母，不是在走廊上，也不是透過電話，而是在一間私密的房間，但接著他們卻回家了，這是個悲劇。他們只是理論上接受了這個女孩即將死去，但內心完全沒有接受的跡象。

如果他們真的接受「生有時，死也有時」這件事，他們會在七點的時候讓這女孩離開加護病房，將她安置在一個私人病房，放上兩張椅子給她爸爸和媽媽坐，讓他們能在孩子生命的最後幾個小時裡陪伴她。

這是個公民再教育的問題，並非只是針對醫生、護理師和社工人員，也包括病人家屬，因為他們遲早要與臨終病人面對面。

透過經驗來教育

為何我要提出這幾個特定的案例？我認為我們能做點什麼，我認為我們必須更重視教育，甚至是小孩子，我們都必須教導他們死亡是生命的一部分，或者邀請那些可能已經沒有家人的長者們來到我們家，像我們自己的爺爺、奶奶一樣對待他們，不光是為他們提供臨終的關懷與照護，也讓孩子能夠體驗家裡有生病老人的情況。

我們不該將人交付收容機構，我們可以為有需要的家庭提供更多協助，例如居家照護、到府訪問的護理師等，提供病人與家屬在心靈、情感與財務上的協助，讓居家的臨終照護能更順利推動。

我們迫切需要另一種居家環境，例如家鄉那種小一點、一般人經濟較負擔得起的住宅單位，我要說的不只是臨終病人的問題。我們也需要退休村，一個專為健康長者規劃的社區，但是地點不可以離人們的生活中心太遠。

我們需要更多的家事服務、購物服務、送貨服務，以及更好的醫療服務。確實，我們需要讓人去看醫生時的交通更便利，並鼓勵醫生多打電話到病人家裡。

療養院或養老院應是我們設施的一部分，而不是窮途末路之所。在我看來，每一家療養院都應該在院內附設一個日間安親中心，讓孤單的長者能成為需要照顧的孤單孩童的爺爺奶奶。這能減少工作人員的人手需求，省下一筆經費，也能教育年幼的孩子，老年人可以是智慧與愛的來源，儘管他們可能視力模糊、步履蹣跚。

我們應允許並鼓勵孩子參訪精神病院、老人院和醫院，讓他們在成長過程中就能認識到，老年與死亡就像出生一樣，都是人生的一部分。謝謝。

丘奇參議員：羅斯醫師，非常感謝你提供如此動人的證詞。我了解你是位精神科醫師，你的觀察心得根據的是你與五百多位臨終病人進行訪談的內容，正確嗎？

羅斯醫師：正確。

丘奇參議員：就我對你證詞的了解，你所要表達的主題其實是當今我們生活在一個否認死亡的社會，不知道這樣說是否正確？

羅斯醫師：是的。

丘奇參議員：我們在許多方面都為此付出了沉重的代價。一直有許多批評的聲音，很多是自我批評，認為基本上當代社會已經越來越不重視人道。許多年輕人也感受到這一點。確實，我們探討死亡、處理死亡的方式是我們社會上的一大缺失，而今天驚人的真相被揭露出來。

在你的觀察裡，我很感興趣的是你說前幾輩的人，親人通常都住在一起，有時候一個家庭甚至是好幾代同堂——事實上，當時這是很典型的情況，因此就算是小孩子也能認識到死亡是生命的一部分這件事，但是這種做法在美國已經漸漸式微了。

你的建議主要著重在如何換一種方式對待機構裡的臨終病患，對嗎？

羅斯醫師：是的。

改變基本態度

丘奇參議員：我們可以做些什麼來改變生者的基本態度呢？死亡即將降臨在他們家中，他們還堅持臨終者不會死去，醫生也拒絕告訴病人實情，或不願意告訴病人，甚至病人家屬，告訴他們死亡是不可避免的。我們該如何去影響、改變這些態度？因為這種種行為累積起來無異於雪上加霜，只是讓周遭每個人更痛苦。

羅斯醫師：你可以改變這些態度，有些改變已經開始發生了。如果你能試著不去妄加評斷，如果你能試著了解為何會發生這些事，那麼我想你可以做出一些改變。

我們的醫師訓練基本上是著重在醫療科學方面，也就是如何治癒，去治療、延長性命。我想我們應該增加一些探討醫療藝術的課程，也就是如何照顧臨終病人，以及一些無法好好生活但尚未臨終的年邁者。

如果我們能從醫學院的學生開始——過去七年，我們便一直在為醫學院學生授課——如果你能找他們來當學生，那麼你的安打率是百分之九十五。見習生比實習生容易教，實習生又比住院醫師更容易教，但是在當了住院醫師兩年後，就幾乎沒希望了。

我想表達的是，我們必須再教育，越早開始，對他們的幫助就越大。

同樣的情況也適用於孩童。我們必須將孩子包含在這樣的經驗裡。如果有人在家裡過世，你應該要讓孩子有所選擇，讓他們有選擇參加葬禮的機會。不要將他們支開，送到親戚家或將他們排除在外！若能如此，那些孩子長大以後就能學會將死亡視為生命的一部分。他們會記得這些共同的經驗，可望能不再將死亡當成如此可怕的事件。

問題在於如何重新教育大眾。護理學院、社工學系、醫學院等已經開始將臨終照護納入他們的課程裡了。七年前，我還在單打獨鬥，而現在，美國和加拿大已經有大約七十五個機構都將臨終照護納入他們的課程。因此，就我看來，我們充滿希望。

所有這些年輕人將來也會去教導其他人同樣的事。

丘奇參議員：你知道有任何醫院採納你的建議，為臨終病患制定特別的規定，至少讓最親近的家屬能在場嗎？

羅斯醫師：耶魯大學已經在申請補助經費來建置這樣的醫院。倫敦的聖克里斯多夫醫院（St. Christopher's Hospital）也已經展開類似工作，它是專門收容末期病人的醫院。

丘奇參議員：但這真的都只是初步的階段，不是嗎？就醫院方面來說。

羅斯醫師：我想你無法透過一場革命就帶來有意義的、真正的改變，這需要一段漫長的進化過程與教育過程。

預行編目 (CIP) 資料

論死亡與臨終 (50 週年經典紀念版) : 生死學大師的最後一堂人生課 / 伊莉莎白 . 庫伯勒 - 羅斯 (Elisabeth Kübler-Ross) 著 ; 蔡孟璇譯 . -- 初版 . -- 臺北市 : 遠流出版事業股份有限公司 , 2023.10
面 ; 公分
譯自 : On death and dying : what the dying have to teach doctors, nurses, clergy and their own families.
ISBN 978-626-361-264-8 (平裝)

1.CST: 生死學 2.CST: 生命教育

197 112014664

遠流博識網
http://www.ylib.com
Email: ylib@ylib.com

論死亡與臨終（50 週年經典紀念版）

生死學大師的最後一堂人生課

作者——伊莉莎白・庫伯勒—羅斯
譯者——蔡孟璇
主編——蔡曉玲
美術設計——王瓊瑤
校對——黃薇霓

發行人——王榮文
出版發行——遠流出版事業股份有限公司
地址——臺北市中山北路一段 11 號 13 樓
客服電話——02-2571-0297
傳真——02-2571-0197
郵撥——0189456-1
著作權顧問——蕭雄淋律師

2023 年 10 月 1 日　初版一刷
定價——新臺幣 499 元
（缺頁或破損的書，請寄回更換）

ISBN —— 978-626-361-264-8